당신은
아이가
있나요?

케이트 카우프먼 지음
신윤진 옮김

호밀밭

이 책을 다음 분들께 헌정합니다.

내 심장의 어머니 앤. 그녀의 지지가 있었기 때문에 아이를 갖지
않는 것에 관해 처음으로 터놓고 이야기할 수 있었습니다.

뎁. 그녀와 함께했던 해변 산책은 내 탐구 여정의 시작이 되었고
그녀는 나의 가장 소중하고 친한 친구가 되었습니다.

제니. 그녀는 내게 글을 쓰라고 진지하게 격려해주었고,
나와 내 글이 최고라고 늘 칭찬해주었습니다.

그리고 아이 없는 삶을 만들어간다는 것이 어떤 것인지
자신의 이야기를 공유해준 여성 수백 명에게 이 책을 드립니다.

『당신은 아이가 있나요?』에 바쳐진 찬사

"아이 없는 사람, 그리고 자녀 없는 누군가가 걱정되는 사람이라면 누구나 반드시 읽어야 할 책."

- 에이미 블랙스톤 박사Dr. Amy Blackstone,

『선택에 의한 차일드프리: 가족을 새로 정의하고 독립의 새 시대를 여는 움직임Childfree by Choice: The Movement Redefining Family and Creating a New Age of Independence』 저자

"당신에게 자녀가 없으리라는 사실을 알게 되었을 때 삶이 어떨지 궁금한가? 『당신은 아이가 있나요?』는 아이 없는 사람들의 유쾌하고 솔직하고 방대한 인터뷰와 정교하게 짜인 연구 결과, 인물, 사실들을 제공한다."

- 맥신 트럼프Maxine Trump, 영화제 수상자,

차일드프리 영화 〈투 키드 올 낫 투 키드 To Kid or Not to Kid〉 감독

"차일드리스 및 차일드프리 여성과 그들의 가족, 의료 인력, 고용주, 정책 입안자들에 관한 오명을 씻어내는 자료다. 여성들은 아름답게 쓰인 이 책에서 위안, 공명, 권력의 이동을 발견하게 될 것이다."

- 마저리 그린필드Marjorie Greenfield 의학박사,

대학병원 산부인과 협회 부의장, 클리블랜드 의료센터 과장, 케이스 웨스턴 리저브 대학교 의대 교수

"너무나 오랫동안 무시당하고 폄하되고 훈계의 대상이 되어온 선택을 하거나 어쩔 수 없이 그런 상황에 처한 여성. 이들의 사려 깊고 다양한 목소리에 실질적 공간을 제공하는 선구적이고 포괄적인 연구가 마침내 등장했다."

- 조 스캇-코Jo Scott-Coe,

『무리: 저격수, 아버지, 그리고 성직자
Mass: A Sniper, a Father, and a Priest』 저자

"이 책은 아이 없는 삶이 어떨지 상세하게 서술하고 있는 보물 같은 책이다. 카우프먼은 차일드리스와 차일드프리, 그리고 아직 출산이라는 미래를 결정하지 않은 사람들을 위해 독자들이 그동안 찾아 헤맨 믿음에 관한 통찰, 날카로운 질문, 그리고 그보다 훨씬 더 많은 답변을 제공한다."

- 카렌 멀론 라이트Karen Malone Wright,

낫맘 닷컴과 낫맘 회의TheNotMom.com
& The NotMom Summit 기획자

"모든 사람이 심각하게 생각하지는 않는 인류의 문제를 하나의 렌즈를 통해 탐구한 발칙한 책이요, 공동체나 더 넓은 이해를 찾아 헤매는 사람들에게 힘이 될 자원이다."

- 니콜 하디Nicole Hardy,

『현대판 처녀의 고백Confessions
of a Latter Day Virgin』 저자

"아이를 낳은 적이 없는 여성들을 위해 광범위한 시야를 제공하는 이 책은 …… 통찰과 정보가 가득하다. …… 논맘을 옹호하는 것처럼 보이지만 이 책은 궁극적으로 인간 경험의 다양성을 존중해달라는 일종의 탄원서다."

- 〈컬커스 리뷰스Kirkus Reviews〉

"나는 이 책이 매우 마음에 든다. 이 책에 담긴 신선한 사고는 아이가 없다는 것이 어떤 의미인지 그 본질을 포착한다. 나는 자녀의 유무가 배우자의 유무보다 삶에 더 결정적인 영향을 끼친다고 생각한다. 엄마가 아닌 여성들은 이 책에서 인생의 결정을 내리는 데 도움이 되는 지혜와 관점을 얻게 될 것이다. 성이나 출산과 관련된 건강정보도 담겨 있다. 읽는 즐거움을 누려보시길."

- 앤 유달 박사Anne J. Udall,

미국 가족계획 연맹Planned Parenthood,
컬럼비아 윌래밋 지부장

"카우프먼은 두려운 질문들을 강력한 대화로 바꾸어, 우리 사회가 종종 무시하는 여성들이 얼마나 중요한 역할을 맡고 있는지 떠올리게 만든다. 『당신은 아이가 있나요?』는 차일드프리 인생을 선택한 사람과 그 선택을 더 잘 이해할 필요가 있는 사람, 바꿔 말해서 우리 모두가 읽어야 하는 필독서다."

- 자넷 버튼위저Janet Buttenwieser,

『배짱: 회고록Guts: A Memoir』 저자

굿리즈닷컴 리뷰

"차일드리스에 관한 책은 기본적으로 다 똑같다고 생각했다. 그런데 카우프먼의 이 책은 그 주제에 신선하게 접근한다. 우선 선택에 의한 차일드프리와 상황에 따른 차일드리스를 구분하지 않는다. 엄마인 여성들을 배척하는 것도 아니다. 미국 여성의 20퍼센트를 차지하는 우리 이야기를 본격적으로 담아낸 책이 이제야 나오다니!"

"나는 한 명에게 전하는 유전자보다 더 많은 것을 후대에 남길 수 있는 사람이다! 아이를 낳지 않는 여성의 삶은 아무런 가치도 없다고 생각하는 분들이여, 꼭 읽어보시라."

"아이가 있는 삶이 어떤지는 무수히 떠들지만, 아이가 없는 삶이 어떤지는 아무도 말하지 않는 현실에서, 아이 없는 삶 역시 하나의 선택지라고, 여성은 아이의 유무와 무관하게 존중받아야 하는 인간이라고 말하는 묵직한 울림이 있는 책!"

아마존 리뷰

"아이가 없어도 괜찮다고 토닥여주는 책!"

"내가 수백만 번은 들어본 질문이 책 제목이
라니! 그 제목에 사로잡혀 나도 모르게 집어
든 책! 그 질문에 지금껏 어색하고 방어적인
대답을 해온 내게 강력한 힘을 실어주는 책!
그래, 나 애 없다. 그래서 뭐 어쩌라고?"

"자녀 없이 사는 것을 금기시하는 가족 중심
주의 세상에 과감하게 도전장을 던지는 용감
한 책!"

"모두를 위한 책! 다들 주변에 자녀 없는 여
자가 몇 명쯤은 있지 않으신지!"

"저자 자신의 이야기를 비롯해, 저자가 들려
주는 다양한 삶의 이야기들이 좋다. 어쩌다가
차일드리스, 혹은 차일드프리 인생을 살게 되
었는지 모든 사례가 독특하다. 마지막 몇 장
은 어디에서도 본 적 없는 무자녀 여성의 건

강관리, 노화, 주거형태 등을 다루고 있다. 친구들에게 주저 없이 추천하는 책! 예전보다 자녀 없는 사람들이 늘고 있는 현실이 피부로 느껴지는 만큼 반드시 읽어야 하는 책!"

"사색과 도움이 가득한 책! 자발성 여부를 떠나 무자녀는 어렵고 큰 주제다. 케이트 카우프먼만큼 그 주제에 잘 접근한 작가는 일찍이 본 적이 없다. 특히 지금껏 다뤄진 적이 거의 없는, 스스로를 돌볼 수 없어지는 노년의 아이 없는 삶을 보여준 것이 인상적이다. 저자는 삶의 최종 결정을 누구와 함께 내릴 것인가를 논하면서 가족 외 인간관계를 발전시키는 다양한 방법들을 제안한다."

"별 다섯 개로는 부족한 책! 정보로 가득한 책이다. 차일드리스와 차일드프리 여성들이 직면하는 어려움뿐 아니라, 수많은 인구 통계학적 자료, 재정 관리 요령 등 학술적 연구 자료와 실용적 정보들도 가득하다. 특히 모든 연령대의 무자녀 여성들의 삶이 담겨 있다는 점이 가장 훌륭하다."

일러두기

이 책의 표기에 관해서는 아래의 원칙을 따랐다.

이 책에 달린 주석은 모두 역주이다.

작은따옴표 (' ') 는 강조의 경우

큰따옴표 (" ") 는 직접 대화를 나타내거나 직접 인용 및 강조의 경우

홑낫표 (「 」) 는 단행본 수록 작품 및 논문의 제목 혹은 그림이나 노래 등 작품제목

겹낫표 (『 』) 는 책 제목

화살괄호 (〈 〉) 는 신문, 잡지 등 정기간행물이나 영화, 방송 등 제목 및 명칭

소괄호 (( )) 는 저자나 역자의 보충 설명

들어가며

나는 새로 생긴 친구 한 명과 인적 드문 해변을 함께 걷고 있다. 우리는 모래를 발로 차면서 여자들이 서로 친해질 때 나누는 대화를 이어간다. 나는 숨을 들이마시고는 나 스스로가 언제나 듣기 두려웠기 때문에 한 번도 해본 적 없는 질문을 던진다. 그저 그 문제를 얼른 말해두고 싶어서다.

"아이가 있나요?"

그녀가 대답한다.

"아뇨, 없어요. 당신은요?"

"없어요."

우리는 침묵에 잠긴 채 잠시 우리를 둘러싸고 있는 드넓은 모래사장을 이리저리 거닌다. 나는 오래전부터 아이가 없는 삶에 관해 이야기를 나누어보고 싶었다. 그래서 그런 주제로 토론해도 괜찮은지 그녀에게 묻고 그녀는 괜찮다고 대답한다.

우리는 스스로를 어떻게 정의하는지, 우리에게 무엇이 중요한지, 자기 자식을 키우는 자매나 친구들과 우리가 어떻게 다른지 이야기를 나눈다. 멋진 일이다. 우리는 둘 다 이전에 이런 이야기를 나눠본 적이 한 번도 없다.

그 뒤로 몇 년이 흐르는 동안 우리의 우정은 점점 깊어지고 우리는 계속 대화를 나눈다. 가끔은 아이가 없는 친구 한두 명을 그 대화에 동참시킨다.

우리는 요즘 우리처럼 아이 없는 여자들만의 작은 모임을 이따금 개최한다. 건강과 영적인 문제를 비롯해 수많은 측면에서 볼 때 우리의 삶이 자식의 부재로부터 어떤 영향을 받는지, 가족을 어떻게 정의하는지 이야기를 나눈다. 돈에 관해서, 인생을 어떻게 마무리할 것인지, 휴가를 어떻게 보내는지에 관해서도. 우리와 마찬가지로 그 여성들도 이런 주제에 관해 다른 사람들과 이야기를 나누어본 적이 없다. 심지어 친분이 있고 똑같이 아이가 없는 여자들과도.

우리 중 일부는 임신에 실패한 여자들이다. 그리고 일부는 자신의 유전적 상태를 후세에 넘겨주는 위험을 감수하지 않기로 선택한 여자들이다. 요점은 우리 중에 엉덩이 밑으로 아이를 낳은 사람은 한 명도 없다는 사실이다. 그것은 옳거나 그른 것이 아니라 그저 다른 것이다.

출산의 고통, 10대 자녀에게 통금시간 정해주기, 딸이 엄마가 되면 어떤 기분이 드는지 등 세상에는 우리 '논맘non-mom'들이 잘 모르는 일들이 있다.

그리고 또 끊임없는 배움, 개인적 독립, 만나본 적 없는 아이를 위해 대학에 학자금 기부하기 등 세상에는 우리가 아주 잘 아는 일들도 있다. 엄마인 사람들에게는 허용되지 않는 그런 일들, 당연하게도 그저 여유가 더 많아서 우리가 추구할 수 있는 그런 일들 말이다.

이 문제가 왜 중요할까? 첫째. 자매, 이모나 고모, 아이들이 좋아하는 선생님 가운데 아이 없는 여자는 어디에나 존재하기 때문이다. 출생연도에 따라 약간의 차이는 있지만, 곧 45세 여성 대여섯 명 가운데 한 명은 출산을 경험하지 않게 될 것이다. 딱 30년 전의 두 배에 달하는 수치다. 현재의 어린 딸과 손녀 중 다수가 훗날 우리의 대열에 합류할 것이다. 아이 없는 여성들이 다시 엑스세대[1]의 몫까지 하게 됨에 따라, 선택적 결혼, 가족 부양의 경제적 부담, 인구 증가가 우리의 행성에 가하는 충격 등을 고심하는 여성의 수가 어느새 수천만 명에 이르렀다.

오늘날 가임기에 들어선 젊은 여성들은 아이를 낳지 않는 삶을 선택할지 말지와 관련된 의문점들을 누구의 도움으로 해결할까? 또, 자신이 불임이거나 괜찮은 파트너가 없어서 아기를 가질 수 없다는

---

1 엑스세대(Generation X) : 캐나다의 소설가 더글러스 쿠플랜드(Douglas Coupland 1961-)가 1991년 발표한 장편소설의 제목으로, 1960년대와 70년대에 중산층 가정에서 태어나 고학력 교육을 받았지만 관습, 가정에 관심이 전혀 없고 인류와 지구의 미래를 부정적으로 바라보는 세대를 뜻하는 대명사가 되었다.

사실을 알게 된다면 어떨까? 나는 속마음을 털어놓고 조언을 구할 수 있는 선배 '논맘'이 내게도 있었다면 참 좋았을 거라 생각한다.

우리 부부가 서로를 만난 도시를 떠나 처음에는 교외로, 그다음에는 작은 시골 마을로 이사를 한 뒤로 나 말고 아이 없는 다른 여자를 만난 적이 거의 없다. 설사 그런 여자를 만나더라도, 캐묻는다는 인상을 주지 않고 그 주제에 관해 어떻게 말을 꺼내야 할지 확신이 서지 않았다. 내가 먼저 말을 꺼내면, 무리를 형성하고 있는 엄마들은 서둘러 나를 위로하거나 내가 살면서 만나온 아이들, 즉 조카들이나 친구의 자식들 이야기를 했다. 아니면 애완동물 이야기를 하거나. 나는 나와 동성인 여성들에게 깊은 이야기를 듣고 싶었는데, 내가 시골에서 만난 여성 대부분은 엄마인 여자들이었다.

———————

이제 소심함의 세월은 끝났다. 나는 이제 그 옛날 해변에서 머뭇거리며 건넸던 그 질문을 세심하지만 뻔뻔하게 던질 수 있게 되었다. 그저 그 이야기를 얼른 말해두고 싶어서가 아니라 그렇게 해야만 우리가 중요한 자리를 차지할 수 있기 때문이다. 그러자 아이가 없는 모든 연령대의 여자들을 만나 그들로부터 이야기를 들을 수 있는 기회가 생겨났다. 다른 사람의 인생을 탐구하는 일은, 이전에는 존재하는지도 몰랐던 삶들을 선택지로 제공해준다.

나는 수많은 부모 및 조부모가 아이 없는 자식이나 손자의 삶에 관심은 있지만 마음이 상할까 봐 섣불리 말을 꺼내지 못한다는 사실을 알고 있다. 『당신은 아이가 있나요?』에는 아이 없이 수년을 살아온 우리의 이야기가 담겨 있다. 이해의 폭이 더 넓어지길, 그런 대화가 더 스스럼없이 이루어지길 바라는 우리의 희망도.

이 책 어디에도 아이를 키우는 엄마들을 향한 비판은 물론, 각자의 선택이나 상황에 따라 출산을 결정한 여성에 관한 가치 판단은 담겨 있지 않다. 그런 내용이 편집 과정에서 삭제되었기 때문이 아니라 나와 이야기를 나눈 그 어떤 여성도 그런 감정을 표현하지 않았기 때문이다.

아이 없는 삶 역시 가정을 꾸리는 삶만큼 재미있고 보람 있을 수 있다. 우리가 이 세계에 끼치는 영향은 엄청난데도 종종 과소평가된다. 우리는 직장에서 돈을 벌고 권력을 행사한다. 친구, 가족, 혹은 다른 사람의 아이들과의 관계에 우리가 기울이는 관심과 우리가 세우는 기여는 삶을 변화시킨다. 우리의 생식 시스템은 병들었을지 몰라도 우리가 속한 공동체에서는 다양한 존재감을 드러낸다. 그리고 지구에서 보내는 시간이 끝나면 친자식의 발자국보다 훨씬 더 중요한 것들을 남기고 떠난다.

엄마인 여성들은 대개 임신을 계획 중인 예비 엄마들을 돕고, 출산 뒤에는 새내기 엄마들이 생소한 새 역할을 잘 해낼 수 있게 조언한다. 참으로 아름다운 세대 간 소통이다.

그러나 엄마인 여성은 아이가 없는 것이 어떤 것인지 설명할 수 없고, 현재에도 미래에도 예상할 수 없다면 '예상할 때 예상

되는 것²'은 없다. '논맘'의 멘토는 누구일까? 『당신은 아이가 있나요?』속 아이 없는 여자들은 모두 솔직하고 종종 유쾌하며 언제나 통찰력이 가득해, 좋은 점, 나쁜 점, 의외인 점 등 아이 없는 삶이 어떤 것인지 잘 알려준다.

2   예상할 때 예상되는 것(What to Expect When You're Expecting) : 문맥에 따라 번역했지만, '아기를 기다리는 동안 벌어질 수 있는 일'로 의역할 수 있다. 1984년 미국에서 초판이 발행되어 현재까지 출간되고 있는 유명한 임신 가이드 책의 제목으로, 2012년 제작된 임신을 소재로 한 로맨틱 코미디 영화의 제목이기도 하다. 한국에는 책과 영화 모두 『임신한 당신이 알아야 할 모든 것』이라는 제목으로 소개되었다.

제1장

우리는 누구

한시도 가만있지 못하는 소녀들이 키득키득 웃고 주변을 의식하면서 학교 강당으로 줄지어 들어간다. 면 티셔츠 밑에서 가슴이 막 부풀어 오르기 시작한 소녀들이다. 그중 몇 명은 가슴이 벌써 풍만하다. 인기 있는 소녀 몇 명이 소년들을 향해 웃음을 흘리고, 소년들은 얼빠진 얼굴로 소녀들을 쳐다보면서 그 옆을 지나 예외적으로 주어진 긴 휴강 시간을 보내러 간다. 강당 안 객석에는, 생리, 섹스, 아기 등 여성의 문제에 관한 이야기를 나눌 준비가 실제로는 전혀 안 돼 있는 소녀들이 앉아 있다. 소녀들 대부분은 영화, 언니들, 파자마 파티 등을 통해 섹스가 무엇인지 알고 있지만, 오늘의 중심 주제는 조만간 그 애들의 팬티에 나타날 피와 월경 주기다. 보건 교사가 선언하듯 말한다. 강도 높은 육체 활동으로 월경이 지연될 수 있는 소수 운동선수를 제외하면 그 공간에 있는 소녀들 모두가 겪게 될 일이라고. 교사는 또 말한다. 초경이 시작되면 조심해야 한다고. 자칫하면 임신이 될 수 있다고.

교사는 아슬아슬하게 줄타기를 하며 충격과 공포와 성적인 요소를 배제하고 유용한 정보를 제공하려 애쓴다. 그러나 스피커를 울리는 메시지는 명확하다. 초경은 생식 능력이 생겼다는 뜻이고 생식 능력이 생겼다는 것은 임신할 위험이 있다는 뜻이니 조심하라는 것이다. 계획된 아기는 장래 결혼 생활에 선물이 되겠지만 너무 어려서 아이를 갖는 것은 비극이라는 말, 그러니 엄마 될 준비가 끝나기 전에는 남자를 멀리해야 한다는 말이다.

그 소녀들 대부분은 자라서 엄마가 될 것이다. 지금까지 언제나 그래왔듯. 여자는 임신을 하고 아기를 낳는다. 그렇게 비로소 엄마가 된다. 그녀의 삶은 이제 자신이 창조한 새로운 생명과 연결된다. 그 이전과 같은 모습으로는 영원히 돌아갈 수 없다.

그런데 그렇게 살지 않는 여자들은 어떨까? 우리는 누구인가? 그리고 우리는 왜 아이를 낳지 않는가?

――――――

먼저 단어에 관해 한두 마디 이야기하고 넘어가자. 단어란 각각의 현상이나 문제를 한 마디로 지칭할 때 쓰는 말이다. 그런 점에서, 아이 없는 여성을 일컫는 적절한 단어가 영어에 없다는 말을 해야 하다니, 참으로 통탄할 일이다. 우리가 아닌 사람을 뜻하는 단어는 넘쳐나지만 우리를 정확히 지칭하는 단어는 없다.

'불임여성', '차일드프리Childfree', '차일드리스Childless'

이런 말들에서는 가치 판단이 배어 나온다.

'논맘', '아이 없는 여자', '그 누구의 엄마도 아닌 여자'

부정적인 느낌 없이 그런 여자를 설명할 수 있는 방법은 없다. 우리는 그저 엄마인 여자와 반대되는 존재로 방치되어 있을 뿐이다.

심지어 여성과 젠더를 연구하는 교수들로 구성된 전 세계 규모의 네트워크조차 우리를 뭐라고 부를지 갈팡질팡한다. 그들은 이메일을 통해 '차일드리스'와 '차일드프리'를 구분하는 애매한 경계에 관해 논의했다. 그중 소수는 (아이 없는 전문적 이모, 'professional aunt no kids'라는 뜻의) 약자 PANK를 지지했다. 농담이었으리라 믿고 싶지만 '비非번식 동물'이라는 뜻의 '논 브리더 Non-breeder'도 언급되었다. 그러다가 그들은 참으로 교수다운 그럴 듯한 미끼 기법을 이용해 토론 주제를 자신이 선호하는 호칭으로 불릴 수 있는 인간의 권리, 언어의 인종 차별성, 어머니의 계급 현실 등으로 바꾸었다. 그것들 역시 매우 흥미로운 주제인 것은 분명하지만, 결국은 그들 역시 가치중립적이고 부르기 쉬운 호칭을 찾아내는 데는 실패한 것이다.

그 결과 현재 우리한테는 '차일드리스'나 '차일드프리' 같은 단어들이 따라다닌다. 그 두 단어 사이에는 딱 보기만 해도 알 수 있는 '슬픔'과 '경솔한 자유'라는 고정된 경계선이 놓여 있다.

아이를 낳은 적이 없는 여자를 뜻하는 '널리파라Nullipara', 즉 '미산부未產婦'라는 의학적 용어가 그나마 가장 비슷하다. 그러나 이 단어는 발음하기가 힘들고 아직 아기를 낳지 않은 어린 여자를 지칭하는 데도 사용된다.

적절한 명칭도 없이 우리를 이야기하는 것은 번거롭고 서툰 짓이다. 우리의 수가 증가하고 있는 만큼 언젠가는 딱 맞는 용어가 널리 쓰이게 될 것이 분명하긴 하지만 말이다. 그때까지는 불완전한 단어들에 만족할 수밖에 없다. 어휘 선택에 무시당하고 있다고 느낄지 모르는 모든 분께 미안한 마음을 전하며, 『당신은 아이가 있나요?』에서는 애정과 존경심을 바탕으로 문맥에 따라 '차일드리스', '차일드프리', '논맘', '낫맘not-mom', '널리파라' 등을 모두 사용할 것임을 밝혀둔다.

———————

별처럼 빛나는 아기, 활기찬 가족, 혈색 좋은 얼굴로 사랑스럽고 자그마한 생명체를 안고 어르는 조부모가 나오는 광고를 보지 않고 한 시간 동안 텔레비전을 시청하는 것은 불가능하다. 미국은 전 세계에서 출산을 가장 장려하는 국가 중 하나이고 여성에게 매겨지는 문화적 기댓값은 아직도 아기를 낳는 것이다. 그러나 그렇게 살지 않는 여성이 언제나 상당한 퍼센트를 차지했다. 21세기 초에는 그 비중이 약 20퍼센트였는데, 그것은 1980년 비중의 두 배에 달하는 수치였다. 여론조사기관인 퓨 리서치 센터Pew Research Center에 따르면 2016년 차일드리스의 총 비중은 14퍼센트로 떨어졌다.

미국의 인구학자들은 차일드리스를 '살아 있는 아기를 낳은 적이 없고 여생 동안에도 아이 없는 상태로 남아 있을 것으로 추정되는 40세 이상 44세 이하의 여성'으로 규정한다. 나이가 꽤 많은 유명 인사들의 만삭 사진이 잡지 표지를 아무리 장식해도, 난임 극복 기술이 아무리 발달해도, 45세가 넘어 아이를 낳는 여성의 수는 여전히 극소수다(미국 통계국 자료를 분석한 퓨 리서치 센터에 따르면 2016년 45세 이상의 산부는 전체 산부의 0.2퍼센트였다).

2008년 대침체Great Recession가 차일드리스의 수치에 어떤 영향을 끼칠지는 아직 모르지만, 1929년 시작된 대공황과 제2차 세계대전 두 기간 동안의 수치는 약 20퍼센트였다. 그 시기에는 빈곤, 나쁜 영양 상태, 남자의 부족 등이 출산율 저하를 초래했다. 그러나 장차 엄마가 될 현대의 여성들은 전반적으로 건강하고, 남자의 대부분은 현역 군인이 아니다.

통계 분석가들은 자녀가 없는 현대 여성들의 경우 도시에 거주하는 고학력 백인 여성일 가능성이 크다고 말할지도 모른다. 차일드리스 백인, 아프리카계 미국인, 아시아계 미국인이 그들의 인종 원그래프에서 차지하는 면적이 비슷하다는 점만 빼면 그 분석은 대체로 옳다(그 비율은 각각 17, 15, 14퍼센트다). 10퍼센트인 남미계 여성만이 인구학적으로 약간 뒤처져 있을 뿐이다. 아이가 없는 여성은 또 독신이고 전문직이나 경영 부문 종사자로 (대개 도시에)

자가를 소유하고 있으며 무남독녀로 성장했을 확률이 높다.

　우리 중 일부는 임신을 시도하지만 성공하지 못한 사람들이다. 12개월 이상 피임을 하지 않고 섹스를 해도 임신이라는 결과로 이어지지 않으면 병원 진료 기록에 '출산 장애'라는 딱지가 붙는다 (이 또한 참으로 불쾌한 용어다). 40세에서 44세 사이의 차일드리스 여성 전체 가운데 약 18퍼센트가 이 범주에 속하는데, 이는 그들이 언젠가 아기를 갖게 될 가능성이 거의 없다는 뜻이다. 학교 교육과 경력을 우선적으로 고려하다 보면 임신을 미루게 되고 난자는 늙는다. 늙은 난자는 수정되기 어렵고 나이가 많을수록 유전적, 신체적 비정상을 초래할 확률도 커진다.

　우리 중 일부, 즉 차일드프리들은 임신을 시도하지 않는다. 피임약과 피임 도구의 발전이 그 수고를 덜어준다. 그런데 우리는 아이를 갖지 않기로 결정한 것일까, 아니면 그저 아이 없는 상태를 유지하는 것일까?

　여러 연구에 따르면 차일드프리가 되는 것은 하나의 중대한 결정보다는 수많은 작은 선택이 모여 이루어진 결과다. 딱 부러지게 아이를 갖지 않기로 선택하는 것이 아니라 그저 아이를 갖기로 긍정적인 결정을 내리지 않는 것뿐이라는 이야기다. 다시 말해 노력을 쏟아부어야 하는 다른 일들에 집중하려고 그 결정을, 폐경이 되어 가임기가 끝남으로써 자연법칙이 그 결정을 내려줄 때까지 미루다 보니 초래된 당연한 결과라는 뜻이다.

그 모든 것은 학교, 직장, 그리고 책무 탓이다.

교육 수준이 높은 여성일수록 차일드리스로 살거나 임신을 미룰 가능성이 더 크다는 연구가 잇따라 등장하고 있다. 한 연구에 따르면 여성의 최종 학력이(학사, 석사, 박사로) 한 단계씩 올라갈 때마다 차일드리스로 살아갈 가능성은 14퍼센트씩 증가한다.

더 높은 학력 수준은 종종 더 좋은 고용 기회로 이어지고, (실직 상태가 한 달 넘게 지속되지 않고) 계속 고용되어 있는 여성은 엄마가 될 가능성이 훨씬 더 낮다. 아이러니하게도 남성의 경우 계속 고용되어 있을 때 아빠가 될 가능성이 훨씬 더 높다. 2010년 이후로는 여성이 전문직과 경영 부문 직종 전체의 절반 이상을 차지하게 되었고, 그 업종에 종사하는 여성 중 차일드리스의 비중도 점점 증가하고 있다.

그다음으로 책무 문제가 있다. 현재 수많은 미국 젊은이는 결혼을 미루거나 결혼 자체를 아예 기피한다. 2010년 결혼한 신혼부부의 중위 연령은 신랑 28세, 신부 26세였다. 1960년에는 신랑 23세, 신부 20세였다. 책무를 다하는 배우자를 만나지 못한 여성이 차일드리스로 살아갈 가능성은 가임기 동안 매년 15퍼센트씩 증가한다. 물론 결혼이라는 매듭 없이 기꺼이 아이를 낳으려 하는 독신 여성이 많다는 통계 역시 수두룩하긴 하지만 말이다. 실제로 2014년 비혼 여성의 상당수는 엄마였다.

학교 교육, 사회 경력, 결혼 결정 미루기 등은 출산 없는 가임기의 햇수를 증가시킬 수 있다. 남자들이 줄곧 더 젊은 여자를 배우자로 삼으려고 하는 고질적이고 편향된 문화까지 있기 때문에, 가임 기간의 범위가 줄어들수록 잠재적 배우자의 범주도 줄어든다.

물론 이런 모든 경향과 통계의 뒤편에는 우리 모두가 알고 사랑하는 개별적인 낫맘들이 있다. 여성은 아기를 갖는 그 순간 엄마가 된다. 그러나 아이가 없는 여성들 대부분의 경우는, 이제 차일드리스가 되었다고 딱 꼬집어 말할 수 있는 시점이 없다. 우리가 어쩌다가 낫맘으로 살아가게 되었는가 하는 상황과 동기들은 서로 뒤얽혀 있어서 결정적인 설명보다는 훨씬 더 미묘한 이야기를 만들어낸다.

———————

2015년 10월, 나를 포함한 백 명이 넘는 여자들이 사상 최초의 '낫맘 회의NotMom Summit'를 위해 오하이오 주 클리블랜드 매리어트 호텔의 연회실로 속속 모여든다. 24세부터 69세 연령에 속하는 우리는 미국 14개 주, 캐나다 3개 주, 영국, 아이슬란드, 중국에서 달려온 사람들이다. 우리는 이곳에서 이틀을 지내면서, 아이 없는 삶에 완전히 초점이 맞추어져 있는 워크숍에 참여하고 기조연설에 귀를 기울인다.

열정적인 60세 여성 카렌 멀론 라이트는 회의의 개최자이자, 회의의 후원 웹사이트인 낫맘 닷컴(theNotMom.com)의 설립자이다. 라이트는 우리 모두를 클리블랜드로 초청해 반갑게 맞이한 뒤 한 가지 질문을 던진다. "여러분은 선택과 우연 중 어떤 이유로 낫맘(이것은 그녀가 만든 용어이다)이 되었습니까?" 그녀는 분위기를 편안하게 만들기 위해 이 질문을 서로에게 던져보라고 제안한다. 차일드리스냐 차일드프리냐 그것과 무관하게 서로의 이야기를 공유하고 공통점을 찾아보자고.

그 이틀이 지나는 동안 내가 만난 여자 중 절반은 자신을 우연에 의한 낫맘으로, 나머지 절반은 선택에 의한 낫맘으로 자신을 규정한다.

캐서린은 열네 살의 나이에 자신이 신체적으로 아이를 가질 수 없다는 사실을 알게 되었다. 현재 20대 후반인 그녀는 여전히 자신의 현실과 맞서 싸우고 있다.

글래디스는 (수정란이 자궁에 착상하지 못하고 자궁과 난소를 잇는 난관에 착상하는) 자궁 외 임신으로 난관 하나를 잃었다. 그것은 미래의 임신 계획을 어리석은 짓, 혹은 불가능한 일로 만들 수도 있는, 생명을 위협하는 응급 상황이었다.

베스는 멋진 남자와 결혼했지만, 수년 동안 애를 썼고 심지어 불임 치료까지 받았는데도 아이를 가질 수 없었다. 이제 40대가 된 그녀는 가임기가 끝날까 봐 두려워한다.

킴은 아이를 원하지만 좋은 아빠가 될 수 있을 만큼 안정적인 남자를 만나지 못했다.

일부 여성들은, 이전의 결혼으로 얻은 자녀가 이미 있어서 더 이상 아이를 원하지 않거나 (대개 정관 절제 수술을 받아 복구하려는 시도를 해보았지만 결과가 좋지 않아) 낳을 수 없는 배우자와 살고 있다.

하이디는 조울증 진단을 받고 온갖 처방 약으로 간신히 상태를 유지하고 있다. 그녀는 임신할 경우 맞이하게 될 태아의 선천적 장애 위험을 감수할 수도, 그렇다고 약을 끊을 수도 없다.

내가 만난 또 다른 여성은 자신의 배우자 역시 여성이라면서, 그 두 사람은 둘 중 누가, 어떻게, 그리고 언제 임신할 것인지 합의에 영영 도달할 수 없을 것이라고 말한다.

내가 들은 바에 따르면 선택에 의해 낫맘이 된 여성들도 아이를 낳지 않기로 한 이유는 마찬가지로 다양하다.

아이를 양육할 경제적 여유가 없다고 여러 여성이 말한다.

어떤 이들은 이미 포화 상태를 넘어선 세계 인구에 자신마저 수를 보탠다는 생각을 용납할 수 없다고 한다.

데비는 엄마가 될 것인가 하는 결정을 자연환경이 어느 정도 회복될 때까지 보류했는데 이른 폐경이 대신 그 결정을 내려준 경우다.

제니는 아동 학대 이력이 있는 가정 출신으로 악순환의 고리를 끊어내는 중이다.

내가 만난 여성 중 일부는 맏이라서 원래 가족 안에서 양육의 책임을 맡고 있었기 때문에 아이는 이미 키울 만큼 키웠다고 느낀다.

에이미는 구성원이 두 명뿐인 자신의 가정과 일에서 행복을 느낀다. 그래서 안 그래도 행복한 가정과 전문직 인생에 굳이 아이를 추가하지 않기로 한다.

몇몇 여성은 아이들과 함께 있는 것을 불편해한다.

한두 명은 그냥 아이가 싫다고 말한다.

───────

직관에 어긋나지만 엄마가 아닌 삶도 아이들로 가득할 수 있다. 어떤 여성은 배우자의 자녀나 손자의 양어머니, 양할머니가 된다. 또 어떤 여성은 아는 사람의 아이들을 모아 새로운 종류의 가족을 만든다. 그리고 또 어떤 여성은 어린이나 어린 이웃을 가르친다.

아이를 낳아 입양시키는 여자들이 있다. 소송 과정에서 아이를 빼앗기는 여자들도 있다. 아이가 태어난 뒤 죽는 여자들도 있다. 실제로는 이런 여자들도 모두 엄마의 통계수치 안에 포함되지만, 아이가 없는 현재의 그녀들은 아이를 한 번도 낳은 적이 없는 여자들과 공통점이 더 많을 것이다. 직접 아이를 낳은 적은 없지만 아이를 입양하거나 어린 친척을 키우는 여자들이 있다. 그런 여자들은 특히 신체적인 관점에서 보자면 낫맘들과 같은 경험을 하고 있을지 모른다. 어떤 엄마들은 아이들과 따로 산다. 그녀들의 삶역시 아이 없는 삶과 일면이 일치할 수 있다.

엄마들은 만약 아이를 낳지 않았다면 자신의 삶이 어땠을지, 아이를 낳지 않고 살아가는 딸들의 삶이 어떨지 궁금할 것이다.

누가 낫맘에 '속하는지'를 특정하는 것은 아무 의미가 없다. 그것은 올가미로 벌새를 잡으려고 하는 것과 같다.

―――――――

아이를 갖지 않은 이유가 무엇이든, 시간이 조금만 지나도 우리는 가정의 생물학적 확대가 아니라 우리 삶의 구성요소에 집중하게 된다. 아이가 있다는 사실이 부모인 사람들의 정체성 일부를 형성하듯, 아이가 없다는 사실은 우리의 정체성 일부를 형성한다. 상황 때문에 출산을 못하는 경우 우리는 삶이 안겨주는 다른 손실들과 마찬가지로 그 사실에 비통함을 느낀다. 아이를 낳지 않기로 선택한 경우 스스로 그 선택을 정당화해야 한다. 가지 않은 길을 후회하는 마음이 가끔씩 불쑥 겉으로 드러날 수도 있지만, 그 마음의 크기는 딱 아이를 키우는 가족들이 느끼는 후회만큼일 것이다.

우리에게는 삶을 어떻게 구조화할 것일까, 어디에서 살 것인가, 누구와 친구로 지낼 것인가 등에 관한 일반적인 청사진이 없다. 아이를 키워야 하는 책임이 없기 때문에 명확하게 정해진 길도 없고 딱 눈에 보이는 롤모델도 없다. 어린 생명에 대한 책임이나 다음 세대로 이어지는 유전적 궤적이 없기 때문에, 우리의 생애는 유전적으로 끝이 있는 선이다. 가계도에서 뻗어 나온 우리의 줄기는 더 이상 가지를 치거나 열매를 맺지 않는다. 그래서 우리는 우리 어머니들이 했던 것과 전혀 다른 방식으로 우리의 인생을 빚고 만든다.

소녀가 이제 막 여자가 된 순간부터 노인이 될 때까지 가능성의 방대한 바다를 건너는 동안 누가 낮맘에게 길잡이가 되어줄 것인가?

『당신은 아이가 있나요?』를 쓰느라 연구를 시작하기 전에는 나 역시 다른 낮맘의 이야기를 들어본 적도 없었고 내 이야기를 많이 터놓은 적도 없었다. 우리가 말하기를 망설이는 이유는 그 많고 많은 갈림길 가운데 기껏 차일드리스의 길에 들어선 듯한 기분 때문이다. 우리 중 일부는 차일드프리라는 이유로, 또 자신의 현실을 열심히 변명하지 않는다는 이유로 이기적이라는 비난을 들어본 적이 있다. 또 우리 중 일부는 갖지 못한 아이를 생각하면 여전히 살짝 슬픔을 느끼고, 우리의 처지가 드러났을 때 사람들이 곧잘 내보이는 동정심과 못마땅함에 당혹감을 느낀다. 그리고 또 다른 일부는 아이 생각을 거의 안 한다. 그런데 우리의 처지에 대한 오해, 소외감, 오명 등은 침묵 속에 일어난다. 장차 엄마가 될 가능성이 있는 어린 소녀들이 아이 없는 미래에 접근하거나 독신의 삶을 선택할 수 있는 권리는 침묵 속에 부인된다.

모든 진실이 그렇겠지만 말하기에는 힘이 있다.

몇 년 전 해변을 걷던 그 날 이후 나는 아이 없는 여자들로 이루어지는 수많은 작은 모임을 개최해왔다. 어떤 때는 초면인 여자들과, 또 어떤 때는 구면인 여자들과 함께였다. 모임 장소나 모임 구성과 무관하게 대화가 활발하게 이루어지기까지는 시간이 오래 걸리지 않았다.

'낮맘 회의'가 끝난 뒤 나는 오하이오 주 도시 데이턴을 향해 서남쪽으로 세 시간 넘게 차를 몬다. 내가 "'당신은 아이가 있나요?' 대답이 'NO'일 때의 인생"이라는 제목으로 토론 내용을 연재 중인 데이턴 대학교의 여성과 젠더 연구 학과 웹사이트에, 한 번도 만난 적 없는 여성 십여 명이 반응을 보였기 때문이다. 인종적으로 다양한 그 학과에는 30대 초반부터 60대 후반에 이르기까지 폭넓은 연령대의 교수와 교직원이 소속되어 있다.

나는 간단하게 소개를 마친 뒤 우리를 하나로 묶어주고 있는 그 주제를 어떻게 다루어나갈 것인지 설명한다.

"아이가 없는 당신의 경험을 떠올리게 하는 카드를 한 장씩 고르세요." 나는 여러 색깔의 색인 카드를 회의실 테이블 위에 흩어 놓고 말한다. 그 카드 위에 적혀 있는 내용은 아이 없는 현실이 여성의 삶에 어떤 영향을 끼칠 수 있는가와 관련된 질문들이다. 그 예를 들어보면 다음과 같다.

당신에게 아이가 없다는 사실을 알게 되면 사람들은 뭐라고 말하는가? 아이가 없다는 사실이 당신의 우정에 어떤 영향을 주는가? 당신의 친구들이나 가족은 당신의 삶에서 어떤 놀라운 점을 발견하는가?

여자들은 앞다투어 카드를 고른다. 뒤이어 몇 명이 카드를 교환한다. 그렇게 이야기를 나눌 준비가 끝나자 여자들이 차례로 자신의 질문에 관한 토론을 이끌어간다. 각각의 주제는 자연스럽게 다음 주제로 넘어간다. 대화가 끊기는 순간은 전혀 없고 우리에게 주어진 90분은 눈 깜짝할 새에 지나가 버린다. 한 여자가 아이 키우는 경험을 이야기할 때 엄마인 여자들이 알겠다는 듯 고개를 끄덕이는 것과 마찬가지로, 그 여성들은 아이 없는 삶이 어떤 모습인지에 관해 서로 이해를 나눈다.

이 책의 각 장은 여성들이 다양한 모임에서 주고받은 대화 몇 도막으로 시작해 여성들 개인의 경험과 연구 결과를 깊이 있게 탐구한 뒤 나 자신의 이야기로 마무리된다.

아이 없는 여자들의 세상에 온 것을 환영한다.

─────────

논맘으로서 나의 역사는 미라와 함께 시작된다.

나는 샌프란시스코에서 열린 투탕카멘 왕 전시회에 들어가려고 줄을 서 있다가 거기서 미래의 남편을 만났다. 그는 점잖고 책임감이 강했다. 내가 그때까지 사귀었던, 영원한 백수인 몽상가들과는 완전히 달랐다. 우리가 결혼했을 때 나는 서른 살이었고 댄은 서른일곱 살이었다.

첫해 동안은 샌프란시스코에 있는 내 작은 아파트가 우리의 신혼집이었다. 그러다가 학군이 좋은 교외 동네에 집을 샀다. 둘 다 직장 경력이 안정된 터라 부모라는 선택지를 택할 가능성이 아직 열려 있었기 때문이다. 제대로 굴러가지 않는 가정에서 네 딸 중 장녀로 자란 나는 여러 면에서 이미 한 가족을 다 키운 것처럼 느껴졌지만 말이다. 그러다가 우리가 좋아하는 한 부부가 아이를 가지려고 애쓰는 중이라는 말을 하기에 우리도 그 대열에 뛰어들었다. 먼저 자궁 내 피임기구를 제거했고 오로지 임신하는 일에만 집중하며 섹스를 한 뒤 물구나무를 섰다. 내 몸 안에서 아기가 자라는 기분을 느끼고 싶었다.

달이 가고 해가 갔다. 우리가 아끼는 그 친구 부부는 임신을 했다. 우리는 의사를 찾아갔다.

1980년대 중반이던 당시는 아직 불임 치료가 비교적 생소할 때였다. 몇 달 동안 계속해서 검사, 외과 처치, 초강력 약물 요법을 받았다. 그 대상은 댄이 아니라 나였다. 내 생리 주기가 너무 짧아서 설사 수정이 된다고 하더라도 그 수정란이 자궁벽에 착상될 가능성이 매우 낮다고 했다. 복강경 수술이 끝나고 회복실에 누워 있다가 내가 자궁내막증까지 앓고 있었다는 사실을 알게 되었다.

의사가 말했다. "깨끗이 다 제거했습니다. 내년이 임신이 될 절호의 기회입니다."

의사가 임신 모래시계를 홱 뒤집어놓은 그 순간 직후 나는 외과수술로 불룩하게 부어오른 배 위로 트레이닝복 바지를 올려 입었다. 집에 가도 된다는 허락이 떨어졌다. 차를 향해 걸어가다가

먹은 것을 덤불 속에 다 게워냈다. 내 속을 뒤집어놓은 것이 마취 후유증이었는지, 아니면 희미하게 모습을 드러낸 마감 시한이었는 지는 영원히 알 수 없으리라.

제2장

생계유지

직장에 당신이 필요하면, 당신은 필요한 사람인 거예요.
아이가 있느냐 없느냐는 중요하지 않아요.
난 이용당하고 있다고 느끼지 않아요.

직장 사람들과 함께 하는 파티는 모조리 다
결혼식이나 베이비샤워와 관련이 있어요.
나는 영원히 그런 축하는 받지 못하겠죠.

난 엄마예요. 나는 내 작품의 어머니예요.
내 작품과 인간관계에 내가 생명을 부여하니까요.

나의 직장 동료들은 내가 암에 걸린 줄 알았다고 나중에 고백했다. 내가 병원에 너무 자주 다녔기 때문이다. 웰스파고 은행의 채용 담당자로 일하던 그 시절, 나는 MBA 학위로 가는 합승마차에 어떻게든 승차하려고 동분서주하며 이 나라 최고의 경영대학원에 다니고 있었다. 댄과 내가 아이를 가지려고 애쓰고 있다는 사실을 아는 사람은 아무도 없었다. 심지어는 양가 부모님도 그 사실을 알지 못했다. 매달 내 생리 주기가 어떻게 달라졌는지 모두가 확인하게 하는 짓만큼은 결코 하고 싶지 않았다. 게다가 직장은 끝없는 처치, 배란, 달력, 실망의 연속인 날짜 세기로부터 도망쳐 숨는 나의 피난처였다. 당시의 나는 엄마가 되는 일과 경력을 쌓는 일을 똑같은 열의로 추진하고 있었다.

아이를 갖지 않는 것은 여성의 경력에 요긴하다. 게다가 결혼까지 하지 않는다면 직장에서 성공할 확률은 훨씬 더 커진다. 모순되게도 미국 청년 추적 연구the National Longitudinal Survey of Youth의 데이터에 따르면 남성은 아이가 있을수록 성공할 확률이 더 높다. 아이가 있는 남성이 평생 6퍼센트 더 많은 수입을 올리는 것이다. 이에 반해, 여성의 경우는 아이 한 명당 4퍼센트씩 수입이 떨어진다.

이 양분법의 요인은 젠더 및 직업과 관련된 불변의 문화적 추측으로 요약될 수 있다. 어린 가족을 부양하는 아버지는 훨씬 더 안정적이고 직장에 헌신적일 것이라 여겨지는 반면, 어머니는 전통적인 성 역할에 따라 자녀를 돌보느라 직장을 빠지는 일이 잦을 것이라 여겨진다. 그렇다면 유아원으로 자녀를 데리러 가야 해서 여섯 시까지밖에 일할 수 없는 여성보다 아이 없는 여성이 직장에서 더 오래 일할 확률이 높지 않을까? 또 논맘은 출산 휴가를 가지 않으니까 직장이 산후 복직을 보장할 필요도 없다. 계속 자기 자리를 지킬 테니까.

———

에이드리엔 케이시는 사복 차림으로 훨씬 더 위험하고 나쁜 놈들을 잡으러 다니기 전에도 총을 갖고 경찰 배지를 단 채 거리를 걸어 다녔다. 그녀는 우리랑 대화할 때 조용하지만 단호한 말투로 이야기하려고 세심하게 주의를 기울인다. 나는 그녀의 태도에서 마치 나를 가늠하는 듯한 약간의 머뭇거림을 감지한다. 장담컨대 오랜 세월 법을 집행해온 사람의 몸에 자연스럽게 배어 있는 태도이리라.

그녀는 말한다. "나는 1958년에 샌디에이고 경찰서 직원으로 채용됐어요. 내 나이 열여덟 살 때였죠. 야간 학교에서 형법 수업을 듣기 시작했어요. 당시 샌디에이고 경찰서에는 여형사가 다섯 명 있었는데, 모두 굉장한 실력자들이었어요. 그 시절에는 여자가 지휘권을 휘두르는 자리를 차지하고 남자만큼 성과를 내는 일이 드문 일이었거든요. 그래서 그들은 평균적인 사람보다 훨씬 덩치도 크고 힘도 세고 배짱도 엄청 두둑했어요. 그런데 나도 그런 말을 듣고 싶더군요."

그 시절 경찰은 이직률이 낮은 직종이었다. 경찰은 여전히 경제 잡지 〈키플링어Kiplinger〉가 꼽은, 성별과 무관하게 가장 위험한 직업 목록에서 상위 10위 안에 드는 직업이었다. 그런데도 에이드리엔은 형사가 되고 싶었기 때문에 혼자 로스앤젤레스로 이사했다. 그리고 스물한 살이 되자마자 군郡 보안관 대리 배지를 달았다. 몇 개월 뒤 샌디에이고의 여형사 한 명이 마침내 퇴직했고, 에이드리엔은 고향으로 돌아갔다.

그녀는 말한다. "그래요. 난 총을 갖고 다녔어요. 내가 심각한 신체적 부상이나 죽음에 대한 공포에 빠진 적이 있다면 누군가를 총으로 쏘았겠죠. 하지만 내 총은 가방 안에 들어 있었어요. 그 시절에는 그렇게 갖고 다니기만 하면 됐거든요. 그래서 내가 정말로 위험에 빠졌더라도 총을 꺼내는 일이 쉽지는 않았을 거예요.”

이제 일흔다섯 살이 된 에이드리엔은 체구가 작은 여성으로, 피아노 건반 위에 올려놓으면 우아해 보일 만큼 손가락뼈가 길고 가늘다. 그녀는 여자를 경찰 취급하지 않던 경사와 함께 일했던 경험을 이야기한다. 험난한 체포가 되리라 예상되는 일에 지원을 요청할 때마다 그는 그녀를 무시했다고 한다.

그녀는 회상한다. “그래서 지원 요청을 그만뒀어요. 누구든 늘 혼자 상대했죠. 거대한 괴물들을요. 내가 의지할 수 있는 거라고는 어마어마한 허세뿐이었어요. 내가 가장 즐겨 쓰던 말은 이거였어요. ‘나로 하여금 네 친구들 앞에서 널 창피 주게 만들지 마.’” 그녀는 낄낄 웃으면서 말한다. 그 작전이 어떤 범인이든, 남자든 여자든 젊은이든 똑같이 먹혔다고. “스모 선수처럼 보이는 거대한 여자한테 아가씨답게 행동하라고 말했던 일이 기억나네요. 내 작은 손이 몸에 닿기만 해도 사실 내가 얼마나 힘이 없는지 그녀가 눈치챌 거라는 사실을 알고 있었기 때문에, 나는 그녀를 차에 태운 뒤에야 수갑을 채웠어요. 나한테는 그 일을 함께할 파트너가 없었거든요.”

에이드리엔은 5년 동안 샌디에이고 경찰로 근무했다. 그녀가 첫 번째로 발령된 곳은 청소년 범죄 부서였다. 그녀는 말한다. “거기 있으면 세상에서 가장 슬픈 상황에 빠진 온갖 사람을 상대하게 돼요. 여자, 아이들. 나중에는 위조와 살인을 다루는 부서에서 일하면서 지능적인 사기꾼들을 상대했어요. 그러다가 성범죄, 강간을 다루는 부서로 발령이 났어요." 그녀는 목소리를 낮추고는 1960년 대 후반, 희생자로 하여금 사건 전면에 나서도록 만드는 게 얼마나 힘든 일이었는지 이야기한다. "강간 희생자들에게 가혹한 시대였 어요. 길거리에서 곤봉을 맞고 골목길 안으로 질질 끌려들어간 수 녀가 아닌 한, 희생자의 평판이 결국에는 폭행범의 평판보다도 더 갈가리 찢길 가능성이 더 큰 시대였으니까요. 정말 힘들었어요. 하 지만 내 밤잠을 앗아간, 가장 끔찍한 사건들은 아동 학대 범죄였어 요. 아이가 병원으로 이송되어야 할 정도로 심각하게 학대를 당하 면, 병원에 가서 아이와 대화를 해야 했어요. 아이가 말을 할 수 있 다면 말이죠. 가능하면 사진도 찍어야 했죠. 그런데 병원에서는 경 찰을 들여 보내주지 않았어요. 부모 허락을 받아야 한다면서요. 물 론 보통은 그 부모란 작자들이 바로 학대의 주범들이었고요. 그래 서 나는 살그머니 병원을 돌아다니면서 간호사들을 속이고는 했어 요. 소아과 의사한테 들키지 않게 말이에요. 피해 아동의 집을 찾 아가 부모랑 대화하려고 애도 써보고요."

나는 에이드리엔이 평생 매일 하던 으스스한 일 이야기를 풀 어놓는 동안 그 말에 귀를 기울이며 연필을 꽉 움켜잡는다. 질문들 을 간결하게 정리하려고 안간힘을 쓰는 동시에 그녀의 이야기를 이 해하려 애쓴다. 반면 에이드리엔은 편안하고 활기차 보인다. 나한 테 마치 못된 학교 친구 험담을 늘어놓고 있는 것처럼. 나는 마침내 소리 내어 궁금한 것을 묻는다. 당신이 정 많은 엄마였다면 과연 그 런 사건들을 처리하라고 떠맡길 수 있었겠느냐고. 에이드리엔의 대답은 나를 놀라게 한다.

"요즘은 아이 있는 여자와 아이 없는 여자를 다르게 대우하나 보네요. 내 생각이지만 위험성이라는 요소는 근무 시간이나 안정성만큼 중요한 고려 사항이 아닐 거예요." 하지만 그녀는 단언하지 않는다. 수십 년 동안 그녀가 함께 일해 본 여성은 극소수에 불과하기 때문이다. 확실히 그녀는 자기 몫으로 정해진 수보다 훨씬 더 많은 수의 남자와 일했다고 한다.

"요즘 사람들은 유리 천장 이야기를 하더군요. 그 시절에는 유리 천장이 훨씬 더 견고했어요. 여경으로 고용된 사람한테 승진은 물 건너간 이야기였죠. 처음에는 아무렇지도 않을 거라 생각했어요. 그런데 점점 더 많은 남자가 날 지휘하러 왔어요. 나보다 그 일에 관해 아는 것이 훨씬 적은 남자들이 말이에요. 그러자 짜증이 나기 시작했어요."

그래서 에이드리엔은 경찰을 그만두고 지방 검찰청의 범죄 수사관으로 이직했는데, 그곳 역시 여성은 극소수였다. 그녀는 살인, 강간, 아동 학대, 조직범죄 등의 사건들을 재판받게 하는 일을 맡고 있었고, 정말로 나쁜 놈들을 법정에 세울 수 있기를 늘 바랐다. 하루 20시간 근무, 불규칙한 근무 시간이 일상이 되었다. 곧 그녀는 지휘 수사관으로 승진되었다.

"그저 내가 여자라는 이유로 승진되지 않았다고 해도 나는 별로 놀라지 않았을 거예요. 내가 지휘 수사관으로 있을 때 우리 팀에 아이를 데리러 가야 하는 팀원이 있으면, 나는 반드시 그 팀원이 아이를 데리러 갈 수 있게 해주려고 애썼어요. 팀원들도 그 사실을 알고 있었지만 나한테 그 점을 영원한 면죄부로 써먹지는 못하더군요. 내가 검찰청을 떠날 무렵, 그곳에서 일하고 있던 여자 수사관은 여전히 겨우 4명뿐이었어요. 남자 수사관은 60여 명이었는데 말이죠."

에이드리엔은 지휘 수사관이었을 때에도 사건을 직접 수사했다. 그녀는 회상한다. "아동 학대의 경우 책임감이 너무나 크게 느껴졌어요. 밤이면 잠을 이루지 못하고 누워서 이런 생각에 잠겼죠. 함께 이야기하면서 사건을 수사할 수 있는 사람이 몇 명만 있어도 얼마나 좋을까. 그 아이들 대부분은 학대를 일삼는 부모 밑으로 되돌아갔거든요." 그녀는 고개를 젓는다. "그 사실이 너무 괴로웠어요. 슬픈 일들을 너무 많이 봤어요. 지금까지도 그 끔찍한 이야기들을 떠올리지 않으려고 애쓸 정도죠. 사실 젊었을 때는 별로 마음이 아프지 않았어요. 그런데 시간이 흐를수록 슬픔의 무게가 점점 더 커지는 것 같아요."

에이드리엔은 서른한 살에 결혼했다. 남편은 그녀의 직업 이야기를 취재하러 왔던 기자였다. 두 사람은 지금까지 45년이 넘는 세월 동안 결혼 생활을 이어오고 있다. 그녀는 회상한다. "생각해보면 우리는 아이를 갖는 문제에 관해 대화를 나눌 때마다 아직 준비가 안 됐다는 쪽으로 결론을 내렸던 것 같아요. 스티브는 아마 훌륭한 아버지가 됐을 거예요. 하지만 아이 문제로 많이 싸우기도 했을 거예요. 그 사람은 아이를 과잉보호했을 게 분명하거든요. 지구상에 지금 우리가 키우고 있는 개만큼 성질머리가 제멋대로인 동물은 아마 없을 거예요."

그녀는 솔직히 엄마가 되고 싶은 충동을 느낀 적이 단 한 번도 없었다고 말한다. 그리고 그 이유도 알고 있다. 에이드리엔이 기억을 떠올린다. "고등학교 2학년 때였어요. 학교에서 여학생만 모두 모아놓고 출산 영상을 보여줬어요. 회음부 절개, 기다란 주삿바늘, 겸자 등 모든 것이 적나라하게 담겨 있더군요. 너무 잔인했어요. 우리는 모두 강당을 나오면서 말했어요. '난 아이를 절대 낳지 않을 거야. 혹시 아이를 갖게 되면 입양 보내야지.' 그 영상은 지금도 날 따라다녀요. 영상을 함께 본 여학생 대부분이 아이를 낳았을 거예요. 그 숫자가 영상을 보지 않았을 경우에 낳았을 아이의 수와 비슷할 거라는 건 나도 잘 알아요. 하지만 그 영상 때문에 나한테 임신은 끔찍하게 무서운 일이 되어버렸어요. 그 시절 나는 굉장히 겁이 많은 사람이었거든요. 나는 그 영상에 겁을 먹고 평생 임신을 피하게 된 거예요."

———

바비 하트웰은 그녀의 실제 나이인 마흔다섯 살보다 훨씬 더 젊어 보인다. 아마도 굉장히 의도적으로 일과 생활 사이의 균형(워라밸)을 유지해왔기 때문이리라. 그녀와 남편 켄에게서는 에너지와 활기가 뿜어져 나오는데, 그것이 그 부부에게는 너무나 당연한 일이다. 그들은 2년 동안 유럽, 아프리카, 동남아시아를 트레킹하며 돌아다니다가 최근에 집으로 돌아왔다. 자그마치 2년 동안이나.

원래는 숙련된 핵 기술자였던 바비는 미국 에너지국 소속으로 피폭 지역에서 잔해를 제거하는 일을 했었다. 그러다가 국비 재교육 자격을 취득하려고 퇴직을 신청했다. 그렇게 받은 지원금으로 로스쿨 1학년에 등록했고 그곳에서 켄을 만났다. 두 사람의 학자금 대출을 합하면 20만 달러가 넘었다. 그래서 바비는 졸업한 뒤 단기 가족법 교육을 받았다. 그녀는 말한다. "나는 가족법이 싫었어요. 그래도 그동안 구축해놓은 인맥이 있어서 그 덕분에 법률 소프트웨어 기업에 입사할 수 있었고, 그 뒤로 15년 동안 쭉 그 분야에서 일했어요. 만약 아이가 있었다면, 우리는 그토록 싫어하는 가족법의 굴레에서 벗어나지 못했을 거예요. 그랬다면 가족을 변호하는 일을 하면서 빚도 다 갚지 못했겠죠."

그러다가 그녀는 소프트웨어 회사 세 군데에서 일을 맡게 되었다. 때로는 사무실에서, 때로는 집에서, 그리고 도로 위에서는 언제나 일했다. 어디서든 일을 해서 근무 시간의 50~90퍼센트를 채웠다. 그녀는 말한다. "그 일을 하는 사람들은 대체로 여성이었어요. 특히 프로젝트 관리나 소프트웨어 교육 쪽에 여자가 많았죠. 그들 중 3년 이상 똑같은 일정표를 지키며 일한 사람은 거의 없어요. 몇 명은 아이가 있었지만, 이미 다 큰 애들이 많았어요. 어린 자녀를 키우는 사람은 다 남자였어요.

우리 엄마가 그러더군요. 다섯 살쯤, 나는 아이를 원하지 않는다고 엄마한테 말했다고 해요. 20대가 되었을 때 난 이 말을 자주 했어요. '결코 안 한다는 말은 결코 하는 것이 아니다.' 모성 본능이 가끔씩 사람들을 습격하기도 한다는 말을 들었거든요. 하지만 나한테는 그런 일이 결코 일어나지 않았어요."

바비의 다짐은 시련을 맞이했고 그녀는 과감히 결정을 내렸다. "어떤 멋진 남자랑 몇 년 동안 진지하게 만난 적이 있어요. 그런데 그 남자는 진심으로 아이를 원했어요. 협상안 따위는 존재하지 않았죠. 그래서 헤어질 수밖에 없었어요." 몇 년 뒤 켄을 만났고, 그녀는 아이를 원하지 않는 배우자를 찾아냈다는 사실에 안도했다.

켄은 자기 사업을 하고 싶은 욕심이 있었다. 그래서 부부는 인구가 2천 명인 도시, 오리건 주의 칼턴에 있는 낡은 주유소를 매입해 델리카트슨(조리 식료품점)으로 업종을 변경했다. 바비는 말한다. "저는 그 가게에서 교대 근무 형태로 일했어요. 재미있을 것 같았고, 새로운 일을 배울 수 있을 것 같았거든요. 그리고 정말로 그랬어요. 그 일을 하면서 장부 기입, 마케팅 같은 일들을 배웠답니다." 그녀는 샌드위치 판매 실적이 좋지 않을 때면 운영 자금을 벌려고 계속 파트타임 소프트웨어 컨설턴트로 일했다.

6년 뒤 그들은 가게를 매각했고, 켄은 바비가 하고 있던 법률 소프트웨어 컨설팅 사업에 합류했다. 얼마 안 가 그들은 노트북이 있고 인터넷만 연결된다면 전 세계 어디에서든 일할 수 있으리라는 사실을 깨달았다. 그래서 채 1년이 안 되어 모든 재산을 팔아치우고 작은 집을 세 놓은 뒤 길을 떠났다.

"우리는 어떤 곳이 우리의 환상을 채워줄지 우선순위를 정해 갈 곳을 결정했어요. 예컨대 등산 애호가인 켄은 언제나 아프리카에 가보고 싶어 했어요. 처음에는 가장 비싼 장소만 돌아다녔어요. 업무 계약이 언제 끝날지 알 수 없었거든요." 그 말은 그들이 유럽과 아프리카에 가장 먼저 갔다는 뜻이다. 걱정했던 것과 달리 날씨는 완벽했다. 계약된 업무 기간이 줄어들자 그들은 동남아시아로 향했다. 그곳 생활비가 저렴했기 때문이다. 그들이 집으로 돌아온 뒤 얼마 지나지 않아서 마침내 업무 계약이 끝났다.

그녀는 내게 말한다. "정말로 딱 우리가 예상했던 대로 일이 진행됐어요. 우리 엑스세대들은 이리저리 옮겨 다니며 사는 것, 여러 직업에 종사하는 것으로 알려져 있잖아요. 나는 그런 내 삶을 인정하고, 눈치 보는 일 없이 전적으로 즐겼어요. 내가 자녀를 양육해야 하는 재정적 의무를 지고 있었다면 상황은 완전히 달랐겠죠."

요즘 바비는 자신의 법률적, 기술적 배경지식을 결합해 공기업에서 규제를 적용하는 일을 하고 있다. 그녀는 강조한다. "마음만 먹으면 더 벌 수 있지만 요즘은 돈을 많이 못 버는 일을 하고 있어요. 왜냐하면 우리는 이끌려서 정해진 경력의 길을 따라가기보다는 재미있는 경력의 길을 택하는 걸 선호하거든요. 만약 대학에 보내야 하는 자녀가 있었다면 그런 선택은 엄두도 내지 못했을 거예요. 현재의 나 같은 사람이라면, 여러 자녀를 키우는 일과 지금껏 내가 이뤄온 만큼 직업적 성공을 거두는 일을 동시에 해낼 수 없었을 테니까요."

25만 달러(2020년 현재 한화 약 3억 원 - 옮긴이).

미국 식약청이 추산한, 평균 가정이 자녀 한 명을 출생부터 고교 졸업까지 양육하는 데 드는 비용이다. 대학 교육비는 별도다.

자녀 양육에 들어가는 이 엄청난 비용을 고려하면, 여성의 직업적 선택을 좌우하는 것은 방금 언급한 엄마 노릇이라고 말하는 것이 공정할 듯하다. 엄마들은 자신이 감당할 수 있는 범주 안에서 그나마 더 도전적인 일을 찾아낸다. 예술 분야나 비영리 단체의 일처럼 급료는 적지만 다른 면에서 의미가 있는 직업, 의사, 변호사, 기업 중역처럼 스트레스 수치는 높지만 소득이 높은 직업, 법 집행관, 건축 분야, 군인처럼 근무 시간은 길고 불규칙하지만 위험성을 줄여 안전한 세상을 만든다는 점에서 의미가 있는 직업. 이 모든 직업에 엄마들이 종사하지 않는다는 말은 틀렸다. 엄마들은 기꺼이 해낸다. 그러나 집에 자녀가 없는 여성들은 종종 일에 쏟아붓는 시간은 더 길지만 무언가를 돌보는 시간은 더 짧다.

크리스 클라크는 플로리다 대학교 대학원에 재학 중이던

1960년대 후반 농장 노동자 조합[3] 대표의 연설을 들은 적이 있다. 그 연설에, 그리고 플로리다의 어떤 농촌 지역에서 직접 본 현실에 감명을 받은 그녀는 논문 쓰는 일을 미루고, 자신이 보탬이 되길 바라며 플로리다 농장 노동자들을 조직화하는 일에 뛰어들었다. 그녀는 주당 20달러의 수당을 받았다. 10달러는 음식값, 10달러는 생필품값이었다. 집은 농장 노동자 조합이 제공했다. 때는 바야흐로, 돌로레스 우에르타와 함께 농장 노동자 조합의 공동 설립자였고 비폭력 저항운동의 지지자였던 상징적 존재 세자르 차베스의 시대였다. 크리스는 캘리포니아에서 몇 주간 체험 활동을 하던 중 차베스를 만났고 그에게서 조직화를 배웠다.

"농장 노동자 조합에서 일하면서 몇 년을 보냈어요." 크리스는 마음을 가라앉히려는 듯 천천히 말을 한다. 그녀의 말투에서는 남부 출신 특유의 느낌이 난다. "그들은 내게 조직화 기술을 가르쳤고, 나는 버지니아, 메릴랜드, 노스캐롤라이나에서 일어난 보이콧에 참여했어요. 그러다가 그 단체를 떠나 몇 년 동안 정치 활동을 했죠."

그녀는 몇 번의 선거 운동을 뛰었고 정치 단체를 조직하는 일도 했다. 심지어는 잠깐씩 광대 노릇도 했다.

---

3   농장 노동자 연합(United Farm Workers, UFW) : 농업 노동자 조직화 협회(Agricultural Workers Organizing Committee, AWOC)와 전국 농장 노동자 연합(National Farm Workers Association, NFWA) 두 조직이 1965년 결합되어 만들어진 미국 최대의 농업 노동자 단체이다. 이 두 단체 중 전국 농장 노동자 연합은 두 명의 인권 운동가 세자르 차베스(César Chávez 1927-1993)와 돌로레스 우에르타(Dolores Huerta 1930-)에 의해 설립되었다.

그녀는 회상한다. "빅 버드[4]와 광대 의상은 물론 온갖 캐릭터 분장은 다 해봤어요. 어린이들한테 인기 폭발이었답니다." 친구의 딸 생일잔치에 등장했던 때를 떠올리면서 그녀는 쿡쿡 웃음을 터뜨린다. "주인공인 꼬마 아가씨가 흐느끼기 시작했어요. 난 얼른 의상을 벗어 던지려고 몸부림을 쳤어요. '리지, 크리스 이모야. 나라고.' 내가 말했지만, 아이는 겁에 질려버렸답니다."

광대 노릇, 정치, 선거 운동은 그녀의 취향이 아니었다. 하지만 비영리 단체 활동은 그녀의 취향에 딱 맞았다.

"재미있었어요. 좀 남다른 사람들이랑 일했거든요. 정신질환자와 그들의 가족들이요. 독특한 공동체 기관과도 일했는데, 그곳은 그 사람들한테 주로 발작 일으키는 법을 훈련시키는 곳이었죠. 주 예산을 따내려고 발작을 일으켜 불안을 조성하는 법 말이에요. 그 밖에 유방암 환자, 노인, 성소수자 젊은이들과도 일했어요. 농업 노동자 조합 훈련법을 평생 써먹으면서 그걸 여러 영역에 적용한 거예요. 그 훈련법이 내 경력 전체의 토대가 되었답니다. 훈련법이라고 해봐야 소리 내어 말하기, 사람들이 공통 목표를 찾을 수 있게 돕기, 그 목표 달성을 향해 일하며 나아가기, 뭐 그런 것이 다였는데 말이죠."

현재 예순일곱 살인 크리스는 남부 연합의 수도였던 버지니아주 리치먼드에 살고 있다. 배우자 캐시와 함께 산 세월은 30년이

---

4 빅 버드(Big Bird) : 어린이 TV 쇼 <세서미 스트리트(Sesame Street)>에 나오는 캐릭터로 거대한 노란색 새 의상을 입고 있다.

다 되어 간다. 두 사람은 2000년에 버몬트 주로 가서 합법적인 동성 부부가 되었다. 버몬트 주가 동성혼을 합법으로 인정한 이듬해였다. 크리스는 말한다. "우리 세대 동성애자는 아이를 키우면 안 되는 분위기였어요. 하지만 그건 섣부른 단정이었죠. 사실 우리 세대는 아이를 많이 키웠거든요. 이번 어머니날 페이스북을 보고 있으려니까 마음이 따뜻해지더군요. 이제 다 자라서 엄마한테 감사 인사를 전한 동성애자 친구들의 자녀가 얼마나 많던지. 그 애들은 이런 글을 남겼어요. '나는 우리 엄마를 사랑합니다.'"

크리스는 성장기 내내 자신이 언젠가는 아이를 키우게 되리라 생각했고, 부부 중에서 아이를 정말로 원하는 사람 역시 크리스였다. 그녀는 회상한다. "아마 캐시도 찬성했을 거예요. 하지만 결정은 내가 내려야 했겠죠. 나는 경제적으로 좀 걱정이 됐어요. 대체로 비영리 단체에서만 일했으니까요. 지금 생각해보면 돈은 많지 않더라도 애정 넘치는 가정에서 아이를 키울 수 있을 것 같아요. 아니, 오히려 그 점이 더 중요하겠죠. 그런데 그때는 돈이 걱정이었답니다."

돈이 그녀의 유일한 걱정거리는 아니었다. 그녀는 말한다. "나는 늘 여행을 다녔어요. 일 중독인 우리 두 사람한테는 아마 큰 도전이 됐을 거예요. 게다가 레즈비언으로 산다는 것, 표면적으로는 그것도 해결해야 했어요. 우리 가족 말이에요. 그건 가족이 내게 와서 아이를 가질 거냐고 나한테 묻는 것과는 전혀 다른 문제예요. 차라리 내가 이런 말을 하는 상황이 펼쳐졌을 가능성이 더 크죠.

'여기 앉아보세요. 알려드릴 소식이 좀 있어요. 전 레즈비언이에요. 근데 그게 다가 아니고 임신도 했어요.' 나는 아이를 갖는다는 생각만 하면 두려웠어요. 스무 살 전후에 아이를 낳은 내 친구들도 그 정도는 아니었을 거예요."

크리스는 가끔씩 아들이나 딸이 있었다면 어땠을까 생각해본다. "내 짐작이지만 우리는 모두 세상에 존재하지 않는 아이를 상상하는 것 같아요. 실제로 낳았다면 그런 모습이 아니었을 수도 있는데 말이죠. 그런 생각이 아마 경력에 도움이 됐을 거예요. 그 덕분에 직장 생활에 모든 관심을 다 쏟아부을 수 있었으니까요. 정말이에요. 내 직장은 하나같이 일상생활이 보장되지 않는 곳들이었어요. 내가 그런 곳에서 일하면서 좋은 부모, 훌륭한 부모가 될 수 있었을 거라고 생각하지 않아요."

———————

차일드리스와 차일드우먼으로 특정된 여자들에 대한 통계 수치는 구하기가 힘들다. 그런데 꽤 오래전이지만 2002년에 경제학자 실비아 앤 휴렛Sylvia Ann Hewlett은 시장 조사 기업인 해리스 인터액티브Harris Interactive, 전국 부모 협회National Parenting Association와 협력해 성공한 직장 여성들을 대상으로 조사를 실시했다. 그 결과 하나의 이중 잣대가 밝혀졌고, 그 잣대는 그 뒤로 20년이 흐르는 동안에도 그대로 유지되었다. 야심이 큰 여성은 여전히 아이를 갖는 것을 경력에 손해를 끼치는 것으로 받아들이는 반면, 성취도가 높은 남성에게는 아빠가 되는 일이 평범한 일이다. 휴렛이 <하버드 비지니스 리뷰Harvard Business Review>에 발표한 논문에 기록한 대로, "일반적으로 말해서 이 연구는 성공한 남자일수록 배우자를 만나 아버지가 될 가능성이 더 높다는 점을 보여준다. 여자의 경우는 정반대 결과가 나타난다. 이런 차이는 특히 기업의 초고위층 중역들의 경우 더 현저하다. 실제로 초고위층 여성 중역들의 49퍼센트는 차일드리스이지만, 그들의 남자 동료들은 단 19퍼센트만이 아이가 없다."

애머스트에 있는 매사추세츠 대학교 사회학과 교수 미셸 부딕Michelle Budig 박사는 2003년 이후 남성의 소득 1달러당 여성 전체의 소득이 81센트에 묶여 있다는 사실을 알아냈다. 그러나 차일드리스 여성만의 소득은 남성의 소득 1달러당 96센트에 달한다. 집에 미성년 자녀가 있는 기혼여성은 조건이 동일한 기혼 남성의 소득 1달러당 76센트에 불과하다.

연구자들은 여성이 엄마가 되지 않으려 하는 주된 요인, 혹은 엄마가 되려는 노력을 미루는 주된 요인 중 하나가 긴 학교 교육이라는 사실을 알아냈다. 부딕 박사는 미국 교육성의 통계자료를 인용했는데, 그 자료에 따르면 1980년대 초반부터 학사, 석사학위 취득자 중 여성의 수가 남성의 수보다 많아지기 시작했고 그런 경향은 그 뒤로도 계속됐다. 박사는 말했다. "2016년 무렵 학사학위 취득자의 63퍼센트, 석사학위 취득자의 60퍼센트, 박사학위와 교수

자격 취득자의 54퍼센트는 여성이었다."

　마치 이 사실을 입증해 보이기라도 하는 듯, 인터뷰할 차일드리스 여성을 찾아다니면서 내가 깨달은 점은, 가장 찾기 쉽고 가장 기꺼이 이야기를 털어놓는 차일드리스 여성의 직업은 단연 대학교수였다는 점이다.

———————

　우나 캐디건은 미국 연구로 박사학위를 취득함으로써 학문의 결승선을 통과했다. 나는 그녀의 55세 생일 전날 저녁에 그녀와 대화를 나눈다. 그녀는 55번째 생일을 '제한 속도'[5] 생일이라고 부른다.

　오하이오 주의 작은 마을에서 자란 그녀는 결혼한 적이 없다. 꼭 일부러 그런 것은 아니라고 그녀는 말한다. "내 친구들은 우리가 20대였을 때 모두 결혼했어요. 그 무렵에는 나도 결혼을 열망했어요. 결혼하고 싶은 누군가를 만나면 아이도 낳고 싶었죠. 그런데 이유가 뭐든, 난 그렇게 살지 않았답니다." 아일랜드계 대가족 출신이라서 늘 자신이 아이들을 키우게 될 거라 생각했지만, 자신만의 아이를 키우려고 입양을 하거나 위탁 양육을 해야겠다는 생각은 떠오르지 않았다. 그녀는 말한다. "내가 아이를 원하지 않은 까닭은 그 아이들을 위해서였어요."

<hr>

5　미국 도로의 제한 속도 표기는 시속 55마일(약 88.5킬로미터)부터 도로에 따라 10마일씩 올라간다. 즉 대부분의 제한 속도는 시속 55마일, 65마일, 75마일 중 하나로 표기되어 있다.

현재 우나는 자신이 학사학위를 딴 모교인 데이턴 대학교의 종신 교수이다. 그녀는 무수히 많은 논문을 쓴 것은 물론, 『훌륭한 책은 모두 가톨릭 책이다: 출판문화, 검열, 그리고 20세기 미국의 현대성All Good Books Are Catholic Books: Print Culture, Censorship, and Modernity in Twentieth-Century America』이라는 책의 저자이기도 하다. 데이턴은 언제나 그녀의 집이었다. 그녀가 데이턴을 떠나 있던 시간은 필라델피아에서 박사학위를 땄을 때뿐이었다.

"난 정말로 운이 좋아요. 자리를 찾기가 점점 어려워지는 상황이었는데 귀한 종신 보장 직업을 얻어냈잖아요. 한 직장에서 오랫동안 일한 덕분에 저축도 꽤 많이 해놓고 보험도 꼼꼼히 들어 놓았답니다. 아이가 없다는 사실을 떠올리면 약간 슬프지만 후회하는 마음은 들지 않아요. 어쩌면 나중에는 후회하는 마음이 생길지도 모르지만요. 아니, 만약 내가 책을 단 한 권도 쓰지 않았다면, 오히려 그게 훨씬 더 비참했을 거예요."

───────────

우나의 윗세대인 제인 젬바티도 같은 대학의 교수다. 매력 넘치고 목소리가 상냥한 여든네 살의 이 노인은 현재 데이턴 외곽의 노인 생활 지원 공동체에서 살고 있다. 그녀는 뉴욕 버펄로 폴란드인 거주지역의 가톨릭 집안에서 세 딸 중 둘째 딸로 태어났다. 세 딸 밑으로 어린 남동생이 있었다. 제인은 열아홉 살에 결혼했는데 그때는 자신이 언젠가는 아이를 낳으리라 생각했다. 그녀는 말한다. "내가 보기에 그건 주님의 뜻에 달린 일이었어요. 나는 필사적으로 아이를 가지려고 했지만 그런 일은 일어나지 않았거든요. 가임기인데도 아이를 갖지 못하다니 자신의 일부를 잃은 것 같았죠. 당신도 그 과정을 겪었다니 이해하겠네요."

제인의 남편은 마흔여섯 살에 심장마비로 사망했다. 그녀는 남편보다 열 살 젊었다. "가장 슬픈 일은 내 사랑의 흔적이 전혀 남아 있지 않다는 거였어요. 아이가 없었으니 그 사람은 아무것도 남기지 않고 떠난 셈이잖아요. 나한테는 그 사실이 비극이었어요."

제인의 남동생 밥은 당시 그녀의 가족 중 유일하게 대학을 졸업한 사람이었다. 그녀는 밥의 말을 떠올렸다. "'누나는 항상 대학에 가고 싶어 했잖아. 그게 지금 누나가 해야 할 일이야.' 난 그 말을 듣고 나 자신에게 말했어요. '좋아. 우물 안 개구리처럼 살 수는 없어. 이제부터는 삶의 중심이 바뀌어야 해. 밥의 말이 맞아.'"

그보다 훨씬 전 밥이 대학에 다니던 시절, 밥의 과제는 제인이 다 했었다. "밥은 철학이라면 질색을 했죠. 그래서 자기 책을 몽땅 다 내게 줬어요. 나는 플라톤의 『국가』를 읽기 시작했고 그 책에 완전히 빠져버렸답니다. 대학에 입학했을 때 내게는 두 가지 목표가 있었어요. 초등학교 교사가 되는 것과 플라톤의 철학에 통달하는 것, 이렇게요."

제인은 학교에 개설된 철학 수업은 모조리 다 들었다. "난 철학과 완전히, 철저하게 사랑에 빠졌어요. 굉장히 열정적으로요. 내 마음속에는 철학과 딱 맞는 뭔가가 있거든요. 난 플라톤의 주장을 이해하고 싶었어요. 굉장히 이론적인 그 논리를요."

그녀는 매우 현실적인 사람이기도 했다. 제인의 남편은 죽기 전에 작은 공구 상점을 운영했었다. 제인은 그 상점을 물려받아 1년 반 동안 운영하며 대학에 계속 다녔다. "감기랑 독감을 아예 달고 살았어요. 마침내 의사가 말하더군요. 대학이나 상점 중 하나는 포기해야 한다고. 그래서 상점을 포기했답니다."

1970년 대학교 3학년 과정을 마친 뒤 제인은 자신의 담당 철학 교수에게 말했다. 왠지 교육학이 아니라 철학을 전공해야 할 것 같은 기분이 든다고. "실용적이지 못한 선택이라는 건 저도 알아요. 철학을 전공한 여자를 위한 일은 없으니까요." 교수는 실용적이지 못한 선택이라는 말에 동의하면서도, 그 뒤로 1년 내내 매일 오후 6시에 일대일로 그녀에게 철학을 가르쳤다. 그리고 그녀의 진학을 도우려고 철학 학계 내 자신의 모든 인맥과 영향력을 동원했다. "존 칼보나라 교수님 덕분에 조지타운 대학교 대학원에 진학하고 장학금도 받을 수 있었습니다. 그즈음에는 아이 생각을 하지 않았어요. 조금도요. 철학에 완전히 빠져 있었거든요. 철학만이 나의 세계였어요. 아이는 아무래도 전혀 상관없었죠."

제인은 박사학위를 취득한 뒤 데이턴 대학교에 취직했다. 1971년이었다. 그녀는 새로 시행된 차별 철폐 조치 덕분에 자신이 고용되었다는 사실을 알고 있다. 4년 뒤 그녀는 철학과 학과장이 되었고, 나중에 케임브리지에서 안식년을 보내기도 했다.

그녀는 말한다. "이제 뒷얘기를 좀 해야겠네요. 우리 부모님이 폴란드 이민자였다는 말은 이미 했잖아요. 우리 아버지는 철강 노동자였어요. 그런데 어머니는 스스로를 지식인이라고 생각했죠. 폴란드 여자들은 취직을 안 하던 시절인데도, 어머니는 계속 신문사에 취직하겠다고 고집을 부렸어요. 뉴욕에 있는 폴란드어 신문사에요. 아버지는 화를 냈어요. 지적인 거라면 뭐든 질색하는 분이었거든요. 결국 어머니는 정신적 문제가 생겼고, 내 나이 열 살 무렵부터 돌아가시는 순간까지 여생을 정신병원에서 보냈어요. 그때난 열여덟 살이었어요. 남편이 죽고 내가 대학에 진학하기로 결정했을 때도 아버지는 좋은 생각이 아니라고 말했어요. 지식을 향한 열망 때문에 어머니가 정신병을 앓은 거라고 믿으셨거든요. '그러면 안 돼. 그랬다가는 너도 결국 네 엄마 꼴 나고 말게다.'"

제인은 나를 자신의 침실로 데려간다. 침실 안 벽에는 거대한 케임브리지 사진 액자가 걸려 있다. 나는 그녀의 손가락이 그려내는 오솔길을 따라 시선을 옮긴다. 그녀가 설명한다. "여기가 백스[6]라고 불리는 곳이에요. 온통 녹색으로 가득한 곳이죠. 저 너머로 강이 흐르고요. 나는 매일 아침 아파트에서 학교로 이 들판을 가로질러 걸어가면서 그때 쓰고 있던 플라톤에 관한 논문을 생각했어요. 그런데 갑자기 어머니가 떠올랐어요. 내가 행복하지 못한 유년 시절을 보내게 된 원인이라고 늘 원망했던 어머니가요. 이런 생각

---

6   백스(The Backs) : 영국 케임브리지 시 퀸즈 가 동쪽에 있는 녹지이다. 백스를 관통하는 캄(Cam)강변의 강둑을 따라 케임브리지 대학교 건물들이 늘어서 있다.

이 들었어요. '아, 어머니가 원한 삶이 딱 이런 거였구나. 어머니가 원한 건 남편과 네 명의 자녀가 아니었구나.'

그때가, 아이를 낳지 못한 것이 내 인생에서 가장 잘한 일이었다는 사실을 깨달은 순간이에요. 나한테 아이가 있었다면 남편이 죽었을 때 애들은 당연히 어렸겠죠. 그랬다면 내 에너지를 모조리 애들한테 쏟아부어야 했을 거예요. 그런데 아이가 없었기 때문에 남편이 죽은 뒤 많이 슬프기는 했지만, 완전히 새로운 삶을 살게 된 거죠. 마치 맞춤 양복처럼 내게 훨씬 더 잘 맞는 삶을 말예요."

———————

운명의 개입으로 제인은 결국 맞춤 양복 같은 인생을 살게 되었다. 나이가 들면 생명의 원리까지 인간의 삶에 개입해 임신을 점점 더 어렵게 만든다. 가족을 꾸리는 대신 공부를 하다 보면 아기가 될 수 있는 난자의 개수가 매년 줄어든다. 그런데 야심이 있는 여성들은 선택할 수 있는 근무 형태를 진지하게 고려하기에 앞서, 엄마가 되는 일을 미뤄야 할 것 같은 중압감을 종종 느낀다. 아니면 엄마가 되는 일을 아예 포기하든가. 일부 여성들은 학교를 졸업한 뒤, 배운 내용이 아직 파릇파릇할 때 경력을 시작하는 것이 현명하다는 사실을 알게 된다.

그러나 그들의 난자는 파릇파릇하지 않다. 학사학위 취득 이상으로 공부를 계속하는 여성의 경우는 더더욱.

여자 아기는 평생 배란될 난자 1~2백만 개를 갖고 태어난다. 그러나 초경 때쯤에는 난자의 수가 3~40만 개로 줄어들어 있다. 30세에는 3만9천~5만2천 개, 40세에는 9천~1만2천 개의 난자만 남고 난자에 유전적 이상이 있을 가능성이 90퍼센트까지 치솟는다.

이런 까닭에 2014년 페이스북과 애플은 여성 직원들에게 나중에 체외 수정과 인공 수정에 쓸 수 있게 난자를 얼려주는 사원 특전을 처음으로 제공했다. 난자 채취 1회에 약 1만 달러의 비용이 들어감에도, (그리고 훗날 정자 주입을 할 수 있을 만큼 싱싱한 난자를 충분히 모으려면 여성 한 명당 서너 차례 채취를 해야 함에도) 그 기업들은 직원의 생산성과 보유라는 측면에서 볼 때 이것이 꽤 괜찮은 투자라고 계산한 것이 틀림없다. 그 결과 여성 노동자들은 결정을 미루는 혜택을 누리면서도 노화와 함께 다가올 잠재적 불임에 대비할 수 있게 되었다. 여성과 기업 양쪽 모두를 더 편안하게 만들어 줄 수 있는 가정을 꾸리게 될 미래의 어느 시점까지 승진 속도를 유지하면서 만반의 준비를 하는 것도 괜찮지 않을까?

———————

난자, 채취[7]. 여성과 임신을 이야기하면서 농장에서 쓰는 단어를 사용하다니, 왠지 좀 섬뜩하다. 반면 남자는 정자를 채취(collect)

---

7 난자, 채취 : 영어로 '알'을 뜻하는 'egg', '수확'을 뜻하는 'harvest'이다.

해 그것을 정자 은행(bank)에 보관한다. 어째서 그들은 정액 우유 (milk semen)를 모아 곡물 저장고(silo)에 보관하지 않는가?

셰릴 카턴은 30년 전에 태어났다면 이 난자 냉동을 고려했을지 모른다. "가임기였던 40대에는 내 몸이 나를 향해 소리를 질렀어요. '아기를 가져.' 내 자궁이 말했죠. '날 사용해야지. 날 사용해.' 하지만 그 무렵 내 마음은 그 어리석은 유행에 맞설 수 있을 만큼 굳건하지 못했어요."

셰릴은 현재 일흔 살이다. 단단하게 땋아 쥐꼬리처럼 묶은 그녀의 짧은 은색 머리가 칼라 밖으로 비죽이 나와 있다. 그녀는 학사학위를 플라스틱 공학으로 받았다고 한다.

나는 결국 참지 못하고 이렇게 묻고 만다. "그럼 영화 <졸업>[8] 에서 맥과이어 씨가 벤한테 '한마디로 플라스틱'이라고 말할 때 폭소를 터뜨렸겠군요?"

"정말 딱 그랬어요." 셰릴은 웃으며 대답한다. 그녀는 그 뒤 산업공학과 경영학 석사학위를 취득했다.

셰릴이 용감하게 인생을 시작한 것은 아니었다. 그녀는 사 남매, 즉 3녀 1남 중 첫째로, 펜실베이니아 주 탄광촌에서 성장했다. 그녀는 말한다. "아이를 낳았으면 내 삶이 어떻게 사라져버렸을지

8　<졸업(The Graduate)> : 마이크 니콜스(Mike Nichols 1931-2014) 감독, 더스틴 호프만(Dustin Hoffman 1937-) 주연의 1967년 영화. 주인공 벤저민은 대학을 졸업하고 집으로 돌아온다. 수석으로 대학을 졸업했지만 불투명한 미래에 불안해하는 스물한 살 청년 벤저민이 부모의 친구인 로빈슨 부인과 불륜 관계에 빠졌다가 부인의 딸 일레인을 만나고 진정한 사랑에 눈뜨게 된다는 내용이다. 영화 초반부, 아들의 금의환향을 축하하려고 부모가 준비한 칵테일파티 장면 위에 인용된 대사가 나온다. 아직 진로를 결정하지 못한 벤저민에게 아버지의 친구 맥과이어 씨가 조언한다. '플라스틱 속에 굉장한 미래가 있다.'고.

상상조차 안 돼요. 난 아주 오래전에 그런 확신이 들었거든요. 우리 어머니는 이상적인 어머니상에 부합하는 분이 아니었어요. 오히려 나쁜 어머니 쪽에 가까운 잔소리꾼이었죠. 어머니가 40대에 남동생을 낳았는데 그때 나는 열여섯 살이었어요. 어머니는 남동생을 버거워했어요. 그래서 나랑 여동생들이 그 애를 인형처럼 돌보았답니다. 학교에서 귀가한 뒤 내가 그 애를 안으면 어머니는 그때부터 한순간도 그 애를 쳐다보지 않았어요. 내가 그 애를 유모차에 태우고 하루에 8킬로미터씩 산책을 했죠. 난 그 애를 정말로 사랑했어요. 물론 지금도 여전히 정말로 사랑하고요. 하지만 그 애는 그게 불만이었답니다. 그렇다고 뭘 어쩌겠어요?"

셰릴은 스물세 살에 장래의 남편과 함께 북 버몬트에서 주말 스키를 타다가 다리가 부러졌다. 끔찍한 추락으로 정강이뼈와 종아리뼈가 나선형으로 골절되었고 그 뒤에는 포도구균에 감염되는 바람에 두 달 반이나 병원에서 격리되어 지냈다. 감염 우려가 있어서 그녀가 손댄 물건은 모두 폐기되었고, 그녀의 침대 시트는 살균 처리되었다. 그녀는 회상한다. "다리를 고치느라 수술을 다섯 차례나 받았어요. 잔뼈는 회복이 됐는데 큰 뼈에 틈이 있었거든요. 결국 삶을 2년이나 유예해야만 했죠. 그 일을 겪은 뒤 난 이렇게 말했답니다. '안 돼, 삶은 정지해 있는 게 아니야.' 그 이전에는 자의식만 지독히 강하고 침착함이나 세계관은 전혀 없는 사람이었거든요. 그런데 그 경험을 통해 완전히 다른 사람이 되었답니다."

1972년 셰릴과 남편 폴은 매사추세츠에서 콜로라도로 이사했다. 콜로라도에서 폴이 박사 과정을 시작했기 때문이다. 셰릴은 휴렛패커드에 취직했다. 그녀는 콜로라도 주에서 그 회사에 고용된 최초의 여성 엔지니어였다. 그녀의 경력은 그렇게 시작됐다. 곧 승진해서 샌프란시스코 베이 에이리어로 발령이 났다. 폴은 박사과정을 마쳐야 해서 콜로라도에 남았다. 셰릴은 오리건 주 콜밸리스로 옮긴 뒤 그곳에서 11년을 근무했다. 폴은 박사과정을 끝낸 뒤 콜밸리스에 있는 오리건 주립대학에 취직했고, 두 사람은 4년 동안 함께 살았다. 그러다가 폴이 오스트레일리아에서 안식년을 보낼 때 셰릴은 샌디에이고로 전근되었다. 안식년을 마친 폴은 로스앤젤레스에 일자리와 아파트를 구했다. 셰릴은 말한다. "우리는 매번 다른 장소에서 만나고는 했어요. 내가 늘 말하듯 30년 직장 생활을 하는 동안 우리가 함께 산 시간은 30퍼센트 정도밖에 안 된답니다. 참 근사했어요. 남편이랑 데이트하는 일이 나를 위한 선물 같았거든요."

승진과 함께 그녀가 관리하는 남성 엔지니어의 수도 눈에 띄게 늘어났다. "난 별나고 기발한 사람들의 매니저로 유명했어요. 다른 매니저들은 평범한 부하직원을 원했지만, 나는 사람은 누구나 남다르다고 믿었거든요. 내 직장에서는 차일드리스로 사는 것이 문제가 된 적이 한 번도 없어요. 그래서 그런 상황에 잘 적응했겠죠. 그런데도 난 늘 모성애가 강한 사람이었어요. 나는 젊은 직원들을 '우리 아들'이라고 불렀고, 그 직원들은 나를 '카턴 엄마'라고 불렀답니다. 누군가가 '아이 낳을 때를 놓치셨나 봐요?'라고 물으면 난 이렇게 대답하고는 했어요. '무슨 소리 하는 거예요? 자식이 250명이나 있구먼.'"

임신을 위해 4년 동안 의학적 도움을 받고도 나는 여전히 아이를 가지려고 애쓰고 있었고 그러는 사이에 신경쇠약 환자가 되어 있었다. 꼭두새벽에 일어나 체온을 재는가 하면 필요한 일을 하라고 어깨를 두드려 댄을 깨우기도 하고, 자궁을 부풀어 오르게 하려고 맛이 역겨운 프로게스테론 정제를 빨아먹는가 하면, 배란 촉진제를 스스로 질 속에 주입하기도 했다. 나는 마흔 살이 코앞이었고 댄은 마흔여덟 살이었다.

직장에서의 성공이 출산에 실패했다는 기분을 덜어주었다. 심지어 높은 인플레이션과 경기 침체가 계속되는 국가적 위기 상황에도 내 경력은 쌓여만 갔다. 나는 몇 차례 승진을 했고, 막 성장하기 시작한 기업 내 인원 감축이라는 분야의 전문가가 되었다. 내가 사람들을 해고하는 전문가가 되어가던 그때 댄은 경제와 함께 추락했다. 어느새 댄은 중년의 금융 전문가로 이루어진 실업자 대열에 끼어 있었고, 나는 우리 가족의 가장이 되어 있었다. 동료의 일자리를 빼앗음으로써 우리 두 가족을 부양하다니, 잔인할 만큼 아이러니하고 무거울 만큼 부담스러운 일이었다.

우리는 의사한테 다음 단계가 시험관 아기라는 말을 듣고 임신하려는 노력을 그만두었다. 그것은 나한테 있는지도 몰랐던 사생활의 영역을 넘어서는 일이었다. 물론 그전에도 배란 촉진제를 마지못해 맞기는 했다. 하지만 모르는 과학자가 온통 스테인리스

강철로 된 실험실 안 페트리접시 위에서 우리의 정자와 난자를 섞는 일은 자연을 너무 무시하는 행위 같았다. 내가 보기에 그것은 자연의 순리에 어긋나는 일이었고, 엄두도 못 낼 만큼 비용도 많이 들었다. 우리는 서로에게 괜찮을 거라고 말했다.

그러나 나는 괜찮지 않았다. 실패자가 된 듯한 기분이었고, 친구나 가족들, 특히 아이가 있는 사람들과 함께 있으면 소외감을 느끼기 시작했다. 나는 내가 정신적으로 건강하지 못한 상태라는 사실을 깨달았고, 곧 불임 전문 정신과의사를 만났다. 그녀는 내가 영원히 갖지 못할 아이를 처음으로 비통해할 수 있도록 도왔다. 입양은 가능했지만 댄과 나는 둘 다 무서웠다. 게다가 우리 둘은 이미 너무 늙어버려서, 자기 아기를 키워달라고 우리를 양부모로 선택할 10대 소녀는 없을 것 같았다. 댄은 알코올 중독자나 마약 중독자 산모의 아기를 키우게 될까 봐 두려워했다.

일에 관해 말하자면 댄은 주택 담보 대출 중개인 일을 잠깐 해봤지만, 그의 분석적인 성향은 그렇게 경쟁이 심한 분야와 맞지 않았다. 주택 지역이나 노인 거주 단지를 개발하는 부동산 업자와 일하는 임시직을 구했지만 소득이 없었다. 그동안 나는 인원 절감하는 법을 터득하느라, 센스 있게 해고하는 법을 익히도록 매니저들을 훈련시키느라 장시간 노동에 시달렸다. 과연 그런 일을 해낼 수 있을까 의심스러운 매니저일수록 해고 소식을 전하며 함께 슬퍼했다. 당신 일자리가 없어질 거라고 직원에게 말하는 행위는 반드시 고통스러워야 한다. 나는 그때도 그렇게 믿었고 지금도 그렇게 믿고 있다. 만약 그 일이 쉽게 느껴지는 사람이라면 그 소식을 전하는 일을 해서는 안 된다. 누군가를 해고한 날 밤이면 나는 운전해 집으로 돌아오면서 눈물을 흘리고는 했다.

지금 생각해보면 다 부질없는 짓이다. 사람들의 생계를 뒤엎어버리기만 하는 그런 일을 미친 듯이 열심히 하다니. 우리부터가 댄의 불안정한 수입으로 교외에서 가족 중심으로 살아가는 사람들이었으면서. 우리는 어딘가 양복을 훌훌 벗어 던지고 흙에 작물을 키울 수 있는 시골로 이사 가는 꿈을 꾸고 있었다.

그때 댄이 다시 일자리를 잃었다. 우리는 결심했다. 지금이야, 가자.

그렇게 교외 주택을 팔았다. 나는 직장을 그만두었고, 오리건주 시골에 땅 15에이커(약 18,400평)를 샀다. 얼마 안 가, 우리는 아기 대신 양을 키우고 있었다.

제3장

아이는 애초에 빌리는 것

나한테는 아이들이 중요해요.
내가 아이를 낳을 수 없다는 사실을 알게 되었을 때,
난 내 삶 속에서 아이들을 빚을 수 있는
다른 방법을 찾아내야 한다는 점 역시 알게 되었답니다.

내가 누군가의 아이와 놀고 있으면
아이 엄마는 자신이 엄마라는 패를 던질 때가 가끔 있다.
"이리 오렴, 아가. 난 널 진정시킬 수 있단다.
그 이모는 그런 거 할 줄 몰라."
내가 퍽도 그런 거 할 줄 모르겠다.

제 자식은 낳지 않는 네가 스스로 학교 선생님이 될 줄은 몰랐어.

자기 자식이 없을 경우 우리가 우연히 마주치는 모든 아이는 다른 누군가에게 '속한다'. 우리는 평생이든, 잠깐이든 그저 그 아이들을 빌리는 것뿐이다. 그런데도 일부 여성들은 다른 사람의 자녀에게 헌신하는 일을 평생 직업으로 삼는다. 아이 없는 여자가 아이들과, 심지어는 아이 인생의 출발점에서부터 관계를 맺는 방법은 무수히 많다.

아이 없는 여자는 아기의 탄생에 아예 관심이 없을 거라 생각할 수도 있다. 하지만 꼭 그런 것만은 아니다. 나는 임신과 출산이라는 신체적 경험이 늘 궁금했다. 어린 시절 내가 가장 아꼈던 과학 장난감은 '투명 여자 인형'이었다. 플라스틱으로 제작된 그 인형은 안이 들여다보였고, 걸쇠로 잠기는 자궁에 태아가 붙어 있었다.

그 인형은 열한 살 나의 관심을 몇 달 동안 독차지했다.

　맨 처음 분만 과정을 지켜봤을 때 나는 고통스러운 불임 치료를 받는 중이었다. 나는 삐삐를 사용하고 있었는데 그 시절에는 삐삐가 누가 언제 어디에 있든 그 사람에게 확실히 연락할 수 있는 유일한 수단이었다. 나랑 함께 일하는 예비 아빠들은 회의 시간에 종종 삐삐를 매만졌다. 나는 아기가 태어나길 기다리는 그들의 모습이 좋았다. 어느 10월의 새벽 두 시, 머리맡의 전화가 울리는 바람에 잠에서 깼다.

　아기 아빠였다. "얼른 오세요. 지금 병원에 있습니다."

　내가 병원에 도착했을 때 내 친구는 쓰레기통에 토를 하며 남편을 향해 욕설을 쏟아내고 있었다. 내가 친구의 손을 잡았고 남편은 잠시 한숨 돌리러 나갔다. 진통 간격이 점점 짧아졌다. 나는 친구와 얼굴을 맞대고 서서 함께 호흡했다. 무슨 이유에서인지 나는 호흡법을 알고 있었고, 친구의 알싸한 숨결이 하나도 역겹지 않았다. 시간이 어떻게 흘러갔는지는 기억나지 않는다. 모든 일이 속전속결로 진행되었다. 아기 아빠는 분만이 막 시작되었을 때 돌아왔다. 나는 내 자리를 내주고 친구의 발치에 가서 섰다. 곧 일어날 경이로운 일을 지켜보기 좋은 1열이었다. 내 대자의 아름다운 머리가 보였다. 쭈글쭈글한 호두 같았다. 잠시 뒤 아기의 번들거리는 몸뚱이가 따라 나왔다. 30년이 지난 지금도 그 아름다운 광경만 떠올리면 감격스러움에 눈물이 난다.

　일단 출산 장면을 밖에서 목격하고 나자, 안으로도 그게 어떻게 느껴지는지 알고 싶어서 안달이 날 지경이었다.

내가 인터뷰한 여성의 3분의 1은 출산 장면을 직접 목격한 적이 있다고 했다. 나는 그 이야기를 들을 엄두가 나질 않았다. 처음에는 나 자신이 이상하다는 생각이 들었지만, 곧 대부분의 여자가 스스로 엄마가 되지 않은 이유와 무관하게, 특정한 인생 과정을 피하려 한다는 사실을 알게 되었다. 여기 그 경험을 털어놓을 수밖에 없었던 여성 몇 명의 이야기가 있다.

"계속 영국에 살았다면 난 아마 지금 조산사가 되어 있었을 거예요." 애니 이스타프는 말한다. 20대 중반에 미국으로 이민을 오기 전 그녀는 조산사를 양성하는 3년제 학교에 입학할 준비를 하고 있었다. 그래서 출산 과정을 몇 차례 참관했다. 돌발 상황은 한 번도 일어나지 않았고, 모두 가정 분만이었다. 그녀는 회상한다. "너무나 강렬한 경험이었어요. 정말 좋거나 정말 싫거나 둘 중 하나인 경험이죠. 그곳에는 언제나 한 무리의 여자들뿐이에요. 남자들은 늘 주변에서 서성대고 있는 것처럼 보이고요. 몇 시간이 훌쩍 흘러가버리지만 몇 시간처럼 느껴지지 않아요. 그런 현장에 참석해달라고 누군가의 초대를 받는 것은 믿기 힘들 정도로 큰 축복이에요. 마법 같은 경험, 누군가에게 힘이 되어주는 경험이에요. 자그마한 머리가 나타나는 순간을 목격하는 것, 한 여자가 거의 완벽하게 동물로 돌아가는 순간을 목격하는 것. 난 그 경험이 정말 좋아요. 인간의 신체가 무엇을 해낼 수 있는지 지켜보는 것이 좋아요. 내게는 언제나 진정으로 평화롭고 마법 같은 경험이었어요. 전혀 무섭지 않더라고요."

시인인 수전 시거푸스는 스물다섯 살에 친구한테 자신의 첫 분만 장면을 사진 찍으러 와달라는 부탁을 받았다. 수전이 언젠가 자기 자녀를 원하게 될지 어떨지 아직 알지 못하던 때였다. 그녀는 기억한다. "저와 오랫동안 한집에서 함께 산 친구였어요. 그 애는 종족 번식의 그 과정을 공개적으로 진행했어요. 자신이 믿는 무속인 치료사, 나, 우리의 친구 애드리안이 그 자리에 있어주길 바랐고요. 아기 아빠는 진짜 코빼기도 내비치지 않았지만요." 그날 밤 수전은 예비 엄마와 함께 아기가 태어날 때까지 몇 시간 동안 뜨거운 욕조 안에 있었다. 친구가 따뜻한 물속에 있을 때 더 편안해했기 때문이다. 진통이 진행되는 기나긴 시간 동안 산모의 세 친구는 예비 엄마와 함께 호흡하면서 함께 서서 발을 동동 구르고 산모의 두 발을 주물렀다. "아기는 새벽이 되어서야 태어났어요. 굉장한 만다라[9]의 순간이었어요. 굉장한 만다라의 순간, 내가 그 현장에 있었던 거예요. 우주의 질서를 알려주는 순간에 말이죠. 그런 경험을 해보다니, 정말 너무나 감사한 마음이에요."

마리 에릭슨이라는 요가 강사는 예순한 살이 되어 양녀의 분만을 목격하기 전까지는 자신에게 출산 경험이 없다는 사실을 후회한 적이 없었다고 한다. "그 애는 아이를 낳는 그 자리에 나와 내 남

---

9 만다라(mandala) : 불교에서 부처와 보살들을 배치해 우주의 원리를 표현한 그림을 말한다. 밀교에서 주로 발달하면서, 도형화된 깨달음의 순간을 뜻하게 되었다.

편이 머물 수 있게 해줬어요. 나는 그 일이 진행되는 내내 울었답니다. 그때까지 내가 아기의 탄생을 볼 수 있으리라고는 생각해본 적이 전혀 없었는데 말이죠. 그때가 내 인생의 정점이었어요." 그 출생 이후 7년이 흐른 지금도 그녀는 이야기를 털어놓으면서 경이로움을 느끼는 것 같다. "얼마나 근원적인 여성의 경험이에요? 그것은 온전한 일, 생명 순환의 일부가 되는 일이에요. 너무나 원초적이고, 우주의 섭리를 너무나 잘 보여주는 기적 같은 일 말이죠. 한 신체에서 인간이 나오다니요? 우리는 출산을 동물적이라고 생각하지만 인간은 너무나 복잡한 존재잖아요. 출산은 신비로운 일이에요. 우리는 절대로 알 수 없는."

전직 고교 교사이자 현직 작가인 캐나다 여성 레슬리 힐은 남편이 세상을 떠나고 한참 지난 뒤 스코틀랜드에 있는 핀드혼 공동체[10]에 들어갔다. 그때가 마흔여섯 살 때였다. 그녀가 50대가 되어 캐나다로 돌아온 직후, 공동체에서 함께 일했던 모니카라는 여자가 임신을 했다. 레슬리가 굉장히 아꼈던 모니카는 서른두 살로, 레슬리와 동갑인 남자와 살고 있었다. "모니카는 임신을 굉장히 기뻐했지만, 그 남자는 매우 실망했답니다. 모니카가 나를 많이 의지했기 때문에 분만할 때 그 자리에 갔어요. 모니카는 원래 직업이 조산사

---

10 핀드혼 공동체(Findhorn Community) : 1962년 한 부부가 영적 계시를 얻어 스코틀랜드 북부에 조성한 공동체 마을이다. 특정 종교와는 거리가 멀지만, 자연과 영적 대화를 나누는 명상을 권장한다. 구성원 전체가 농장에서 일하며 유기농으로 식물을 키우고, 그 식물로만 식생활을 해결한다. 만장일치로 의사 결정을 내리는 공동체 안에서 사업과 교육이 진행된다. 생태적, 경제적, 문화적으로 지속가능한, 인간의 거주지를 지향한다.

였는데도 다른 조산사를 두 명이나 더 불러서 분만을 돕게 하더군요. 정말로 아이를 원했던 거예요. 그 탄생은 기적이었어요. 정말 너무나 감동적이었답니다. 아기가 나왔는데 탯줄이 목을 감고 있었어요. 조산사가 말했어요. '그만, 모니카. 힘 그만 줘요.' 모니카는 그 말을 따랐고요." 레슬리는 조용히 기억 속으로 빠져든다. "조산사들이 탯줄을 자르고 아기를 질 밖으로 꺼냈어요. 아기의 몸뚱이가 시퍼랬어요. 두 사람은 아기에게 산소 호흡기를 댔죠. 아기는 두어 번 숨을 들이마시더니 꼭 하고 희미한 울음소리를 뱉어내더군요. 세 여자는 침대 위에서 그 광경을 함께 지켜보고 있었고요. 정말 믿기 힘든 순간이었어요." 레슬리는 기억에 취한 듯 말을 멈춘다. "나는 아기가 태어난 뒤 식당으로 가서 공동체 동료들한테 그 사실을 알려야만 했는데, 너무나 가슴이 벅차서 말이 나오지 않을 정도였답니다. 그 뒤 모니카랑 연락이 끊기긴 했지만 그 아기는 굉장한 기억이 됐어요."

버지니아 주에 사는 시민운동가 크리스 클라크와 그녀의 친한 친구는 다른 친구들의 갓난아기를 보려고 병원에 찾아가고는 했다. 두 사람은 산모를 칭찬하고 아기가 얼마나 귀여운지 산모한테 말해준 다음, 병원 밖으로 걸어 나오며 신생아란 어느 정도까지 못생길 수 있는지 이야기하며 서로 감탄을 주고받았다. 그런데 한 친구가 크리스에게 자신의 첫아들 출산 현장에 참석해달라고 부탁했다. 그녀는 회상한다. "속이 울렁거렸어요. 그래서 '그런 일을 하고 싶지 않다'고 말했고, 정말로 가지 않았어요. 아마 서른대여섯 살쯤이었을 거예요. 그 생각만 하면 끔찍한 기분이 들더군요. 그 친구는 가정 분만을 했는데 이틀이나 진통을 한 뒤 아기를 낳았어요. 아기가 어떻게 생겼을지 상상이 가죠? 나는 아기를 보러 집으로 가서 말했어요. '오, 세상에, 멜, 얘 너무 못생겼다.' 내 말에 친구는 큰 상처를 받았고, 나는 그 말이 상처가 됐다는 사실에 충격을 받았답니다."

두 사람 사이의 우정이 조금만 더 얄팍했어도 그 친구 관계는 유지되지 못했을지 모른다. "난 결국 그 아기와 정말로 가까운 사람이 되었어요. 아이 엄마는 여전히 나의 가장 친한 친구고요. 그 친구는 다시 임신했고 또 나한테 출산 현장에 와달라고 부탁했어요. 여섯 살이 된 큰애 코디랑 함께 말이에요. 코디가 정말로 그 자리에 있고 싶어 했거든요." 크리스는 마지못해 그 부탁을 수락했다. 그런데 그 자리에 참석하려면 준비 과정의 하나로 실제 출산 비디오를 시청해야 했다. 코디도 함께. "가엾은 아이는 내 무릎 위에 앉아 있었어요. 영상을 다 본 뒤 나는 아이를 힘껏 끌어안았어요. 그런데 아이는 너무나 차분하고 침착하고 멀쩡했어요. 여전히 실제 출산을 참관하고 싶어 했고요. 난 그 애 마음이 변하길 바랐는데 말이죠."

코디의 엄마는 둘째 아기도 가정 분만으로 낳을 예정이었다. 산모의 진통이 시작된 직후 크리스는 코디를 데리고 외출했다. "온종일 함께 놀며 시간을 보냈어요. 과학관에도 가고 어린이 박물관에도 갔답니다. 얼마나 재미있게 놀았는지." 크리스의 집으로 돌아와 저녁을 준비하면서 크리스는 코디가 출산에 관한 일을 잊었을 지도 모르겠다고 생각했다. "난 꼭 천국에 있는 기분이었어요. 그런데 아이가 불쑥 이렇게 말하더군요. '우리 지금 가야 돼요.' 여전히 그 자리에 가고 싶은 것이 확실한지 묻자 애가 대답했어요. '엄마가 계속 소리 지르고 비명 지르리라는 건 나도 알아요.' 난 믿을 수가 없었어요. 속수무책이었죠." 그래서 두 사람은 즉시 코디의 집으로 갔다. 코디 엄마는 한창 진통 중이었다. "우리는 그 현장을 직접 봤어요. 그 아름다운 순간을 말이에요. 코디는 겨우 여섯 살이었는데도 나보다 준비가 훨씬 더 잘 되어 있더군요."

지금도 크리스는 자신의 친조카들보다 이제는 청년이 된 그 두 소년에게 훨씬 더 깊은 유대감을 느낀다.

———————

세계여행가 바비 하트웰은 낯선 사람의 출산 경험에 동참하려고 시도한 적이 있다. 훗날의 임신에 대비해 난자를 냉동하는 한편, 만난 적도 없는 누군가에게 난자를 제공하려고 한 것이다.

오래전 로스쿨에 재학하던 시절 바비는 난자 공여자를 찾는 학교 신문 광고를 보았다. "내가 스물여덟 살쯤이었을 때에요. 난자가 필요한 사람들이 학교 신문에 낸 광고였어요. 로스쿨에 다니는 사람들이 더 똑똑하리라 생각했을 테니까요. 그건 굉장히 큰 돈벌이가 되는 일이었고, 나는 그 무렵 결혼을 준비 중이었어요."

한 부부를 돕고 그들을 행복하게 만들 수 있으리란 생각이 그녀의 마음을 움직였다. 그리고 자신이 훌륭한 공여자라고 생각했다. "난 똑똑한 사람이니까요. 게다가 아이를 낳을 때 수반되는 책임감 없이 내 유전자를 전해줄 수 있으니 거리낄 게 없을 것 같았죠."

그러나 광고를 게시한 부부는 공여자가 아이의 인생에 계속 관여하기를 원했다. 생일잔치에 참석한다든가, 아이를 봐준다든가, 뭐 그런 식으로.

그녀는 회상한다. "수정란 착상에 성공하면 그 부부가 내게 5천 달러를 주기로 했던 것 같아요. 난 그렇게 생각했어요. '와, 내 아기가 어떻게 생겼는지 볼 수 있다니, 정말 멋지겠는데.' 하지만 난 그 이상은 원하지 않았어요. 얼마 안 가 서로 생각이 다르다는 것이 분명해졌고, 우리는 없던 일로 하자는 데 동의했어요. 난 그 부부가 결국 누군가를 찾아냈을 거라고 확신해요."

바비는 난임 클리닉이 정자를 기증하는 남성들한테 하듯 잠재적 난자 공여 여성의 명단을 계속 관리한다는 사실을 알게 되었다. "클리닉에서 그 명단을 소책자로 만들어요. 사람들이 살펴보고 자격을 검토할 수 있게요. 그래서 그렇게 하겠다고 서명했죠."

그런데 난임 클리닉 공여자 명단에 이름을 올리려면 그 전에 의학적 프로필부터 완벽하게 채워 넣어야 했다. "내가 네 살 무렵이었을 때 우리 부모님은 이혼을 했고, 그 뒤로 난 생물학적 아버지와 연락을 한 적이 한 번도 없어요. 생물학적 아버지 쪽으로 답변을 달아야 하는 질문들이 있어서, 어머니가 알고 있는 사실들과 관련해 함께 대화를 나눌 수밖에 없었답니다."

바비는 어머니가 자신이 기부하려는 난자들을 손자들처럼 여긴다는 말을 듣고 깜짝 놀랐다. "우리 어머니는 굉장히 감성적인 분이셨어요. 내가 난자를 기부하겠다고 말하자 어머니는 내가 난자를 다른 사람들에게 함부로 나누어준다고 기분 나빠 하시더군요. 마치 내가 어머니의 손자들을 나누어주기라도 하는 것처럼."

바비는 생각에 잠긴 채 기억을 더듬는다. "하지만 그건 어머니가 극복해야 하는 문제였어요. 내가 어쩔 수 있는 일이 아니니까요. 그 문제 때문에 내가 난자 공여 프로그램에 참여하는 일을 그만둔다든가, 내 자식을 낳아야겠다는 식으로 마음이 바뀐다든가 하는 일은 일어나지 않았어요. 하긴 어머니는 내 자식을 낳으라는 부담을 나한테 준 적이 없긴 하지만요."

바비는 난자 공여 절차를 밟았고, 만난 적 없는 한 부부의 선택을 받았다. 바비와 그 부부 사이에는 늘 의사가 있었다.

그 과정에서 가장 중요한 것은 난자 공여자와 예비 엄마 희망자 양쪽의 준비 상태와 타이밍이었다. 그리고 그 말은 촉진제를 투여해야 한다는 뜻이었다. 바비의 경우 여러 개의 난포가 동시에 발달할 수 있게 난포를 자극하는 약을 맞기로 되어있었다. 목표는 여섯 개에서 열두 개 정도의 난포를 발달 시켜, 채취 가능할 정도로 완벽하게 성숙한 난자를 최대한 많이 키워내는 것이었다. 바비의 난소에서 그 난자들을 채취해 유전적으로 정상인지 검사한 뒤 예비 아빠의 정자로 수정시켜서, 그중 최소 하나의 수정란을 엄마의 자궁에 착상시키려는 것이 계획이었다. 그러려면 예비 엄마의 자궁이 수정란을 받아들여 착상할 수 있을 만큼 여물어 있어야 했기 때문에, 두 여성의 생리 주기도 똑같이 맞춰야 했다. "여자들은 둘 다 매일같이 남편의 정액을 자궁으로 받았어요." 바비는 회상한다.

"착상을 위해 우리 모두 시애틀로 가기로 되어 있던 날 전날이었어요. 클리닉에서 전화를 걸어 갑자기 모든 일이 중단되었다고 말했답니다." 난포 자극 호르몬을 투여했는데도 바비의 난포가 서너 개밖에 발달하지 않았기 때문이었다. "난자 채취 과정은 시작도 못 했어요. 그 예비 엄마 생각에 마음이 정말 아팠던 게 지금도 기억나네요. 출발 몇 시간 전에 전화로 이런 얘기를 들었을 것 아녜요. '가지 마세요. 다른 공여자를 찾아서 처음부터 다시 시작하든지 입양을 하든지 해야 해요.' 난 너무 비참했어요.

그런데 그때 그 전문의가 내게 말했어요. '저기요, 난 당신을 담당하는 산부인과 의사는 아니지만, 언젠가 아이를 낳을 생각이라면 이 사실을 아셔야 할 것 같아서요. 당신은 앞으로 1~2년 안에 어떻게든 아이를 가져야 해요. 안 그러면 영원히 못 갖게 될 거예요. 그 정도로 심각한 난임 조짐이 보여요.' 나는 집으로 돌아가 켄에게 말했어요. 생체시계라는 것이 원래 언젠가 째깍거리기 시작하는 거라면, 바로 오늘이 그 소리가 시작된 날이라고요. 우리가 그 대화를 나눈 그때가 내가 막 서른 살이 됐을 때였답니다. 일이 그렇게 된 거예요."

바비는 잠시 침묵을 지키다가 말을 이었다. "당신이랑 이런 대화를 나누기 전까지는 다른 여자들도 모두 여기까지 오느라 그런 과정을 겪었을 거라는 생각을 못 했어요. 다들 자신의 마지막 배란이 끝나고 나서 아이를 입양할지 말지 결정했겠죠. 그런데 나한테는 입양이 신문에서나 볼 수 있는 엄청난 일이었답니다."

———————

불임 치료 기술이 발전했음에도 전 세계 선진국에서 태어나는 아기의 수는 그 아기를 태어나게 하는 일에 관여하는 사람의 수보다 훨씬 더 적다. 바꿔 말해서 우리는 우리 자신의 대체물을 창조해내는 데 실패하는 중이다. 저출산을 메워주는 이민마저 없다면 장래에 고령 인구를 어떻게 부양할 것인가가 큰 문제가 될 것이다.

2015년 한 연구는 출산율이 계속 떨어지는 이유를 알아내려고 독일 예비부모의 첫아이 출산 전 1년과 출산 후 1년 동안의 행복지수를 추적했다. 〈워싱턴 포스트The Washington Post〉 기자 애리애나 은정 차Ariana Eunjung Cha의 보도에 따르면, 연구에 참가한 부부의 3분의 2 이상이 아기를 낳은 직후 2년 동안 행복지수가 떨어졌다고 말했다. 불만 0점, 만족은 10점. 10점 만점으로 표시했을 때 '행복지수'가 1.4점이나 떨어졌으니 상당히 큰 하락 폭이다. 이에 비해 동일 규모 대상에게 조사한 다른 경우의 평균 행복지수 하락 폭을 살펴보면 이혼의 경우는 0.6점, 실업과 배우자 사망의 경우 1점이었다. 차은정 기자는 "행복지수의 하락 폭이 크면 클수록 둘째를 낳을 확률은 점점 줄어든다. 이런 경향은 부모가 서른 살 이상이고 교육 수준이 높은 경우 특히 더 심하게 나타난다"고 보도했다. 이 연구는 많은 부모가 둘째 출산을 계획하는 대신 한 아이에 만족하는 이유를 설명하는 데 행복지수의 하락이 도움이 될지도 모른다고 추정한다.

독일에서 이루어진 이 연구에 대한 반론도 물론 있다. 부모들의 행복지수가 하락한 기간은 녹초가 되어 살았던 처음 2년뿐이라는 것, 아이들이 자라고 생활이 안정되면 다시 행복지수가 오른다는 것이다.

부모인 사람의 일생과 부모가 아닌 사람의 일생을 놓고 볼 때, 타인을 보살피는 일과 행복이 어떻게 그렇게 불일치할 수 있는지, 나는 궁금증이 풀리지 않았다. 발달 심리학에서는 이런 현상을 '생산성generativity'이라고 부른다. 이 용어를 처음 사용한 사람은 심리학자 에릭 에릭슨[11]이다. 에릭슨은 사회적, 문화적 발달에 근거한 성격 발달 8단계 이론에서 이 용어를 사용했다. 그의 이론에 따르면 7단계에 해당하는 35세부터 64세가 '생산성 대 침체성stagnation'의 시기이다. 에릭슨은 우리가 이 시기에 사후에도 계속될 세계에 기여하거나 공동체와의 유대에 실패하는 두 과정 중 하나를 겪는

---

11   에릭 에릭슨(Erik Erikson 1902-1994) : 독일에서 태어나 공부했지만, 유대인이었기 때문에 나치를 피해 도미, 하버드에서 미국 최초의 소아 정신 분석가로 활동했다. 그의 성격 발달 8단계 이론에 따르면 인간의 일생은 '신생아 - 걸음마 아기 - 유아 - 초등학교 저학년 - 10대 - 청년 성인 - 중년 성인 - 노년 성인'으로 나눌 수 있다. 이 중 일곱 번째 단계에 해당하는 중년 성인의 시기에 이르면 인간은 자녀 양육이나 후진 양성을 통해 자신의 정체성을 지속시키고자 하는 욕구를 느끼고 거기에서 성취감을 느끼게 되는데 이를 '생산성'이라고 한다. 반면 물려줄 정체성이 없거나 정체성을 물려받을 자식 혹은 후배가 없어서 이 욕구가 성취되지 못하면 극심하게 우울한 감정을 느끼게 되는데 이를 '침체성'이라고 한다.

다고 주장했다. 우리가 공동체와 어떤 관계를 맺느냐가 우리의 행복감에 중대한 영향을 끼친다는 것이다.

행복과 생산성은 대개 부모라는 경험과 연결되어 있다. 그러나 미주리 대학교의 두 박사 탄자 로스러프Tanja Rothrauff와 테레사 쿠니Teresa M. Cooney는 이전 연구를 검토하다가 그 연결이 친자식한테만 국한되는 것이 아니라는 사실을 알아냈다.

두 사람은 특히 생산성과 관련해 부모인 사람과 부모가 아닌 사람 사이의 차이를 연구하는 한 가지 방법을 찾아냈다. 그들은 연구를 시작하면서 4,242명의 참여자를 인터뷰한 뒤 우편을 통해 답변을 받는 식으로 설문을 완료했다. 2,507명의 성인(설문에 응답한 35세 이상 74세 이하의 성인) 부표본은 자녀가 있는 쪽과 없는 쪽으로 분류되었다. 로스러프와 쿠니는 설문 응답을 분석한 뒤, 부모 노릇은 생산성을 신장시키는 유일한 방법도 아니요, 심지어는 가장 좋은 방법도 아니라는 결론을 내렸다. 그들은 "자식이 없는 성인도 부모인 사람들과 마찬가지로 어린이의 삶에 참여함으로써, 가족 구성원에게 보살핌과 도움을 제공함으로써, 교육을 통해 지식과 기술을 전수함으로써, 공동체 안에서 적극적인 역할을 담당함으로써 다음 세대에게 뭔가를 계승하는 데 관심이 있을 수 있다"는 사실을 발견했다. 그런 활동들은 차일드리스 성인의 동료, 즉 부모인 사람들의 행복에 중요한 의미가 있는 만큼, 차일드리스 성인의 행복에도 똑같이 중요한 의미가 있다.

'카턴 엄마'라고도 알려진 휴렛패커드 사의 엔지니어 셰릴 카턴은 경력의 전성기에 전미 유소년 축구 기구[12] 산하 한 축구팀의 코치로 일한 적이 있다. 어느 날 친구 딸이 선수로 뛰는 팀 경기를 구경하러 갔다가 우연히 일이 그리된 것이었다. "그 팀 코치가 친구 딸을 무섭게 윽박지르더군요. 그때 그런 생각이 들었어요. '여자아이가 스포츠와 인연을 맺기에 좋은 환경이 아니구나.' 그래서 이듬해 자원해 그 애가 속한 여자팀의 코치로 일했답니다." 그런데 공교롭게도 그 해에 전미 유소년 축구 기구가 여러 축구팀을 통합했고 그 바람에 셰릴은 곧 여자팀과 남자팀을 모두 맡게 되었다. "처음에는 남자 부코치를 써보려고 했어요. 그랬더니 애들이 그 남자 말만 듣고 내 말은 안 듣더군요. 그래서 결국은 젊은 여자 엔지니어 한 명을 데려갔답니다. 그러자 모든 상황이 안정되었죠."

　　셰릴은 5~6년 동안 그 아이들의 코치를 맡았다. 그 아이들이 중학교에 가고 환상적인 킥이나 셰릴은 아는 바가 없는 고급 기술을 배우고 싶어 할 때까지. "우리는 살벌한 강팀은 아니었어요. 그래도 거의 매년 준결승까지는 올라가고 했답니다."

12　전미 유소년 축구 기구(American Youth Soccer Organization, AYSO) : 전국적 규모의 미국 유소년 축구 기구이다. 4세부터 19세까지 남녀 유소년들이 참여하는 이 기구는 비영리 단체로 주로 자원봉사자들의 참여로 운영된다. 1964년 설립된 이 기구에는 5만 개 이상의 팀과 63만 명 이상의 선수가 소속되어 있다.

시골로 이사하고 몇 년이 흐른 뒤 나는 큰길에서 벗어났다가 초등학교 주차장에 도착한 적이 있다. 건물 한쪽 벽에는 학교의 마스코트인 으르렁거리는 퓨마가 페인트로 거대하게 그려져 있었다. '일종의 계시가 틀림없어.' 나는 생각했다. 내 어린 시절 별명이 '퓨마'였기 때문이다.

나는 무거운 정문을 당겨 열었다. 복도는 조용했다. 어린이들의 그림과 글이 알록달록한 판지 게시판에 스테이플러로 찍혀 있었고, 게시판 테두리에는 밝은색 골판지가 둘려 있었다. 내 계산대로라면 교장실 문밖에 마지막으로 서 있어본 뒤로 세월이 수십 년은 흐른 것 같았다.

문손잡이를 향해 팔을 뻗는데 복도 아래쪽에서 내 이름을 부르는 소리가 들렸다. 요가 수업을 들으며 알게 된 한 여자가 나를 반기고 있었다.

"케이트, 여기에서 뭐 하고 있어요?" 그녀가 물었다.

"아이들이 배우고 읽고 쓸 수 있게 돕고 싶어서요. 자원봉사를 해볼까 하고요."

"환영해요. 우리 반으로 오세요."

그다음 주에 나는 초등학교 3학년으로 돌아갔다.

그 뒤로 10년 동안 새 학년이 시작되는 날이면 나는 늘 똑같은 방식으로 스스로를 소개했다. "안녕, 난 케이트라고 해요. 나는 여러분이 성이 아니라 이름으로 나를 불러주는 게 좋아요. 내가 여기 있는 이유는 여러분의 읽기와 쓰기를 돕기 위해서예요. 올해가 나의 (매번 정확한 숫자를 넣어서) ○번째 3학년이랍니다."

3년쯤 되었을 때 어떤 작은 소년이 의자에서 발딱 일어나더니 내 손을 잡고 커다랗고 파란 눈으로 나를 올려다보며 진심으로 말했다. "제가 진급을 도와드릴게요, 케이트 아줌마. 약속해요."

———————

낯선 사람에게 난자를 공여하려는 시도가 실패하고 몇 년이 흐른 뒤 바비 하트웰과 그녀의 남편은 사고뭉치 10대 조카딸을 집으로 데려왔다. 부부가 아직 델리카트슨을 운영하고 있을 때, 바비는 풀타임 컨설턴트로 일하고 있었다.

"그 애는 열일곱 살이었고, 고등학교 졸업 학년이었어요. 우리 집에 처음 왔을 때 그 애가 운전면허증이 없어서, 학교를 비롯해 여러 활동이 이루어지는 장소로 태워다주었답니다. 집에 아이가 생겨서 내 생활 체계에 일어난 가장 큰 충격은 정해진 시간에 규칙적으로 식사를 해야 한다는 것이었어요."

그 조카는 생활 체계에 문제가 있었고, 여러 말썽에 얽혀 있었다. "엄마가 그 애를 돌보지 않은 건 아니에요. 다만 식탁에 올릴 음식이 떨어지지 않게 일하느라 너무 바빠서 딸한테 쏟을 에너지가 전혀 없었을 뿐이죠. 그 집에는 훈육이라는 게 많지 않았고 우리 조카는 그런 일종의 방치가 장래에 수많은 밧줄이 되어 자신을 얽어매게 되리라는 사실을 알고 있었어요."

케네스 삼촌 집에서 지낼 수 있는지 물어보라고 엄마를 설득해 움직이게 만든 것은 그 소녀 자신이었다. "그 애는 매우 통찰력이 있는 아이였답니다. 그래서 자신의 집에는 없는 생활 체계와 훈육이 우리 집에는 있으리라는 사실을 알고 있었어요. 자신이 그런 것들을 싫어하게 되리라는 점 역시 알고 있었고 실제로도 그랬지만, 그 애한테는 그게 강제로라도 자신의 삶을 스스로 정돈할 수 있는 하나의 기회였죠. 우리 부부가 그 애를 맡지 않았다면 그 애는 고등학교도 졸업하지 못했을 거예요. 첫해엔 우리 세 사람 모두가 얼마나 힘들었는지 몰라요."

스스로 엄마가 될지 말지에 관한 고민이 그때까지 계속 바비를 괴롭히고 있었다 하더라도, 첫해에 그런 고민이 싹 사라질 수밖에 없었다. "나는 하루에 몇 시간씩 작은 가게를 운영하고 풀타임으로 또 다른 직장도 다니면서 자원봉사 활동까지 많이 한다는 게 어떤 의미인지 그때에야 진정으로 이해하게 되었어요. 그런데 그 와중에 내가 뜬금없이 열일곱 살짜리를 그 안으로 끌어들이려고 한 거예요. 하지만 그 덕분에 친구 엄마들의 진가를 더 잘 알게 되었답니다."

바비는 그 해가 자신의 '맛보기 해'였다고 말한다. "아이가 있었다면 내 삶이 어땠을지 난 정확하게 말할 수 있어요. 마치 체험 프로그램 같았어요. 내가 아이한테 어떻게 반응하고 대응했을지 살짝 훔쳐본 것 같은 기분이 들어요. 엄마 노릇이 어떤 건지 알게 되었지만, 그게 좋아지지는 않더군요. 조금도요. 도대체 언제 끝나나 진저리가 쳐질 정도로요."

바비는 자신과 켄이 결혼 초기에 아이를 낳았다면 자신의 인생이 어떻게 달랐을지 이제 잘 안다. "델리는 시작할 엄두조차 내지 못했을 거예요. 결혼 생활도 훨씬 덜 행복했을 거라 생각해요. 켄이 자신의 타고난 성격과 완전히 다른 사람으로 억지로 살아야 했을 테니까요. 그 사람은 나보다 훨씬 더 정신이 자유롭거든요. 아이가 있었다면 그 사람은 지금이랑 딴판이었을 거예요. 여보, 우리한테 아이가 없는 게 정말 다행스럽지 않아? 우리가 실수를 저지르지 않았다는 사실을 이렇게 확인하게 되다니."

———————

아이를 빌려주는 것을 용납하지 않는 아이 엄마도 가끔 있다. 반면 아주 흔쾌히 아이를 빌려주는 엄마도 가끔 있다. 그리고 까다로운 엄마의 경우 다른 여자가 자기 자식과 관계 맺는 것을 어떻게 느끼는지, 그 엄마가 직접 말하기 전까지는 모를 때도 가끔 있다.

유모 수전 지아노티는 자신에게 맡겨진 사내아이 두 명을 10년이 넘게 돌보았다. 수전은 이제 열 살, 열세 살이 된 두 소년을 향한 사랑과 자신의 일 사이에 선 긋는 법을 알지 못한다. 물론 두 아이는 부모한테 속해 있지만, 아이들의 학교생활을 돕는 사람도 수전이요, 수영장 결승선에서 아이들을 응원하는 사람도 수전이며, 숙제를 함께 하는 사람도 수전이다. 심지어 열세 살짜리 아이는 지금도 자기가 걸음마하는 아기일 때 스스로 붙인 "슈슈"라는 이름으로 수전을 부른다.

수전은 아들 다섯에 딸 다섯까지, 총 열 명의 자식으로 이루어진 천주교 집안에서 자랐다. "위로 다섯 명, 아래로 다섯 명이었는데, 난 아래 다섯 명의 첫째였어요. 모두 나를 '난쟁이 엄마'라고 불렀답니다. 모든 것을 계획하는 사람이 바로 나였기 때문이에요. 장기 자동차 여행을 갈 계획이면 가족 모두가 마실 물과 컵을 챙기는 사람은 늘 나였어요. 오죽하면 우리 가족들은 지금까지도 날 '난쟁이 엄마'라고 불러요. 애가 없는데도 말이에요."

수전은 40대 중반에 자궁암 판정을 받았다. 진단을 받고 48시간 뒤 그녀의 생식기관은 완전히 제거되었고, 언젠가 아이를 낳고 싶다는 그녀의 희망도 함께 제거되었다. "난 미혼이에요. 독신이죠. 그 당시에도 난 내 꽃다운 나이가 다 지나가 버렸다는 사실을 알고 있었어요. 그런데도 '아, 난 이제 아이를 영원히 못 갖겠구나' 하는 생각이 불쑥 들 때가 요즘도 가끔 있다니까요."

수술을 받고 3주가 지난 어느 날, 수전은 여동생 중 한 명에게 너무나 사랑하는 그 아이들을 만날 수 있게 운전해서 자신을 데려다 달라고 설득했다. "애들이 제가 돌아오기만을 기다렸대요." 아이들을 만나고 집으로 돌아오기 직전 부모는 은밀히 수전을 찾았다. "애 엄마가 그러더군요. '이 사실을 알려드리고 싶어서요. 일하지 않으면 급료는 지불할 수 없어요. 그냥 도와드릴 수는 없잖아요.'"

수전은 가슴이 먹먹했다. "너무 아팠지만 생활비, 보험료에 들어갈 돈을 벌어야 했어요. 그 부부도 자기네 나름의 사정이 있겠지만, 난 그 애들을 끔찍이 사랑해요." 수전은 일에 복귀했다. "나는 애들과 모든 일을 함께해요. 애들을 등하교시키고 현장학습, 파티에 따라다니고 시간 맞춰 간식을 먹여요. 진짜 모든 일을 다 해요. 부모도 그 사실을 알고요. 애 엄마는 입버릇처럼 '우리 애들은 아줌마가 다 키웠어요.'라고 말한답니다."

그로부터 몇 달 뒤 부모는 아이들에게 자신들의 별거 계획을 알렸다. 아이들은 나중에 수전에게 물었다. "아줌마는 여기 계속 계실 거죠? 그렇죠, 슈슈?"

"난 말했어요. '물론이지, 난 너희를 떠나지 않아.' 가슴이 찢어지는 것 같았어요. 난 자식이 없는 사람이에요. 그런데 내 삶이 끝날 때까지 그 애들을 살펴보겠다고 애들한테 늘 말해요. 그 부모는 자식이 둘, 그것도 너무나 사랑스러운 애들이 둘이나 있는데도 애들이랑 함께 보내는 시간이 별로 없어요. 나를 가장 슬프게 만드는 게 바로 그 점이랍니다. 가능하다면 나는 한순간의 망설임도 없이 그 부모와 입장을 바꿀 거예요. 그 애들이 그딴 식으로 버려질 수도 있는 거잖아요."

수술 후 1년쯤 지나자 수전은 기운과 건강이 회복된 것처럼 느껴졌다. "그 일을 그만둬야 하는 상황이지만 난 지금도 그 집에서 지내고 있어요. 내가 그 집에 계속 머물 수밖에 없는 가장 큰 이유는 물론 그 특별한 두 꼬맹이들이고요."

———————

수전이 몇 년째 하고 있는 일은 동종 부모 역할[13]처럼 들린다. UCLA 정신의학과 임상 교수이자 마음보기 연구소의 경영책임자 인 의학박사 다니엘 시겔Daniel J. Siegel은 이 용어가 '다른 부모의 양 육', 또는 '믿음을 주는 다른 성인, 혹은 나이가 더 많은 다른 자녀 와 부모가 아이 양육을 함께하는 것'을 뜻한다고 말한다. 시겔은 애 착과 어린이, 10대, 성인의 뇌에 나타나는 신경 심리의 관계에 관한 글을 두루 집필해왔다.

시겔은 이렇게 설명한다. "인간의 애착은 네 개의 'S'와 관련지 어 이해할 수 있다. 안전하다(secure)고 느끼려면 인간은 실제로 안전한(safe)곳에서 누군가의 시선(be seen)과 보살핌(soothe)을 받아야 한다."

안전하다는 느낌은 수많은 요인 중에서도 누군가 믿을 만한 사람의 관심과 보살핌, 보호막에서 비롯된다. 시겔의 말에 따르면 "우리는 생물학적 엄마 한 명 외에 더 많은 사람에게 애착을 느낄 수 있다. 즉, 우리는 자신보다 나이가 더 많거나 힘이 더 세거나 바 람직하게 더 현명해서 우리를 보호하고 편안하게 해줄 만한 개인

13 　동종 부모 역할(Alloparenting) : 포유류, 조류 안에서 주로 보이는 현상으로 생물학적 부모가 아닌 성체가 자손을 돌보고 키우는 공동 양육 행태를 일컫는 생물학적, 사회학적 용어이다.

몇 명과 애착 관계를 형성할 수 있는 것이다."

안전하다는 느낌의 원천이 길 건너편에 살고 있는 경우가 가끔 있다. 바버라 한나와 남편 존은 50대 초반에 오하이오 주 캔턴에 살고 있었는데 새 이웃이 이사를 왔다. 그들보다 20살가량 젊은 부부였다. 네 사람은 모두 자전거 타기를 열정적으로 좋아했기 때문에 순식간에 친해졌다. 우정이 깊어지는 데 나이 차이는 문제가 되지 않았다. 아니, 오히려 여러 면에서 그 점이 도움이 되었다.

현재 일흔 살인 바버라가 말한다. "우리 두 부부는 모두 '딩크double income, no kids, DINK'였어요. 그게 무슨 뜻인지 알죠?"

"그럼요. 아이 없는 맞벌이 부부를 말하잖아요." 그 용어가 처음 사용되기 시작한 것은 1980년대이다.

딩크라는 두 부부 공통의 정체성은 그다지 오래가지 않았다. 이사 온 지 몇 달이 지난 어느 날 점심을 먹으면서 젊은 여자 이웃은 아기를 기다리는 중이라고 바버라에게 말했다. 한나 부부는 아이가 태어난 직후 새내기 부모에게 초대되어 병원을 방문한 첫 번째 손님이었다.

그때 태어난 큰딸은 지금 열세 살이고 그 아래로 열두 살 쌍둥이 자매가 있다. 그 큰딸은 두 살 무렵부터 바버라를 '애미', 바버라의 남편 존을 '암빠'라고 부르기 시작했고 한나 부부는 그 아이들을

'손녀들'이라고 부른다. 자신들의 친자식을 가지려는 시도는 실패했지만 "그 세 손녀딸이 우리 부부의 삶 속으로 들어오면서 한 가지 가능성이 우리 부부에게 열린 거예요."라고 바버라는 말한다.

그 아이들의 생물학적 조부모들은 플로리다, 웨스트버지니아, 위스콘신 등에 흩어져 살고 있었고, 한나 부부는 이웃사촌의 임무를 충실히 수행해, 생일을 축하하고 휴가를 함께 보냈으며 피아노나 발레 발표회에 참석하고 파자마 파티를 열어줬다. 양가의 조부모들은 조금도 기분 나빠하지 않았다. "그분들은 자기네 손녀들이 관심 속에 자라서 기쁘대요."라고 바버라는 말한다.

지난 4월 그 젊은 부부는 텍사스로 이사를 갔다. 젊은 부부는 친정아버지의 부음을 들었을 때 한나 부부에게 딸들을 봐달라고 부탁했다. 한나 부부는 젊은 부부가 집을 구하러 돌아다니는 3주 동안에도 아이들을 돌보았다. 전직 학교 교사인 바버라는 어렵지 않게 딸들의 학교 공부를 지도했고, 그동안 남편 존은 재주껏 식사 메뉴를 정하고 음식을 준비했다. "난 그이를 카페 아가씨라고 부르고는 했어요. 내가 애들을 감독하는 동안 그이는 대개 요리를 하고 있었거든요. 우리가 부모처럼 행동하면 애들은 그걸 싫어했어요. 글쎄, '우린 애미랑 암빠가 더 좋아요.'라고 하더라고요."

바버라는 자기네 부부와 그 젊은 부부의 유쾌하면서도 선을 넘는 법이 없는 특별한 관계에 가족과 친구들이 보이는 반응에 깜짝 놀란 적이 한두 번이 아니다. 바버라의 노모는 작년 크리스마스에 선물꾸러미들을 분류하다가 딸에게 말했다. "선물 목록에 네 새끼

세 명의 이름도 꼭 넣으렴. 그 애들은 내 손녀들이기도 하니까." 아이들은 그런 특별한 선물을 가슴 설레며 기다린다.

바버라는 말한다. "친구들 모임에 가면 다들 서로의 애들 소식을 물어요. 그런데 내 삶 속에 그 세 소녀가 있다는 사실을 다들 알면서도 내게는 아무것도 묻지 않아요. 그럴 때 난 거기에 있는 듯 없는 사람이 돼요. 마치 친구들 눈에 내가 안 보이는 것처럼 말이죠. 내가 보인다면 그렇게 행동할 리 없잖아요."

———

내 삶에도 특별한 젊은 사람들이 몇 명 있다. 지금은 그들 모두 서로 잘 아는 사이가 되었지만, 그들이 만난 지는 겨우 2년밖에 되지 않았다. 예전에 나는 그들을 '가슴으로 낳은 아들, 딸'이라고 불렀지만, 이제는 그런 말을 쓰지 않는다.

내가 아끼는 아가씨가 한 명 있다. 어느 부활절, 대가족 모임에서 그 아가씨의 어머니가 한쪽 구석으로 나를 데려가더니 노골적으로 자신의 불쾌한 감정을 털어놓았다. 내가 쓰는 '딸'이라는 말을 들으면 어쩐지 자기 딸과 자신의 관계가 약화되는 것처럼 느껴진다고 했다. 우리가 함께 보낸 시간이 얼마인데. 나는 충격으로 정신이 멍했다. 무슨 말을 해야 할지 알 수가 없어서 아무 말도 하지 않았다. 나중에 그 어머니가 자기 딸한테도 본인의 기분을 이야기했다는 사실을 알게 되었다. 그 아가씨와 나는 다른 용어,

예컨대 '특별한 친구' 같은 명칭을 정하자는 데 동의했다. 그런데 지금까지도 우리는 서로를 어떻게 지칭해야 할지 몰라서 갈팡질팡한다. 가끔씩 나는 애정 표현을 삼갈 필요가 있다고 느낀다.

내 '가슴으로 낳은 아들'은 존칭어가 좋다고 10대 시절 내게 말했다. 그 10대 아이가 자라서 벌써 자식을 두었다. 어느 날 키가 아빠 무릎까지밖에 안 오는 그의 어린 딸이 나를 '케이트 할머니'라고 불렀다. 잠시 그 말의 느낌을 음미하고 있는데 불쑥 그런 생각이 들었다. '아, 안 돼. 또 똑같은 일이 일어나겠구나.' 나는 아이 부모에게 무슨 일이 있었는지 말하고 그 문제를 어떻게 처리하고 싶은지 물었다. 그들은 말했다. "띠아Tia 케이트가 좋겠네요." '띠아'는 스페인어로 '이모'라는 뜻으로, 아이 부모의 수많은 여자형제 모두가 그렇게 불렀다. 나는 우연히 아이의 할머니와 외할머니, 두 사람을 모두 알게 되었고, 두 사람이 나를 자기들만의 특별한 울타리 안으로 받아 들여줄지 궁금했지만 허락을 구하지는 않았다.

또 어색한 관계가 되면 어쩌나 하는 두려움을 털어놓는 데, 내 마음속에 아끼는 아이를 위한 자리를 마련하는 데 다시 실패한 것이다. 아이 자리란 자기네가 정하는 것이라고 느끼는 가족 앞에서, 나는 그들이 정해주는 관계에 그냥 동의하고 만 셈이다.

나는 여전히 궁금하다. 우리가 이런 감정 문제에 얽히면 도대체 뭐가 위험한 걸까? 우리를 정확하게 지칭하는 명칭이 없어서 그러는 걸까? 아니면, 아이를 소유하고 있는 사람들과 뭔가 계약이라도 해야 하는 걸까?

예전에 이런 이야기를 들은 적이 있다. 아메리카 원주민 사회에서는 아이 없는 여자가 부족 모든 아이의 어머니로 여겨진다고 한다. 폐경기가 지나고 할머니 무리에 끼게 되면 그 여자는 전 세계 모든 어린이의 어머니가 된다고 한다.

모든 가정에 한 무리의 어머니가 있고, 그 어머니 무리가 운영하는 공동체 안에서 양육이 이루어진다고 상상해보라. 특히 아이의 '진짜' 엄마가 없거나 집에서 지내는 것이 위험할 경우에는 어떨지. 난관에 봉착한 사춘기 아이가 씨족 내 다른 사람에게 마음 편하게 조언을 구하고, 기분이 상하면 어쩌나, 누군가를 무시하게 되면 어쩌나 하는 두려움 없이 그 조언들과 '친'엄마의 생각을 저울질할 수 있다면 어떨지 상상해보라. 온 세상 모든 어린이와 유대를 맺고 그 유대감을 표현할 수 있는 기회가 모든 여성에게 주어진다면 어떨지 상상해보라.

제4장

변치 않는 우정

나는 아이가 있는 친구들과 나 사이에
장벽이 있는 것처럼 느껴져요.
아이들은 우정을 복잡하게 만들어요.

어떤 친구들은 아이가 없으면 삶이 공허하리라 생각해요.
현실은 오히려 그 정반대인데 말이죠.

내가 아는 사람 중에는 자녀가 같은 운동을 한다는 이유로
우정이 깊어진 사람이 많아요.
그 사람들이 쳐놓은 울타리 밖에 머물면 삶이 한결 힘들어지고요.

그녀는 점심시간 수영 동호회의 여왕이었다. 다양한 연령대로 구성된 그 동호회 사람들은 매일 정오 수영장에 모여 레인을 몇 차례씩 왕복했다. 의류회사에 다니던 자신감 덩어리 곱슬머리 내 친구는 모두에게 사랑받았다. 그 시절 대학에 재학 중이던 나는 너무나도 그녀의 친구가 되고 싶었다. 우리는 매일 정해진 거리만큼의 자유형을 끝내고 햇볕에 달구어진 콘크리트 바닥에 나란히 누운 채 피부를 태워 얼굴에 길이 남을 깊은 주름을 새겼다.

대학 졸업 후 내가 차로 두 시간 정도 걸리는 동네로 이사를 간 뒤로도 우리는 단짝이었다. 어느 날 나와 새신랑 댄은 그녀와 그녀의 새신랑을 저녁 식사에 초대했다.

"우리는 아이를 갖기로 결정했어." 그녀가 선언했다. 그녀가 가톨릭 대가족 집안에서 성장했으며 아이를 좋아한다는 사실을 알고 있던 나에게도 그녀의 공표는 충격이었다. 우리가 더 긴 시간을 함께 모험할 수 있으리라 기대했기 때문이다. 우리는 그 부부의 임신을 기원하며 건배했다.

며칠 뒤 댄과 나는 우리도 그 노력에 동참할 것인가를 놓고 말싸움을 했다. 딱 잘라 말해서 댄은 확신이 없었다. 그 무렵 나는 아이들에 대한 양가감정이 아직 생기기 전이라, 2세를 만들자는 생각에 호의적이었다. 그것도 둘이나. 아이가 없으면 다른 무엇으로 삶을 채울까 궁금해했던 기억이 지금도 생생하다. 결정적으로 내 마음을 긍정적으로 만든 것은 둘이 함께 가정을 키워나가는 상상, 아이들과 뒤죽박죽 함께 뒹구는 상상이었다.

언제나 유행의 선도자였던 내 친구는 1년도 안 되어 임신을 했다. 나와 댄은 여전히 노력 중이었다.

───────

막 태어난 아기에게는 극도의 관심, 보살핌, 유대감이 필요하다. 엄마와 아기 사이에 애착이 형성되는 그 시기가 인생에서 매우 특별한 시간이라는 사실을 모르는 사람은 없다. 그런 애착관계는 자궁 속에서부터 형성되기 시작하며 그 관계에서 가장 중요한 것은 엄마의 관심이다.

그래서 친구 관계도 변한다. 아기를 중심으로 바뀌는 것이다.

'친자식의 두 눈을 들여다보게 되기 전까지는 진정한 사랑의 의미를 이해하지 못해'라는 말이 어쩌나 사방에서 들려오는지, 그 말이 진부한 관용구로 느껴질 지경이다. 그런 생각에 담긴 충격적인 힘이 어쩌면 부모인 사람들과 부모 아닌 사람들 사이에 간극을 만드는 첫 단계일지도 모른다. 아이린 레빈Irene S. Levine 박사는 저서 『영원한 단짝Best Friends Forever』에서 아기가 여자들의 우정에 어떤 영향을 끼치는지 조명한다. "아이 없는 친구는 자신의 등급이 한 단계 떨어진 것처럼 느낄 수 있고 실제로도 그렇다. 차일드리스 여성이 난임의 고통을 겪고 있다면 임신에 아무런 문제가 없는 누군가와 함께 시간을 보내는 것이 특히 더 괴로울 수 있다"고 레빈 박사는 말한다.

———

시인 수전 시거푸스는 자신이 영원히 갖지 못할 것을 원하는 빨간 머리 여인이다.

"난 내가 열 살배기 아들이나 딸과 점심에 외식하러 나가는 엄마면 좋겠어요. 아이랑 이야기를 하고 또 하면서 말이죠. 그 나이 아이들은 사랑스럽고 예쁘게 말을 하잖아요. 내 환상 속 인생에서 아이가 가장 아름다운 나이는 열 살이랍니다."

현재 예순일곱 살인 수전은 자녀를 원했다. 서른여덟 살에 첫 번째 결혼을 했을 때, 여배우 우슬라 안드레스Ursula Andress와 가수

베트 미들러Bette Midler가 자신과 비슷한 나이에 초산을 했기 때문에 임신을 낙관했다.

그녀는 가능성을 생각했던 일을 회상한다. "나이는 아무것도 아니잖아요. 괜찮을 것 같았어요."

2년이 지났다. 여전히 아기는 없었다. 주치의는 그녀에게 폐경기가 시작되었다고 말했다.

그녀는 그때 기분을 떠올린다. "마치 곤장이라도 맞은 것 같았어요. 그래도 포기하지 않았어요. 우리는 샌프란시스코에서 가장 유능한 불임 치료 의사를 찾기로 했고 그렇게 했어요. 그 사람한테 얼마나 큰돈을 줬는지."

그녀는 그 의사가 처방해준 약이란 약은 다 먹었다. 온갖 약을 다 먹었는데도 초음파 검사로 알아낸 사실은 발달한 난포가 몇 개 없다는 것, 그 난포들마저 수정 가능성이 있는 난자가 되기에는 너무 작다는 것뿐이었다.

"그날은 내가 생식 능력 없는 여자라는 사실을 알게 된 날이에요." 수전과 남편은 더 적극적인 과정을 진행해보면 어떨까 상의했고, 그 과정에는 대리모 고용까지도 포함되어 있었다.

"하지만 난 이미 끝난 몸이었어요. 거의 마흔한 살이 다 된 나이였으니까요. 난 감정적으로도 지쳐 있었고 기력도 이미 다 빠져 있었답니다. 결혼 생활은 엉망이 되어가고 있었고요."

수전이 임신하려고 갖은 애를 쓰는 동안, 두 사람을 소개해준 친한 친구는 애인과의 사이에서 두 번이나 임신을 했고, 두 번 다

낙태 수술을 했다.

"난 한창 불임 치료를 받는 중이었고 약 때문에 제정신이 아니었어요. 내 인생에서 가장 힘겨웠던 시기에 친구가 두 번이나 임신을 한 거예요. 친구는 내가 위로해주길 바랐지만 난 아무것도 하지 않았답니다. 우리 둘은 무시무시하게 싸웠고 우리의 친구 관계는 끝장났어요. 평생 그런 기분은 처음이었어요. 그 중압감이 늘 나를 짓눌러요. 친구에게 내가 필요할 때 아무것도 해주지 않았다는 중압감이……."

몇 년 뒤 친구의 제안으로 두 사람은 함께 상담 치료를 받았고, 그때부터 다시 우정을 쌓아가는 중이다.

한참 뒤 수전은 다시 결혼해 낯선 동네에 정착하면서 또 다른 깊은 교우 관계를 시작했다. 수전이 아이가 없다는 사실을 밝혔을 때 새 친구가 한 대답은 놀라웠다. "난 애들이 있지만 왠지 엄마 노릇에 양가감정을 느껴."

양가감정이라니, 엄마 노릇에 그런 감정을 느낀다는 말을 수전은 들어본 적이 없었다.

"내 친구의 솔직함은 내게 늘 헤아릴 수 없을 만큼 큰 선물이었어요. 다정한 엄마인 그 친구는 나와 함께 힘든 시간을 여러 번 보냈는데, 그중 일부는 친구의 장성한 자녀에게 닥친 도전이나 분투와 관련된 일이었답니다.

그 친구는 엄마라는 자의식에, 나는 엄마가 아니라는 자의식에 끌려다니지 않기 때문에 우리는 깊이 연결되어 있어요. 어쩌면 그녀의 양가감정에 가득 담긴 인간적 면모 덕분에 내가 마음의 여유를 갖고 내 인생을 있는 그대로 인정하고 존중하는 방향으로 나아갈 수 있었는지도 몰라요. 우리는 질투심마저도 솔직하게 표현한답니다. 상대방의 표정에 부러움이 나타나면 서로 말해주는 거예요."

수전은 이런 중요한 인간관계를 소재로 다음과 같은 시 한 편을 썼다.

그럼에도 불구하고

내 친구는 검은 머리의 십대 딸을 빤히 바라본다.
'대체 어디 갔었니?' 며칠 만에 나타난 소녀.
정신이 나간 소녀는 돈을 주는 사내와 붙어 다닌다.
규칙과 시계 없이 생활하는 게 습관인 작자와.

또 다른 친구는 임신했다. 그것도 원하지 않는.
그 친구는 내게 의지한다. 아기를 원하지만
임신할 수 없는 내게, 상실을 밟고 서 있는 내게,
충격을 받은 뒤 '다음 달에는 어쩌면'이라는 희망을 다시 품는 일마저
그만둔 내게.

나는 친구를 위해 아무것도 하지 않았다. 아무것도.
십대 딸을 둔 엄마를 위해. 입에 발린 말 한마디

하지 않았다. 나는 등을 돌린 채 침묵이 흘러넘치게 만들었다. 침묵 속에 시퍼런 멍은 치유되고 흐려진다.

나이를 더 먹은 지금, 우리는 다시 친구가 되었다. 다시 맺어졌다. 다정하고 소탈하고 애정 넘치는 친구로. 그럼에도 불구하고.

엄마인 여자와 엄마가 아닌 여자 사이의 우정은 상황이 비슷한 친구들 사이의 우정과는 다르다. 수전은 아이 없는 다른 여자와 친구가 될 기회가 자신에게는 전혀 없었다고 말한다. 수전의 친구 대부분은 이제 열정적인 할머니가 되었다. "너무나 아름다운 개화開花예요. 그렇게 굉장한 정체성을 새로 얻게 되다니. 친구들은 모두 그 이야기를 하고 싶어 안달이랍니다. 이야기를 듣다 보면 10분도 채 안 되어 콜택시를 부르고 싶어지지만요." 수전은 숨을 깊이 들이마신다. "난 거기서 상실감을 느껴요. 그래서 여자 여러 명이랑은 함께 점심을 먹으러 나가지도 못하고, 그 안에서 소속감을 느끼지도 못한답니다."

————

친구란 정말로 필요한 걸까? 수많은 연구가 신체적으로, 정신적으로 건강하길 원한다면 그렇다고 확언한다. 친구에게 속마음을 털어놓는 행위는 스트레스를 감소시키고 기분이 좋을 때 분비되는 호르몬인 옥시토신의 분비를 촉진할 수 있다. 수십 년에 걸쳐 20만 명이 넘는 여성의 데이터를 수집한 간호사 건강 연구[14]는 친구가 많은 여성일수록 나이가 들어감에 따라 신체적 질병이 발생할 확률이 낮다는 사실을 발견했다. 그리고 여성의 행복과 긍정적인 태도에 영향을 끼치는 주체로는 친구가 친척을 누르고 첫 번째 자리를 차지했다.

오래 지속되는 진정한 친구 관계에는 일관된 요소들이 존재하는데 동료의식, 상호 지지, 호혜, 애정이 그런 것들이라고 전문가들은 말한다. 삶의 변화에 따르는 스트레스를 고려하면 때로는 친구 한 명도 찾기 어렵고 아득한 대상일 수 있지만, 우정은 오랜 세월에 걸쳐 균형을 되찾는다. 『영원한 단짝』의 저자 아이린 레빈은 '우정 혼수상태friendship coma'라는 용어를 사용해 소통의 빈도가 차츰 줄어들어 관계가 애매해진 우정 상태를 설명했다. "이런 상태에 이른 우정은 대개 시들해지거나 사라지는데, 때로는 의식적 인지라는 레이더 밑에서도 그런 일이 일어난다"고 레빈은 말한다.

———————

이제부터 로라 존슨이라고 부를 여성이 말한다. "가장 친한 친

14   간호사 건강 연구(Nurses' Health Study) : 1976년 프랭크 스피저 박사(Dr, Frank Speizer)가 수립한 연구 단체가 피임약의 사용, 흡연, 암, 심장질환 등의 관계를 밝히고자 했다. 연구 대상은 간호사로 등록된 30세부터 55세 사이의 기혼 여성이다. 1976년 1차 때는 121,700명, 1989년 2차 때는 116,430명, 2010년 3차 때는 10만 명가량의 간호사가 연구에 참여했다.

구한테 임신했다는 말을 들었을 때 난 울었어요. 그 친구 앞에서 울지는 않았지만, 우리 우정이 예전 같지는 않으리란 사실을 알고 있었어요. 여자가 엄마 노릇 안으로 사라지는 일이 잦다는 사실을 알고 있었기 때문에 '친구를 곧 잃겠구나' 이렇게 생각한 거예요."

그때 로라는 자기도 언젠가는 아이를 낳게 되리라 확신했다. "그런데 서른 살에 폭력적인 남자를 만났어요. 그 관계가 끝나고 나자, 데이트나 남자에 완전히 질려버리고 말았답니다. 그래서 임신 가능성이 높은 그 몇 년 동안 데이트를 전혀 안 했어요." 현재 마흔여섯 살인 로라는 미드웨스트에서 영어 교사로 일하고 있으며 결혼한 적이 없다.

로라는 가장 친한 친구를 잃지 않은 것으로 밝혀졌다. 두 사람은 모유 수유 시간과 취침 시간을 피해 규칙적으로 연락하며 지낸다.

"함께 있을 때 우리는 아이 중심으로 돌아가는 세상과 무관한 대화를 나눌 수 있어요. 나는 애 이야기를 듣고 싶지 않은 게 아니라 애 이야기를 하느라 두 시간을 다 흘려보내고 싶지 않은 거예요."

그 대신 두 사람은 공통된 관심사 이야기를 나눈다.

로라는 말한다. "그 친구는 내 인생에 일어나는 일들에 여전히 관심이 많아요. 아기는 잠깐 미뤄둘 수 있는 친구고요. 세상에는 그럴 수 없는 사람들도 있잖아요. 내 생각에 그 친구는 아기와 관련된 대화는 다른 부모들과 나누고, 나와의 관계는 우정을 해치지 않는 방식으로 유지하자고 타협한 것 같아요. 그 친구는 아기가 태어나기 전부터 자신의 우정과 관련해 엄청나게 많이 생각한 게 분명해요."

로라는 아이 없는 친구를 한 명밖에 떠올리지 못한다. 30대 중반부터 50대 중반에 고루 퍼져 있는 다른 친구들은 모두 엄마다. 그중 두 명의 자녀들은 이미 다 자랐다. 로라는 애들이 어렸을 때 그 친구들을 거의 만나지 못했다.

"이제 그 애들은 관리 감독 역할이 별로 필요 없을 만큼 나이를 먹었어요. 내 친구들이 원래 자리로 돌아올 준비가 된 거죠. 지난 주말에도 친구 중 한 명을 밖에서 만나 함께 커피를 마셨는데 그 친구가 그러더군요. 이제는 딸한테 엄마가 별로 필요하지 않아서 자유 시간이 많아졌다고요. 우린 영화를 보러 갈 거예요. 그 친구가 함께 어울릴 누군가를 찾고 있거든요.

다른 친구의 경우 내 쪽에서 참을성을 좀 더 발휘해야 하겠지만, 결국은 그 친구한테도 자유 시간이 더 생길 거예요. 그럼 지금보다 더 자주 친구를 보러 갈 수 있겠죠. 난 그때를 기다리고 있어요."

———————

마흔여섯 살의 비벌리 윌리엄스는 작가이자 교사로서 뜨개질을 즐긴다. 비벌리는 코네티컷에서 다섯 자녀 중 막내로 태어나 자랐다. 맨 위에 오빠 두 명이 있고 밑으로 딸 셋이었다. 비벌리를 제외한 남매 모두는 자녀가 있다. 비벌리는 어렸을 때 엄마, 작가, 수녀가 되고 싶었다. 그 시절 그녀는 엄마와 수녀가 양립할 수 없다는 사실을 알지 못했다.

"요즘 난 후회와 안도 사이를 오락가락해요. '아이를 가질 수 있을 때 낳지 않는다니, 내가 무슨 짓을 저지른 거지?' 그런 생각과 '주님, 제게 아이를 안 주시다니 감사합니다.' 같은 생각 사이에서 말이에요. 대체로는 안도감을 주로 느끼지만요. 요즘은 사실 현재 남편과의 관계 때문에 후회를 느낄 때가 훨씬 더 많아요."

비벌리의 첫 결혼은 스물한 살 때로 상대는 고교 시절 남자친구였다. 두 사람은 14년 뒤 이혼했다. "우리는 서로를 키운 셈이에요. 그러다가 멀어진 거고요. 지나고 나서 생각해보니 아이를 낳으려고 시도하지 않은 것은 천만다행이에요. 친구들 부모님이 헤어질 때 보면 정말 진흙탕 이혼까지 가더라고요. 아이가 없을 경우에는 이혼이 그저 하나의 갈림길이고 그것으로 끝이지만 말이에요."

비벌리는 서른여덟 살에 재혼했다. "닐이랑 데이트를 할 때 난 이미 아이를 원하지 않는 사람이 되어 있었어요. 그 사람은 어느 쪽이든 별로 신경 쓰지 않았고요. 그런데 내 서른아홉 번째 생일날 그런 순간이 찾아왔어요. 우리 둘이 서로를 쳐다보면서 아기를 낳아야겠다고 말하는 순간이요."

그래서 비벌리는 주치의와 상의했다. 그녀에게 언젠가 심각하게 진행될 수도 있는 몇 가지 건강 문제가 있는 것으로 밝혀졌다. "난 겁에 질려서 닐에게 말했어요. '이게 암으로 변하면 어쩌지? 그럼 당신이랑 아기만 남게 될 텐데. 나랑 함께라면 당신도 기꺼이 부모 노릇을 하겠지만 당신 혼자 하기를 원하는 건 아니잖아?' 그렇게 아이를 포기했어요. 그런 상황에서 아기를 낳는 것이 굉장히 무책임하게 느껴졌으니까요. 내가 지금 느끼는 후회는 논리적으로 말해서 우리가 함께 부모가 되지 못했기 때문이지, 내가 현재 엄마가 아니라는 사실 때문이 아녜요. 우리 둘은 함께 부모 노릇을 제법 잘 해냈을 텐데 말예요."

비벌리는 친구 여러 명과 동네 스타벅스 한구석에 앉아 뜨개질을 하던 순간을 떠올린다. 그 무리에서 아이가 없는 사람은 비벌리 한 명뿐이다. 7~8년 전 어느 날 처음 보는 여자가 그들 모임으로 다가왔다.

"안녕하세요. 난 세라라고 해요. 나도 뜨개질을 하는데 이 모임에 참여할 수 있을까요?"

비벌리는 세라의 용기가 마음에 들었고 두 사람은 초고속으로 가까운 친구가 되었다. 세라의 아이들은 지금 아홉 살, 열한 살이다. 비벌리는 말한다. "세라는 흥미로운 사람이에요. 원래 직업은 상담사인데 간호사, 조산사가 되려고 다시 학교에 다니는 중이랍니다. 그 친구는 우정을 자기 치료로 봐요. 자신이 행복하면 모두가 행복해지리라 생각하죠. 그래서 자기 인생의 일부인 성인을 챙기는 거예요. 그 챙기는 행위에는 아이 없는 친구와 함께 하는 의미 있는 활동들도 포함되고요."

그 방정식의 다른 항에 서 있는 비벌리는 유연한 사람이라서 복잡한 상황에 아이들이 개입되면 마지막 순간 상황이 바뀔 수 있다는 사실을 이해한다. "아이가 아파서 누군가 약속을 깨면 난 정말로 목소리를 낮춰요. 난 그런 문제에 좌우되는 사람이 아니랍니다. 아이들이 우선이란 사실을 완벽하게 이해하거든요."

비벌리와 그녀의 남편은 세라의 가족과도 자주 어울린다. "우리는 우정을 어떻게 표현할 것인가를 고민하고 그에 따라 여러 준비를 한답니다. 두 남편과도 함께 하는 일이 있고, 세라의 두 아이와도 진짜 굉장히 즐겁게 지내요." 그것은 비벌리가 그 가족과 친해지려고 열심히 노력했기 때문이다. "세라의 딸은 뮤지컬을 보러 다니는 걸 즐길 만큼 컸어요. 외식이나 공연 관람에 초대를 받으면 다 큰 아가씨가 된 것처럼 느껴지나 봐요. 그래서 올봄에는 세라와 딸을 저녁 식사에 오라고 초대한 뒤 함께 공연을 보러 나갔어요. 우리 세 사람한테는 함께 외출한 일이 황홀한 일이었어요. 엘라는 성인들의 우정이 어떤 것인지 알게 되었고요. 세라의 아이들과 친해지고 그 애들과 즐겁게 어울리니까 우정을 쌓는 일이 매우 쉬워지는 거 있죠. 정말 너무나 만족스러워요."

아이들이 언제나 우정을 키워주기만 하는 것은 아니다. 때때로 아기들은 우정의 종말을 초래한다. 비벌리에게는 아기를 낳기 전부터 알고 지낸 또 다른 친구가 있었다. 지금 그 친구는 아이가 두 명이다. 비벌리는 말한다. "다시는 그 친구를 만나고 싶지 않아요. 그 친구는 자녀의 연령이 비슷한 친구만 원하거든요. 그래서 아이 없는 나와의 우정에는 관심이 전혀 없더라고요."

어느 날 저녁 비벌리는 직장 동료와 외식을 했다. 식사가 끝나갈 무렵 동료가 비벌리의 팔에 손을 얹고는 말했다. "자기한테 할 말이 있어." 비벌리는 처음에는 아는 사람 중에 누군가가 죽어가고 있는 줄 알았단다. 그러나 그녀가 알게 된 소식은 동료가 임신을 했다는 사실이었다.

비벌리는 회상한다. "너무 미안해하는 거예요. 우리는 함께 있으면 즐겁지만 사실 자매처럼 가까운 사이는 아닌데 말이에요. 나는 진심으로 축하해줬어요. 그게 그 친구가 원하는 거였으니까요. 하지만 난 애가 없다는 이유로 위로가 필요한 사람이 아녜요."

비벌리는 말을 잇는다. "내 우정은 친구들이 엄마가 된 뒤에 여러 번 변했어요. 부분적인 이유는 그 친구들이 아기를 돌보느라 바빠졌고 시간이 서로 맞지 않았기 때문이에요. 또 다른 이유는 '흠, 넌 애가 없잖아. 그러니까 그런 변화에 담긴 언어적, 비언어적 뜻을 이해하지 못해'라는 말을 내가 진심으로 너그럽게 들어 넘기지 못하기 때문이고요. 물론 나도 동의하는 부분이 있기는 해요. 애가 없다는 사실이요. 하지만 난 상상력이 뛰어난 사람이에요. 그리고 우정에 철저한 사람이기도 하고요."

비벌리는 자신의 삶이 엄마인 친구들의 삶과 어떻게 다른지 수도 없이 생각해보았다. "아이가 있는 여자들은 나이가 많든 적든 출산 경험이 정체성에서 중요한 일부를 차지해요. 우리한테는 그 출산 이야기에 상응하는, 털어놓을 만한 이야기가 없고요."

미셸 캘러핸Michelle Callahan 박사는 심리학자로 〈여성의 건강Women's Health〉이라는 잡지에 정기적으로 기고를 한다. 그녀는 2010년 CBS 〈아침방송Early Show〉에 출연해 공동 진행자 매기 로드리게스Maggie Rodriguez와 함께, 한 친구는 아이가 있고 다른 한 친구는 아이가 없는 경우에 여성의 우정이 인생을 어떤 식으로 바꿀 수 있는지에 관해 대화를 나누었다. "우리는 기본적으로 공통된 관심사나 상황에 따라 사람들에게 끌리는 경우가 많습니다. 그래서 삶이 변하면 우정은 무너질 수 있어요." 캘러핸은 이렇게 말했다.

그녀는 우정을 계속 유지하려면 서로 시간을 내는 것이 가장 중요하다고 말한다. 함께 있고 싶다는 흔한 바람을 말로만 할 것이 아니라 특별한 데이트를 저질러버리라는 이야기다. "페이스북은 친분을 유지할 수 있는 한 가지 방법이지만 그게 사람들과 연락하는 주요 수단이 될 수는 없습니다. 그건 부수적인 방법일 뿐이니까요." 캘러핸은 결과적으로 가장 중요한 것은 도움이 필요한 중요한 시기에 서로 시간을 내주는 것이라고 강조했다. "설사 늘 연락하고 지내온 사이가 아니더라도, 그게 무엇이든 친구에게 일생일대의 사건이 일어난다면 그 시기에는 꼭 연락을 해야 합니다."

오하이오 주 데이턴에서 혼자 살고 있는 우나 캐디건은 말한다. "독신인 경우 기본적인 자양분을 친구한테 의존하게 돼요.

기혼자 대부분은 친구를 후식이나 간식쯤으로 여기고요."

남동생이 두 명 있는 우나는 일찍이 아이 돌보는 법을 익혔다. 그녀는 막 엄마가 된 친구들을 도우면서 연마한 그 기술을 지금도 유지하고 있다. 특히 대학 시절 애들을 키우며 학교에 다니는 친구가 있었는데, 그녀는 친정어머니까지 세상을 떠난 터라 우나가 큰 도움을 주었다. "그 친구 남편이 밤에 일을 해서 내가 그 집에 가서 지내는 일이 많았어요. 우리는 저녁을 차려 애들을 먹이고 재운 다음 함께 텔레비전을 보고는 했어요. 애들이 어리던 그 몇 년 동안 애들 아빠보다도 내가 더 자주 애들을 침대에 눕혔을 거예요."

애들을 능숙하게 돌보는 능력이 우나에게는 큰 의미가 있다. "내가 애들을 돌볼 줄 안다는 사실을 다른 사람들이 아는 것이 나한테는 중요해요. 부모 노릇, 엄마 노릇을 할 줄 아는 내 능력은 내가 스스로 깨우친 거예요. 난 아기를 안아 재울 줄 알아요. 젖병을 물리지 않고서도 재울 수 있죠. 그리고 그게 정말로 소중한 삶의 기술이라고 생각해요. 물론 내가 모르는 일, 내가 영원히 알 수 없는 일도 많다는 사실 역시 인정해요. 하지만 아기의 삶 속으로 들어가는 법, 아기를 이해하는 법, 아기를 돌보는 법은 나도 잘 알아요."

우나가 가깝게 지내던 젊은 두 가족이 있었는데, 두 집 모두 아이들이 아직 초등학교에 다니고 있을 때 멀리 이사를 가버렸다. 우나는 회상한다. "난 외로웠어요. 그런데 새 직장도 버겁고 애들까지 건사하느라 너무 힘이 들었는지 그들이 그러더군요. '보세요. 이제는 연락 못 드릴 것 같아요. 그러니 이 상황에 적응하셔야 할 거예요.'"

그것은 우나에게 일어난 최고로 힘든 일 가운데 하나였다.

"그런데 이제는 졸업식과 결혼식에 초대를 받아요. 그럼 난 기쁜 마음으로 그곳에 가고요. 그 부모들은 내가 생각하는 것보다 우리 관계가 훨씬 더 돈독하다고 생각하는 것 같아요. 난 연락이 오래 끊겼다는 사실에서 몇 년째 벗어나지 못하고 있는데 말이죠. 혼자 사는 사람은 애들 일과 관련해 사람들을 기분 나쁘게 만들 것인가, 그러지 않을 것인가 선택할 일이 생겨요. 그 관계는 끝났다고 결론 내리고 다시는 그런 관계를 맺지 않을 수도 있고, 그냥 참을성을 발휘하면서 그들이 자기네가 할 수 있는 일을 하게끔 내버려둘 수도 있는 거죠."

우나는 요즘도 가끔 외로움을 느끼지만 그녀에게는 스스로 구축해놓은 풍성한 친구 관계망이 있다. 그 친구 중 일부는 아이가 있고 일부는 아이가 없다. "그 친구들이 내가 의지하는 사람들, 하루하루 내 삶을 지탱해주는 사람들이에요. 친구들은 내 말이 과장이라고 생각해요. 물론 신경 써야 하는 불균형도 있기는 해요. 관계란 삐거덕거릴 수도 있고, 그래서 우정에, 그리고 당사자들의 사적인 생각에 파괴적인 영향을 끼칠 수도 있으니까요.

사람들은 말하겠죠. '당신은 정말 친구가 많군요'라고요. 나는 인간관계에 힘을 쏟다 보면 이런 말을 하고 싶어져요. '글쎄요. 난 친구가 많아야 해요. 나한테 떨어지는 건 아주 적은 콩고물뿐이거든요. 친구가 몇 명 있다 쳐도 그 친구들 각자가 나를 볼 수 있는 건

1년에 겨우 몇 차례뿐이잖아요. 그 정도는 기본적인 수준의 인간 교류라기에 턱없이 부족할 수도 있어요."

우나는 자신의 인간관계들이 여러 의미에서 상호 평등하지 않다는 사실을 알고 있다. "친구들의 경우 내게 전화할 필요가 없는 문제 때문에 나는 친구들한테 전화를 걸어야 할 때가 있어요. 예컨대 일손이 두 명 이상 필요할 때가 그래요. 내가 엄청나게 많은 일을 혼자 할 수 있는 만큼 그런 일이 자주 일어나지는 않지만요." 몇 년 전 집 난방기의 점화장치가 꺼졌을 때 우나는 한 친구에게 전화를 걸었다. 그 친구는 아내와 딸을 데리고 함께 왔다. "점화장치를 고치는 동안 내가 이렇게 물어봤다니까요. '앞으로도 계속 온 가족을 데리고 다닐 거야?'" 두 사람이 점화장치 불붙이는 데 마침내 성공할 때까지 친구의 아내와 어린 딸은 지하실 계단에 앉아 그 모습을 지켜봤다.

우나의 목덜미 털을 곤두서게 만드는 몇 가지 태도들이 있다. 가령 그저 부모가 아니라는 이유로 그녀가 뭔가를 이해하지 못할 거라고 사람들이 말할 때가 그렇다. "그런 말을 들으면 정말로 화가 나요. 특히 부모인 사람들만 알 수 있는 특정 공감대를 이해하는 것과 무관한 문제일 때 그런 말을 들으면 더 화가 나고요. 그 사람들도 자녀가 없었다면 자신들이 어떤 사람이 되었을지 전혀 모르잖아요. 중요한 것은 어떻게 자기네 자식을 보호할 것인가라면서, 부모가 세상을 마음대로 좌우할 수 있다고 믿는 이기적인 사람들도 가끔 있어요. 가난한 어린이들이나 자기네가 모르는 어린이들을 그 보호 대상에 항상 끼워주는 것도 아니면서. 자녀가 있어야만 마음을 얻을 수 있다면, 그건 모든 사람한테 적용할 수 없다는 뜻이잖아요.

사람들이 우리한테 기대하는 것은 내 입장에서는 정말로 끝까지 지루하기 짝이 없는 무언가를 참을성을 무한히 발휘하며 들어주는 관객이 되는 거예요. 고통스러울 정도는 아니지만 특히 사람들이 애들 운동 이야기를 끝없이 늘어놓을 때면 난 이렇게 말해요. '저, 여기 와인 한 잔 더 주시겠어요?'"

아이가 없다는 사실은 친구들과 대화할 때 늘 나를 훌륭한 청자로 만든다. 친구들은 대부분 자녀와 손자가 있고 그들 이야기를 한다. 그것도 아주 많이. 가끔씩은 나도 그 친구들을 잘 모르고 그 친구들도 나를 잘 모른다는 생각이 든다. 내 경우는 어떻게 다른지 설명하려고 여러 번 시도해 보았지만, 대화가 진전된 적은 거의 없다.

우정이 다시 꽃핀 시기는 친구들의 자녀가 대학에 진학해 집을 떠난 뒤부터 손자들이 무대에 등장하기 전까지였다. 친구들 모임에서 나와 함께 어울리던 여자들은 모두 주말 요가 명상, 점심 약속, 낮 시간을 이용한 하이킹 등에 관심이 많았다. 모두 은퇴를 시작하는 나이라 시간이 점점 더 많아졌다. 바쁠 때보다 한가할 때가 훨씬 더 많을 정도로. 마침내 나도 친구들 모임의 완전한 구성원이 된 것처럼 느껴졌다.

그러다가 친한 친구한테 손자가 생기면서 기습을 당했다. 지금 생각해보면 내가 베이비 샤워의 일격에 비틀거리는 반응을 보였을지도 모르겠다. 마음에 든 적이 한 번도 없는 그 의식에 참여하면 이제 두 세대에 걸친 출산 이야기가 들려온다. 또 우주복이 굳이 유기농 면일 필요가 있느냐 없느냐를 놓고 계산대 앞에서 일생일대의 논쟁이 벌어진다. (나중에 들은 바로는 우주복은 꼭 유기농 면이어야 한단다) 나는 모임회관 뒷문을 언제든 박차고 나갈 채비가 되어 있다.

아기들이 떼로 등장한다. 그렇게 된 지 벌써 몇 년째다. 자녀가 지방에 사는 친구들은 손자들이 태어난 뒤 자기 자식들이 어렸을 때와 마찬가지로 시간이 없어지는 경우가 많다. 그들은 아기를 보고 심부름을 가고 아이들을 차에 태워 등하교시킨다. 우리 어머니가 노인 공동체에서 살고 있을 때, 나는 손자, 중손자, 그리고 그들의 사진에 몰두하며 대화를 나누고 있는 테이블이 너무나 많다는 사실에 깜짝 놀랐다. 그런 행동이 잘못이라는 말은 아니다. 그저 아이가 없는 우리는 가끔씩 주제를 바꾸고 싶을 때가 있다는 뜻이다.

———

나는 수전을 마중하러 공항에 간다. 수전은 니카라과에 살고 있는 딸네 집에 갔다가 한 달 만에 돌아오는 길이다. 수전은 좋은 친구다. 우리는 함께 음악을 연주하고, 심지어 일 년에 두 번 우쿨렐레 캠프에도 간다. 수다를 떨고 카약도 탄다.

비행기 착륙이 지연됐지만, 수전에게서는 활기, 이야기, 햇빛 속에서 시간을 보내다 온 사람다운 건강한 표정이 흘러넘친다. 우리는 솔기가 터질 듯한 수전의 배낭을 차 트렁크에 던져 넣는다. 트렁크 문을 쾅 닫자 열대 지방 특유의 곰팡내가 실린 습기가 혹 끼친다.

수전이 내게 말한다. "이번 여행은 딱 내가 원하던 대로였어. 한 달 내내 할머니 노릇을 했거든. 완벽한 여행이었어."

수전은 사려가 무척 깊은 친구다. 그녀는 한 손을 뻗어 내 팔 위에 얹는다. 나는 나쁜 소식이 뭘까 숨을 죽인다. 수전은 나쁜 소식 대신 이렇게 말한다. "할머니 노릇한 이야기해도 괜찮아? 비행기 탑승교를 내려오는데 그런 생각이 들더라고. '이제 곧 케이트를 만나겠네. 내가 할머니로 보낸 시간 이야기를 해도 될까? 그런 얘기가 케이트를 불편하게 만들지는 않을까?'"

나는 내 팔 위에 놓여 있는 진지한 손을 향해 고개를 돌린다. "할머니 노릇한 이야기하는 게 뭐 어때서. 당연히 괜찮지. 나는 니카라과 이야기는 물론 손자들 이야기도 모두 듣고 싶어."

"괜찮지 않아지면 언제든 말해줘. 그럼 다른 대화를 나누면 되니까."

"그럴게. 확인해줘서 고마워. 정말 잘했어." 나는 수전의 팔을 토닥인 뒤 운전대로 손을 옮긴다.

하지만 약간은 심사가 뒤틀린다. 나는 친구들이 할머니 노릇을 마음껏 즐기는 것이 좋다. 친구들이 내 기분을 배려해주는 것도 좋다. 하지만 팔을 토닥이는 행동 뒤에는 약간 삐딱한 감정이 따라온다. 이제 나는 위로가 필요 없다. 불임 치료의 고통 속에서 허우적대던 30대의 나라면 달랐겠지만 말이다. 지금의 나는 그렇지 않다. 그건 이미 오래전 이야기다. 지금 나에게 필요한 것은 동료의식, 상호 지지, 균형 잡힌 우정에 수반되는 애정이다. 수전과 어울릴 때 느끼는 것과 같은.

———————

오래전 수영장 옆에서 맺어진 우정이 꽤 오래 지속되었다는 말을 하고 싶다. 그 친구가 두 어린 아들을 키우는 동안 나는 계속 불임 치료를 받았다. 나는 자제력을 유지하고 싶어서 그녀와 거리를 두었고 그녀는 가족한테 온 정신이 팔려 있었다. 애들이 어렸을 때 그녀는 생일파티나 휴일에 우리를 초대했다. 우리가 시골로 이사한 뒤 그 가족이 우리 집에 한두 번 놀러 오기도 했다. 함께 로데오에 구경 가서 퍼지 사탕을 사 먹었던 일은 지금도 기억난다. 애들 아빠는 양 떼를 한곳에 몰아넣고 구충제를 먹이는 우리 집 연중행사를 돕기도 했다. 그는 턱 밑으로 땀방울을 뚝뚝 흘리며 이렇게 말했다. "이제부터는 불평하지 않고 쓰레기를 내다 버릴 거예요."

두 소년은 10대 시절 우리 농장에서 주말을 함께 보냈다. 두 엄더미를 옮기거나 축사 안에 쌓인 양 배설물을 치우고 새 짚단을 깔면서. 노동의 대가로 그들은 초록색 소형 트랙터를 몰고 온 땅을 누비며 잡초를 깎음으로써 신나게 우리의 작업량을 줄여주었다. 나는 사내 행세를 하는 소년들 특유의 어설픔도, 일과가 끝날 무렵 애들 주위에 가득하던 시큼한 땀 냄새도 좋았다. 그래서 기쁜 마음 으로 영양가 가득한 음식을 산더미만큼 차려내고는 했다.

세월이 흐름에 따라 우리의 우정은 희미해져 갔다. 우리 사이 에는 공통점이 거의 없었다. 그녀는 내게 계속 연락하며 지내려고 애썼지만, 그때는 균형 잡힌 상호 교류를 바탕으로 하는 우정을 원 하던 때라 나는 가족 중심인 그녀의 시스템 안에만 들어가면 부속 품이 된 것처럼 느껴졌다. 우리가 마지막으로 대화를 나눈 것이 벌 써 몇 년 전 일이다.

제5장

가족 문제

혼자 살다 보면 다른 방식으로 가족을 형성하는 법을 배우게 된다.

사람들이 묻는다. "대체 가정은 언제 꾸릴 거니?"

우리는 이미 가정을 꾸렸는데 말이다. 두 명으로 구성된 가정을.

휴일에 나는 집을 개방한다. 그래서 그 누구도 외롭지 않다.

이번 부활절에는 우리 집 식탁에서

서른네 명이 함께 저녁을 먹었다.

아이가 없는 경우 누구를 가족으로 볼 수 있을까? 그 대답은 모호할 수 있다. 우리가 위치한 가계도의 끝에서부터 부모와 형제자매까지를 가족으로 볼 수도 있다. 우리는 모두 원가족[15]에 속해 있으니까. 그러나 아이의 출생과 동시에 형제자매는 자신들만의 가지를 틔워 핵가족을 새로 형성하고 원가족의 역학구조도 변한다. 우리는 이모나 고모라는 새로운 역할을 맡거나 가계도의 2차 범주에 속하는 오촌, 혹은 육촌 자리를 맡기도 한다.

우리 차일드리스 여성의 일부는 독신이고, 일부는 배우자를

---

15 원가족(原家族, family of origin) : 사람은 살면서 두 번의 가족을 경험한다. 출생, 혹은 입양 후 속하게 되는 가족을 원가족, 근원가족, 방위가족이라고 하고, 성장 후 결혼으로 속하게 되는 가족을 생식가족, 형성가족이라고 한다. 원가족은 개인의 성격이나 대인관계 형성에 지대한 영향을 끼치기 때문에 심리학 치료에 많이 활용된다.

만나 2인 가족을 이룬 사람들이다. 배우자한테 이미 자녀가 있다면 스스로를 양어머니, 훗날에는 양할머니라고 부르면서 가족한테 애착심을 가지려고 애쓸 수도 있다.

가족 안에서 자신의 역할을 찾는 것, 부모와 형제자매와 배우자 틈에서 자신의 자리를 찾는 것은 섬세한 춤이다. 원가족 안에서든, 결혼이나 선택을 통해 형성된 가족 안에서든, 동성애 부부의 동거 가족 안에서든, 문제투성이 가정에서는 그 섬세한 춤이 복잡한 상황을 초래할 수 있다. 아이 없는 여성은 다음 세대를 안아 키우는 애정 가득한 이상적 성인 이미지에 녹아들지 못한다. 우리는 우리의 역할을 어떻게 채울 것인가를 스스로 선택할 수도 있고, 우리한테 다른 사람들이 기대하는 시선을 그대로 이행하려고 애쓸 수도 있다. 우리의 도전은 가족이라 불리는 젤리 같은 조직 안에서 어떤 사람이 될 것인가와 관련해 명확한 태도를 취하는 것이다.

———————

인디애나 대학교 사회학과 학과장 브라이언 파웰Brian Powell은 가족을 다룬 저서 『제외된 존재Counted Out』를 썼다. 그는 1,500명의 사람을 조사해, 무엇이 가족을 형성한다고 생각하는지 응답자들의 다양한 의견을 수집했다.

(표) 함께 사는 사람을 가족으로 생각하는 응답자 비율

가족구성원	
자녀가 있고 결혼한 이성 커플	100%
자녀가 있고 결혼하지 않은 이성 커플	83%
자녀가 있는 동성 커플	64%
자녀가 없고 결혼한 이성 커플	92%
자녀가 없고 결혼하지 않은 이성 커플	40%
자녀가 없는 동성 커플	33%

※ 파웰의 조사는 동성 간 결혼을 합법으로 인정한 2015년 6월 26일 미국 대법원 판결 이전에 실시되었다.

미국 통계국에 따르면 "2인 이상으로 구성된 (그리고 그중 한 명이 세대주인) 가족은 같은 주거 공간에 거주하는 출산, 결혼, 입양으로 맺어진 사람들을 말한다."

───────────

때때로 가족은 두 개의 원이 겹쳐져 교집합을 형성하되 두 원의 크기가 매우 다른, 한쪽으로 치우친 벤다이어그램처럼 보인다. 차일드리스 여성이 아이가 있는 배우자와 결혼하면, 아이가 있는 배우자 쪽 큰 원이 아이가 없는 여성 쪽 작은 원을 훨씬 더 작아 보이게 만든다. 상상해보건대 내 자녀가 없는 상태에서 양부모가 되는 일은 나를 제외한 모두가 몇 년 동안 서로 알고 지낸 학급에 들어간 전학생의 첫날처럼 느껴질 것 같다.

아지자 쿠닌(가명)은 예술가다. 그녀의 멀티미디어 작품들에 세간의 관심이 쏟아진다. 그녀의 작업실에는 오브제 트루베[16]가 든 통과 사람들이 그녀에게 끝없이 선물하는 물건들이 여기저기 놓여 있다. 무엇이 새로운 생각을 번뜩 떠올려줄지 알 수 없기 때문이다.

미국 중서부에서 성장하는 내내 그녀의 가정은 일하는 아버지, 전업주부인 어머니, 다섯 살 어린 남동생으로 구성되어 있었다. 어머니가 집안일을 하는 동안 아지자는 거의 매일 동네 아기들을 봐주며 돈을 벌었다. 그녀는 자신의 친구들이 도대체 어느 틈에 사랑을 속삭여 청년들을 자기 남자로 만드는지 알 수가 없었다. "기저귀 갈아야지, 그 기저귀 빨아야지, 그러고 나면 아기가 토를 한다니까. 우웩! 정말 싫어." 아지자가 친구들에게 말했다. 10대 시절 아지자의 마음은 이미 아이를 갖지 않겠다는 쪽으로 기울어져 있었다.

열여섯 살과 열일곱 살에 친구 두 명이 임신하는 것을 본 뒤 아지자는 아직 남자와 성관계를 가져본 적도 없으면서 피임을 시작했다. 피임약을 계속 복용했던 것이다. 그런데도 어쨌든 결국은 두 아이의 엄마가 되었지만.

어머니가 난소암으로 세상을 떠나자 아지자의 아버지는 그녀에게 집에서 지내면서 자신과 남동생을 내조하라고 강요했다. 아지자는 그 말에 따르는 대신 결혼을 했다. 그때가 스물한 살 때였다.

---

16   오브제 트루베(objet trouvé) : '발견된 오브제'라는 뜻의 불어로, 영어로는 'found object'라 한다. 공장에서 대량생산되는 일상적인 기성품 가운데 예술 작품 자체나 작품의 일부로 새로운 지위를 부여받은 오브제를 말한다. '발견된 오브제'란 개념을 최초로 창안한 예술가는 마르셀 뒤샹(Marcel Duchamp 1887-1968)이다.

새신랑은 그녀보다 다섯 살이 많았고, 그에게는 이미 각각 다섯 살, 일곱 살이 된 자식이 있었다. 아이들은 엄마랑 살면서 주말에만 신혼부부의 집에서 지냈다.

결혼한 지 6개월 정도가 지난 어느 평일 낮, 남편이 아이들을 데리고 집으로 왔다. 그녀는 그의 말을 지금도 기억한다. "엄마가 된 걸 축하해. 내가 임시 양육권을 따냈거든." 아지자는 말문이 막혔다. 그날이 그녀가 그 애들을 돌보는 책임을 떠맡게 된 날이다. 왠지 그래야 할 것 같았기 때문이다. 그녀 역시 임시일 것이라고 생각했다.

그녀의 남편이 영구 양육권을 얻어내려고 변호사와 오랫동안 상의해왔다는 사실이 밝혀졌다. 그것을 얻어낼 수 있는 유일한 방법은 그의 전처가 나락으로 떨어지는 것뿐이었는데, 그녀는 그렇게 됐다. 음주 운전으로 실형을 선고받은 것이다. 아지자의 남편과 변호사는 그 사실을 물고 늘어졌다. 아지자는 회상한다. "나한테는 의논조차 한 적 없어요. 애들이 처한 상황이 안쓰럽게 느껴졌어요. 그래서 마치 내가 친엄마라도 되는 것처럼 스스로 그 역할 안으로 걸어 들어갔어요. 책임을 떠맡는 사람이라는 정체성을 얻게 된 거죠."

아지자는 다니던 은행을 즉시 그만뒀다. 그럴 수밖에 없었다. 그 무렵 남편이 장거리 트럭 운전사로 일하고 있었기 때문이다. 나중에는 보험 영업을 하게 되었지만 말이다. 그녀는 전업주부, 분대장, 아이들을 학교며 활동 장소로 태워 나르는 운전기사가 되었다. 남편은 변덕스럽게 직장을 옮겨 다녔다. "그 사람은 자기가 트럭 운전 같은 일을 하고 싶은지, 아니면 양복에 넥타이를 매는 직장에 다니고 싶은지도 결론 내리지 못하는 사람이었어요."

보험 영업의 장점은 남편이 밤에 집에 온다는 점이었다. 아지자의 아버지가 작은 집이나마 마련하라며 돈을 빌려주었고 가족은 그래도 약간은 평범한 생활을 할 수 있게 되었다. "남편이 애들 일을 나누어 맡았어요. 가족이 되어 지내게 된 거죠. 결정적으로 아빠가 집에 있으니까 애들이 더 즐거워했고요. 이전보다는 정상에 더 가까워진 거예요. 그때가 가장 좋은 시기였어요.

애들이 날 어떻게 생각했는지는 모르겠네요. 내가 그 애들 엄마가 아니었다는 건 분명하지만요. 아직 너무 어려서 그랬는지 그전에는 훨씬 나쁜 환경에서 살았으면서도 엄마를 여전히 그리워하더라고요." 아이들 엄마는 출소한 뒤 애들 생일이면 전화를 걸어 곧 선물을 사 들고 찾아오겠노라고 말했다. 그러면 두 녀석은 현관에 앉아서 엄마를 기다렸다. "그 여자는 나타난 적이 한 번도 없어요. 언제나 애들을 실망시켰어요."

남편은 승진이 되어 단기간이지만 다시 거리 위로 나갔다. 이번에는 고용인 보험을 설계해 대기업 중역들에게 파는 일이었다. 남편과 직장 동료들은 프레젠테이션에 필요한 용기를 얻으려고 코카인을 흡입했다.

"얼마 동안은 그럭저럭 그 일을 해냈어요. 하지만 지금 돌이켜보면 그 사람 행동은 딱 중독자 같았어요. 콕 집어 말하자면 마약 중독자 말이에요. 변덕이 죽 끓듯 했거든요. 전에는 그 정도까지는 아니었는데. 난 어쩌면 좋을지 알 수가 없었어요. 그저 최선을 다할 뿐. 어떻게든 그냥 살아보려고 반년이나 애를 썼어요. 그 무렵 나는 내게 필요한 게 뭔지 스스로에게조차 정확히 표현할 줄 몰랐던 거예요." 그때 아지자는 스물여섯 살이었다.

어느 날 애들이 학교에 가 있는 동안 아지자는 쪽지를 남긴 뒤 짐을 싸서 친구 집으로 가버렸다. 그날 밤 현관문 두드리는 소리가 들렸다. 아지자가 나가 보았더니 아이들이 문밖에 서서 울고 있었다. "아빠가 우리를 쫓아냈어요. 자기는 자살할 거라면서." 아지자는 애들을 집 안으로 들였다. "친구가 애들을 텔레비전 앞에 앉히고 음식을 먹였어요. 그때 애들 나이가 열 살, 열세 살이었답니다.

잠시 뒤 남편이 그 집 문 앞에 나타났어요. 자살을 안 했더라고요. 그 사람이 원하는 건 내가 집으로 돌아가는 것뿐이었어요. 우리가 무슨 대화를 나누었는지는 기억나지 않지만, 어쨌든 난 돌아갔어요."

아이들은 진심으로 아지자와 친해지려고 한 적이 없고, 그건 아지자도 마찬가지였다. "난 애들이 안쓰러웠어요. 그 애들을 동정하긴 했지만, 글쎄요, 내가 그 애들을 사랑했을까요? 그건 다른 문제잖아요." 아지자는 잠시 멈추었다가 다시 말을 잇는다. "유대감이 없었어요. 돌봐주고 밥을 먹여주고 컵케이크를 만들어주는 여자라면 유대감이 조금은 생길 만도 하지 않느냐고 생각하겠지만, 유대감은 생기지 않았어요. 난 그냥 마지못해 그런 일들을 하고 있었고,

모두가 혼자였어요. 우리는 모두 자신이 할 수 있는 최선을 다하는, 상처받은 사람들이었을 뿐이랍니다."

아지자는 거기서 벗어날 계획을 세우며 2년을 더 보냈다. 직장에 다니며 차곡차곡 돈을 모아 자신의 명의로 차를 한 대 샀다. 학교 선생이 집으로 전화를 걸어 딸 사물함에서 마리화나가 발견됐다고 알려온 어느 날, 모든 사건이 한꺼번에 터졌다. 학교에서는 아지자와 남편 두 사람이 함께 학교에 와야 한다고 말했다. "남편은 버럭 화를 내면서 자신은 가지 않겠다고 말했어요. '애들은 당신 책임이잖아. 이런 일이 일어난 건 당신 잘못이야.' 그리고 그날 초저녁에는 두 아이 모두한테 이런 말을 들었어요. '댁이 무슨 상관이에요. 엄마도 아니면서.' 내가 그 자리를 탐낸다는 말이었을까요? 아무래도 괜찮았어요.

난 남편에게 말했어요. '애들 말이 맞아. 난 걔들 엄마가 아니야. 그러니 내 잘못이 아니지. 학교에 상담하러 안 가서 생기는 일은 당신이 처리해야 할 거야.' 이게 내가 떠나면서 남긴 말이에요."

그녀는 이혼 뒤 아이들을 딱 두 번 더 보았다.

"'그런 일이 일어나지 않았다면 좋았을 텐데'라는 말은 하지 않을래요. '나 자신이 불쌍하다'는 말도요. 난 내가 피해를 보았다고 생각하지 않아요. 내가 무엇을 원하고 무엇을 원하지 않는지 딱 부러지게 말할 수 있을 만큼 자기애나 선 긋는 능력이 없었기 때문에 그 관계에 엮인 거니까요. 그 일을 돌이켜보면 그 결혼 전체가 선굿는 능력을 키워준 기회였다는 생각이 들어요. 그 애들을 키우면서 그 능력을 점점 갖추게 되었거든요. 그때 그 모든 적대감, 그 애들과의 갈등을 겪지 않았다면, 내가 감히 상황에 맞서 더 이상은 그렇게 살지 않겠다고 말할 엄두를 낼 수 있었을까요? 잘 모르겠어요. 그랬으리라고 믿고 싶지만요. 아무튼 나는 내 인생의 그 시기가 현재의 나가 되기 위해 진정으로 필요한 시간이었다고 생각해요."

아지자는 페이스북에서 주기적으로 아이들 이름을 검색해보지만, 그 뒤로는 그들을 만난 적도, 소식을 들은 적도 없다.

———

아지자가 그 상황을 계속 견뎠더라도 아이들의 냉랭한 태도가 누그러졌을 가능성은 별로 없다. 버지니아 대학교 심리학과 명예교수 마비스 헤스링턴Mavis T. Hethrington은 양어머니 밑에서 자란 청년 가운데 양어머니에게 친밀감을 느끼는 사람은 20퍼센트 미만이라는 사실을 알아냈다. 헤스링턴 교수가 〈유에스에이 투데이USA Today〉 기자 카렌 피터슨Karen S. Peterson에게 말한 바에 따르면, "서로를 너무나 경멸하는 나머지 까놓고 말싸움조차 안 하는, 그러면서도 배우자의 자존감을 무너뜨리는 교묘한 무시와 비웃음을 일삼는 부모는 자녀에게 매우 나쁜 영향을 끼친다"고 한다.

입양가족 문제 전문 정신과 상담의 메리 켈리Mary T. Kelly는 〈허프포스트HuffPost〉 이혼 블로그를 통해 자녀 있는 배우자와 결혼한 아이 없는 여성들을 위한 여러 조언을 제공한다.

켈리는 이렇게 말한다. "당신은 외부인입니다. 그곳에는 이미 완성된 생물학적 시스템, 당신이 등장하기 몇 년 전에 형성된 시스템이 있어요. 양어머니를 생물학적 부모와 똑같이 느끼는 아이는 나도 지금껏 단 한 명밖에 못 봤답니다."

켈리는 다른 자녀가 이미 있는 가정과 결합하는 여성들에게 다음과 같이 제안한다.

1. 배우자가 자신의 자녀와 함께 있을 때 소외감이 느껴지는 것은 정상적이고 자연스러운 감정이니 그대로 인정할 것
2. 배우자로 하여금 당신의 감정을 분명히 이해하게 만들 것
3. 그 문제를 자신에게만 국한된 문제로 받아들이지 말 것
4. 자신의 내면과 연결된 상태를 유지할 것
5. 배우자와의 관계에 집중할 것

———————

오리건 주 맥민빌은 인구 3천 명의 시골 마을이다. 마흔다섯 살의 제니 버그는 그 마을의 공립 도서관 관장이다. 재주와 활기와 기백을 두루 갖춘 제니는 사서가 고리타분하다는 고정관념을 박살 내는 여성이다. 그녀는 2년 전 10대 딸 두 명을 키우고 있는 남자와 결혼했다. 제니에게는 초혼이다.

제니는 10대 시절 아이를 자신의 인생 계획에 넣지 말아야겠다고 생각했다. "나는 우리 엄마, 아빠의 역할 분담을 보면서 그 사이에 공정성이라고는 눈곱만큼도 없다고 생각했어요. 게다가 난 언제나 내가 흥미를 느끼는 일을 하는 데만 관심이 있었고, 이기적으로 행동하는 것을 당당하게 여겼어요."

제니는 아이를 갖지 않기로 결정했고, 그 결정 때문에 끝난 연애가 수두룩했다.

그러다가 존을 만났고 그가 아빠라는 사실을 곧 알게 되었다. "나의 첫 반응은 '아, 이건 신나는 일이 되겠는데'였어요. 애들 나이가 훨씬 더 어렸다면, 그 사실은 나를 향한 경고 깃발이 되었겠죠. 애들 나이가 비교적 많았기 때문에 말이 통하는 나이일 거라고 생각했어요. 짐작으로요. 존한테 난 엄마가 되고 싶지 않다고 말했던 일을 기억해요. 그 사람이 그러더군요. '괜찮아. 애들한테 엄마는 이미 있으니까.' 그 점이 아주 마음에 들었어요. 존과 애들 엄마는 정말 훌륭한 부모예요. 그 사실이 내가 내 역할을 받아들이는 데 도움이 됐어요."

제니는 자신의 역할이 무엇인지는 물론, 무엇이 아닌지도 명쾌하게 설명할 수 있다. "난 그게 뭐든 애들한테 마음에 없는 행동이나 시도는 하지 않아요. 난 친구가 아니에요. 허물없이 대하는 면도 있지만, 그런 면이 많지는 않죠. 난 애들 아빠만큼 집안일과 돈과 자동차를 책임지는데, 때로는 내가 더 많은 부분을 책임질 때도 있어요. 애들은 내 차를 쓰고 싶을 때만 빼고 보통은 아빠한테 먼저 가요. 아, 검사받을 일이 있거나 아빠가 집에 없을 때도 빼고요. 그게 결정적으로 엄마 역할과 다른 점이에요. 말하자면 나는 보호자 노릇을 할 수 있는, 한집에 사는 성인인 셈이에요."

딸들은 제니를 이름으로 부르고, 그녀를 양어머니라고 한다. 그러나 제니는 아직도 그 애들에게 어떤 가족 호칭을 붙여야 할지 확정하지 못했다. "최근에 만난 내 친구 한 명이 그 애들을 '보너스 딸들'이라고 칭하더군요. 난 '양녀'보다는 그 독특한 용어가 더 좋아요. 훨씬 즐겁고 재미있게 들리잖아요." 그녀의 두 눈이 장난기로 반짝인다. "'보너스'란 말은 샴푸를 사면 끼워주는 작은 린스 같은 뜻으로 쓰일 수도 있잖아요. 자그마한 사은품 말이에요. 그 딸들은 내가 사려던 중심 품목도 아니고 존을 남편으로 맞이하면서 받은 상도 아니에요. 그냥 보너스죠. 내 생각에는 애들을 완곡하게 지칭할 수 있는 호칭인 것 같았어요."

2년이 지났는데도 제니는 여전히 사람들이 아이가 있냐고 물으면 어떻게 대답해야 할지 판단이 서지 않는다. "본질적으로 내가 엄마냐 아니냐를 묻는 질문 같거든요. 만약 '네, 난 애가 둘 있어요'라고 대답하면 내 생각에 내게는 맞지 않는 그 엄마라는 틀에 사람들이 날 끼워 넣을 것만 같은 기분이 들어요. 그런 건 공정하지 않잖아요. 세상 엄마는 다 제각각이니까요. 난 그냥 애가 있다고 대답하기가 힘들어요."

가족으로 생활을 시작한 초기에 제니는 당연하다는 듯 양부모와 관련된 책을 도서관에서 산더미만큼 가져왔지만, 첫 책 첫 장을 넘겨보고는 모두 다시 반납했다. "제목이 『의붓가정이라는 괴물 Step Monster』인 책 한 권만 대출했어요. 곤경에 처한 양어머니를 위한 책이 분명했거든요. 아버지의 죄책감, 훈육의 부재, 과잉보호하는 생물학적 어머니 등 온갖 고난과 거기 대처하는 방법을 다루고 있더라고요."

그녀는 자신이 부정적 시각으로 그들의 가정생활을 바라보기 시작했다는 것을 깨달았고 어떻게 하면 자신의 새 역할을 효과적으로 해낼 수 있을까 고민했다. "그러다 보니 그들과의 관계에서 내가 어떤 존재가 되고 싶은지, 되고 싶지 않은지가 점점 더 불확실해졌어요. 그것은 내게도 스트레스였고 존에게도 스트레스였어요. 존의 도움으로 내가 깨달은 것은, 나는 그저 나 자신이어야 한다는 것, 내가 어떤 역할을 해야 한다든가, 어떤 점에 주의해야 한다든가 등 다른 사람의 충고 따위는 들을 필요가 없다는 것이었어요."

그 깨달음은 그녀의 가정생활에 작지만 강력한 변화를 일으켰다. 존이 고용한 시공업자가 그들이 결혼 직후 매입한 1860년대 주택을 완전히 개조했다. 제니는 부엌을 계속 깨끗하게 관리하고 싶었다.

"딸들로 하여금 부엌을 치우게 하고 싶었는데 존이 그 일에 아무 관여도 하지 않아서 난 종종 마음이 상했어요. 아마도 그런 문제는 신경 쓰고 싶지 않았겠죠. 그래도 난 그들에게 어떤 일을 하라고 지시하는 사람이 되지 않겠다는 태도를 계속 유지했어요. 그런데 존은 생각이 달랐어요. 나도 가족 구성원이라면서, 내게 문제가 있다면 어떤 조치를 해야 한다고 하더군요. 그래서 그때부터 애들에게 부엌을 치우라고 요구하기 시작했고, 애들은 내 말을 거의 따랐어요. 일이 쉬워진 거죠."

제니는 가족 구성원 모두가 이제는 서로를 솔직하게 대한다고 말한다. "무례하고 건방진 언행, 행복한 분위기, 짜증 나는 감정, 웃음 등 그게 뭐든 우리 집에는 억지로 꾸며낸 것이 없어요. 존은 애들이 우리에게서 좋은 관계를 형성하는 법을 배운다고 말하지만, 애들은 우리에게서 싸우는 법과 그 싸움을 끝내는 법 역시 배워요. 애들은 이제 나를 전문직 여성으로 보기 시작했는데, 그건 나를 가족 구성원으로 받아들였다는 뜻이기도 해요."

모든 유자녀 이혼 부부가 양육 일정을 세세하게 조정하며 세우는 '부모 계획'을 알려달라고 요구한 덕분에 제니는 독립기념일과 크리스마스이브는 물론 다른 주에도 아이들이 자신들과 함께 지낼지 어떨지 다 알 수 있게 되었다. "우리는 첫해에 크리스마스이브를 다 함께 보냈어요. 존과 나는 애들이랑 한자리에 앉아 말했어요. '이거 새로운데. 이걸 우리 가족의 전통으로 삼을 수 있겠어. 또 뭘 전통으로 삼고 싶니? 우린 원하는 건 뭐든 할 수 있단다.' 그건 한 가정이 되는 훌륭한 방법이었어요. 모두 의견을 냈고, 함께 지내는 크리스마스에 어떤 전통을 도입하길 바라는지 토론을 벌였답니다."

제니는 아이들 엄마와 가끔씩만 연락을 주고받는데, 그것도 대개는 아이들을 데려다주거나 데리러 가는 문제 때문이다. "우리는 아주 편하고 쉽게, 일상적으로 연락을 주고받아요. 아무 문제 없죠. 경쟁심이나 악의 같은 것도 전혀 없어요. 내가 어떤 식으로든 엄마의 입지를 위협하는 역할은 조금도 탐내지 않으니까요. 애들 엄마도 나를 존중하며 대해요. 가끔씩은 고마운 마음이 들 정도로요. 그녀는 대단한 일이 아닌 것처럼 행동하지만, 사실 그건 대단한 일이거든요."

가족이 다 함께 지내는 시간이 너무 많다 보니 제니도 이따금 힘들 때가 있다. "존이랑 나는 정말 눈코 뜰 새 없이 바쁘게 살아요. 저녁에는 각자 사람도 만나야 하고 듣고 싶은 강좌도 들어야 하는데, 게다가 여기저기 참석해야 하는 행사에 차 태워 모셔다드려야 하는 상전이 둘이나 있잖아요. 그렇게 살다 보면 나도 피곤할 때가 있고 존도 힘들어할 때가 있어요."

제니는 스스로를 돌볼 줄 안다. 그녀가 털어놓은 사례를 여기 공유한다. "오늘 밤 딸 하나가 육상 경기에 나가요. 난 '안 갈 거야'라고 말했어요. 극성 엄마가 될 필요는 없으니까요. 애들 경기를 지켜보느라 줄줄이 서 있는 부모 대열에 끼고 싶은 마음도 없고요. 그 사람 중 일부는 내가 무정하다고 생각할지 모르지만, 난 스스로에게, 그리고 내 감정에 솔직할 필요가 있어요."

그녀는 앞으로 10여 년 안에 손자가 태어날 거라는 생각을 가끔 한다. "난 아마 지금 하고 있는 것과 똑같은 방식으로 가정을 운영할 거예요. 그게 진짜 내 일은 아니잖아요. 여러 일 중 내가 진심으로 즐거움을 느끼는 일은 아빠 노릇을 하는 존을 지켜보는 거예요. 존은 훌륭한 아빠예요. 그 사람이 할아버지가 되면 어떤 상황이 펼쳐질지 눈에 선해요. 지금이랑 똑같이 손자들과 신나는 시간을 보내겠죠. 난 그 생각을 하는 게 정말 좋아요."

―――――――

아이가 거의 다 자라서 새엄마가 어떤 여자인지 어느 정도 이해하는 나이라면 엄마에 준하는 그 역할을 맡는 것이 힘이 조금은 덜 드는 것 같다. 몇 년 동안 스스로 방향성을 결정하며 살아온 사람에게는 선택지와 가능성이 풍부하다.

뎁 피셔는 마흔두 살에 첫 결혼생활을 끝냈는데, 그 부분적인 이유는 그녀가 전통적인 아내와 엄마가 되기를 거부했기 때문이다. 그녀는 이혼한 뒤 한동안 여러 남자와 데이트를 했고 그러다가 폴을 만나서 지금까지 14년째 함께 살고 있다.

"내가 누군가와 함께 살게 되었을 때 그 사람한테 자녀가 있을 가능성을 생각해봤어요. 기운 넘치는 애들이랑 한집에서 사는 새엄마가 되고 싶지 않았거든요. 나이를 먹을 만큼 먹었으니 그럴 가능성은 없을 것 같았죠." 폴에게는 장성한 세 자녀가 있었는데, 한 명은 애틀랜타에, 한 명은 시카고에, 또 한 명은 시애틀에 살고 있다. 뎁과 폴이 처음 만났을 때 세 자녀는 모두 대학에 재학 중이었다.

두 사람이 만났을 때 뎁은 마흔아홉 살, 폴은 쉰네 살이었다. 폴은 시카고에서 살고 있었고, 뎁은 밴쿠버와 워싱턴 주에서 살았다.

2년 동안 장거리 연애를 하다가 폴이 서쪽으로 옮겨와 뎁과 살림을 합쳤다.

"연애 초기에 둘이서 기차역에 폴의 막내딸을 데리러 간 적이 있어요. 폴도 집을 떠나 딸을 만나러 간 거였고 딸도 일부러 우리를 만나러 온 거였어요. 서로를 알아보자마자 딸은 아버지의 품으로 뛰어들었고 두 다리로 아버지의 허리를 감았어요. 그렇게 열렬한 포옹이 얼마나 오랫동안 지속됐는지 믿기 힘들 정도였답니다. 그 모습에 감동받은 나는 이렇게 혼잣말을 했어요. '와, 이 남자한테는 뭔가 특별한 점이 있나 보다. 나는 우리 아버지랑 저런 포옹을 한 적이 한 번도 없는데.' 그 일이 남편 자녀들과의 모든 만남을 통틀어 첫 번째 기억이에요."

그녀는 그들의 삶 속에서 자신이 어떤 역할을 맡을지 차분하게 접근했다. 관계가 깊어지면서 두 사람이 함께 논의하기도 했다. 뎁은 엄마 자리를 꿰차야겠다는 생각은 아예 하지 않았다. 오히려 친구가 되고 싶었다.

"나는 그 애들 삶 속에 통합되고 싶었어요. 그럴 수 있다면 정말 멋진 경험이 될 거 같았거든요. 난 인생 선배 노릇을 하고 있다고 느낀 적이 없어요. 부모 노릇을 하고 있다고 느낀 적도 없고요. 내가 그 애들 나이였을 때 독립심이 굉장히 강했었기 때문인지, 그 애들도 독립심이 강할 거라고 생각한 거예요. 그 젊은이들은 차츰 내 삶의 일부가 됐어요. 어떻게 그런 일이 일어났을까요? 애들이 나를 좋아하게 돼서?

난 아빠가 행복하면 아빠와 자녀의 관계도 좋아진다는 사실을 알고 있었어요. 그래서 아버지와 자녀의 관계가 건강해지도록 격려하는 일을 내 역할로 설정했어요. 어떻게 하면 그 관계를 더 좋게 만들 수 있을까? 조력자로서의 내 역할을 어떻게 수행할 수 있을까? 난 아버지와 자녀의 관계가, 죽는 순간까지 계속될 만큼 자녀의 삶에 지대한 영향을 끼친다는 사실을 알았던 거예요."

아이들은 그녀를 뎁, 또는 데비라고 부른다. 뎁은 그들을 지칭할 때 대개 '폴의 아이들'이라는 표현을 쓴다.

"난 애들 엄마한테 굉장히 예민해요. 사실 왕래도 거의 없고, 고작해야 결혼식, 생일, 방문할 일이 있을 때만 연락을 주고받는데도요, 그래도 엄마가 되는 데 들어간 그 여자의 노력, 애들이 자라는 동안 그 애들 엄마는 내가 아니었다는 사실을 존중해요. 나한테는 다름을 인식하는 뛰어난, 아마도 매우 강력한 감각이 있는 것 같아요.

그 애들과 한집에 살면서 부모 노릇을 한 적이 없어서 훨씬 더 쉬웠어요. 그랬다면 상황은 완전히 달랐을 거예요. 정말로 어색하고 괴상한 상황이 펼쳐졌을 수도 있어요. '엄마' 비슷한 호칭으로 불리는 일이 내게는 상상조차 안 되는 일이니까요."

몇 년 뒤 큰딸이 결혼해 아들을 낳았고, 다음에는 작은딸이, 그다음에는 또 아들이 그 뒤를 이었다. 이제 부모가 된 폴의 자녀들은 자신의 아이들에게 뎁을 어떻게 부르라고 해야 할지 물었다.

"내가 할머니, 할미, 할매 등 전형적인 할머니 호칭으로 불리면 뭔가 진실이 아닌 것 속에서 사는 듯한 느낌이 들 것 같았어요. 그런데 폴의 자녀들은 자신의 애들 모두가 똑같은 호칭으로 나를 부를 수 있기를 진심으로 원했고요. 난 '뎁마Debma'를 골랐답니다. 완벽했어요. 난 뎁이고 뎁 외에 다른 건 되지 않을 생각이었으니 찰떡인 호칭이었죠. '마ma'라는 말은 손자들과의 관계를 나타내요. 폴의 자녀들은 내가 자신의 아이들과 관계를 맺길 바라거든요."

폴의 막내딸 부부에게는 이제 어린 아들과 젖먹이 딸이 있다. 그들 역시 그녀를 '뎁마'라고 부른다.

"그런 호칭을 정한 건 어느 정도 손자들 때문이에요. 그런데 갓난아기를 미치도록 좋아하는 사람이 아니라서 그런지, 난 아기들 자체보다는 오히려 부모가 된 애들의 모습을 지켜보는 것, 감탄하는 내 반응을 알아채는 것에서 진짜 즐거움을 느껴요. 젖먹이, 한 살배기, 두 살배기랑 관계를 맺는 것 역시 비슷하고요. 손자들은 모두의 생활 속 모든 것을 변화시킨답니다."

뎁과 폴이 은퇴 후 이사 가서 여생을 살게 될지도 모른다는 사실 역시 마찬가지다. 말 몇 마디만 했는데도 그럴 조짐이 역력했다.

"난 이렇게 말했어요. '좋아, 엘리자베스. 그 이야기를 좀 더 깊이 해보자꾸나. 네 생각을 좀 더 말해보렴.' 손녀인 엘리자베스는 할머니, 할아버지가 자기랑 한동네에 살았으면 좋겠다고 하더군요. 예상하지 못한 일이었어요. 게다가 '그럼 멋질 것 같지 않아요?'라뇨.

난 마음의 여유를 갖고 그 제안을 곰곰이 생각해봤어요. 애 보는 사람이 되고 싶지 않은 것은 분명했어요. 한 주에 한 번이든 세 번이든 애들을 태우러 가는 약속을 잡고 싶은 마음 역시 전혀 없었고요.

그렇게 살기를 원하지 않는다는 이유로 스스로 나쁜 뎁마인 것처럼 느껴질 때가 가끔 있어요. 폴은 아무렇지도 않아 보이는데 말이죠. 그래도 우리는 애들을 도와주려고 일부러 시간을 내서 찾아가요. 우리가 할 수 있는 일이 뭐든 애들은 우리를 반겨주고요. 아기를 돌보는 것이 전적으로 자신들 책임이라는 건 애들도 알아요. 아기를 보는 건 힘든 일이고 갈수록 점점 더 힘들어지잖아요."

뎁과 폴은 어떤 일이 일어나든 순순히 받아들이는 편이지만, 엘리자베스네 가족의 동네로 이사 가는 일은 하지 않기로 확실히 결정했다. 현재로서는 그렇다는 이야기다.

나는 뎁에게 자신이 할머니 역할을 잘 해내고 있다고 생각하느냐고 물었다.

"외면적인 말로 대답하자면 난 믿기 힘들 만큼 잘 해내고 있어요. 내면적인 말로 대답하자면 이런 말이 나오겠지만요. '아, 세상에, 내가 모르는 일이 이렇게나 많다니.' 난 오 남매 중 막내로 자랐거든요. 게다가 애들은 어떤 일의 순서, 물건을 놓는 정해진 장소 같은 것들을 지키며 키워야 하고요. 내게는 매 순간이 발견의 시간이랍니다. 애들 습관, 일 처리 방식, 그 자그마한 울음소리나 흐느낌 소리의 뜻, 위험한 것, 위험하지 않은 것 등등.

시간이 흐르면 나아지겠지만 그 일에 시간을 많이 할애하지 않는 만큼 나한테는 쉬운 일이 아니에요. 난 애들의 안전이 걱정돼요. 애들이 지루해할까 봐 걱정돼요. 애들이 날 안 좋아할까 봐 걱정돼요. 자신감 없이 그 일에 다가서지만 그래도 아직은 유쾌하답니다. 아마도 난 내가 생각하는 것보다 일을 훨씬 더 잘하는 사람인가 봐요.

난 요즘 생각조차 해본 적 없는 경험을 하고 있어요. 운이 좋은 사람이죠. 그래도 이런 말은 하지 않을래요. '아, 여보, 애들이 보고 싶어 견딜 수가 없어.' 끔찍하잖아요? 물론 애들을 피하지도 않지만요.

반대로 애들이 커가면서 '아, 주말에 뎁마랑 할아버지네 집에 가서 함께 지낼 일이 기다려져서 견딜 수가 없어요.' 이렇게 생각해준다면 행복하겠죠."

———————

이미 형성되어 있는 집단에 누군가가 섞이면 아이들의 존재를 두드러지게 만드는 여러 모호한 역할과 시련이 발생한다. 그렇다면 한 가족을 진정으로 형성하는 것은 무엇일까?

에이미 블랙스톤 박사는 가족의 변화된 정의와 관련된 한두 가지 사실을 알아냈다. 박사는 메인 대학교 사회학과 학과장이자 차일드리스와 차일드프리 선택을 전문적으로 연구하는 학자다. 2013년 4월 1일 에이미와 남편 랜스는 '비출산non-birth' 선언을 발송함으로써 자신들의 웹사이트 〈우리는 아이를 낳(지 않)아요We're [Not] Having a Baby〉의 운영을 시작했다. 블랙스톤 박사는 2015년 클리블랜드에서 열린 '낮맘 회의'의 개회 연사요, 이틀 동안 계속된 회의의 참여자였다.

단상에 오른 블랙스톤 박사는 "가족학 학자들은 가족이 우리 사회에서 수행하는 주요 기능을 다음과 같이 네 가지로 정리합니다"라고 말했다.

- 성적, 감정적으로 짝을 만나고 싶어 하는 구성원의 욕구를 충족시킨다.
- 구성원을 경제적으로 부양한다.
- 구성원에게 보금자리를 제공한다.
- 생물학적, (그리고/혹은) 사회적 번식을 담당한다.

박사는 아이 없는 우리도 누군가와 지속적인 관계를 맺고 자신, 배우자, 부모, 애완동물을 돌본다고 설명한 뒤, 연구 결과를 보면 부모 아닌 사람들의 물질적 만족도와 감정적 행복지수가 부모인 사람들의 그것과 비슷하거나 더 높다는 사실을 알 수 있다고 덧붙였다.

어린이들을 경제적으로 부양하는 전형적 임무를 담당하지는 않지만, 우리, 아이 없는 여성들은 종종 부모를 부양하고 때로는 다른 가족 구성원을 부양하기도 한다. 또 우리는 친구, 다른 사람의 자녀, 마음속 가족과 우리의 보금자리를 공유할 수도 있다.

블랙스톤 박사는 이렇게 말한다. 생물학적 번식 기능은 아이를 출산하는 부모들에 의해 완수되는 반면, 사회적 번식 기능, 즉 아이들이 사회에 기여하는 구성원으로 성장하는 일은 대개 핵가족 외부, 그러니까 학교, 교회를 비롯해 더 규모가 큰 공동체의 활동으로 완수된다고. 그리고 그런 활동들이 가르치는 것은 스스로 부모가 되는 법이 아니라 더 중요한 역할을 수행하는 법, 즉 건강한 사회의 발전을 돕는 법이라고. "엄밀하게 말해서 그런 능력을 키우는 일에 헌신하는 사람 중 상당수는 차일드프리랍니다. 그런데도 가족을 논할 때, 정치 속 가족, 직장 내 가족, 대중문화 속 가족은 이야기하면서 차일드프리는 논외로 방치하는 경우가 많아요.

하지만 자녀가 있는 사람들과 똑같이 차일드프리들도 가족을 형성하는 것이 현실이죠. 그러므로 차일드프리가 형성하는 가족, 그리고 그들이 가족을 형성하는 방법을 인정하는 것이야말로 아이를 낳지 않기로 한 선택에 씌워진 오명을 벗겨내는 중요한 진전입니다."

———————

혈연으로 맺어진 가족과 선택으로 맺어진 가족. 이것이 마흔다섯 살 엘사 스타브니가 가족을 구분하는 방법이다. 부모님, 남동생, 올케와 조카들, 이모들, 삼촌들, 사촌들 등 혈연으로 맺어진 친척은 그녀에게 매우 중요한 사람들이고 그녀는 그들을 사랑한다. 선택으로 맺어진 가족에는 그녀의 남편, 어린 자녀 두 명을 키우는 지인 부부, 독신인 여자 친구 한 명, 아이가 없는 또 다른 부부가 포함된다. 이 선택적 가족 구성원 중 일부는 수십 년 전부터 서로 알고 지낸 사이이고, 일부는 살아오면서 합류한 사람들이다. 그녀가 의지하는 사람들이 바로 그들이다.

그들 아홉 명은 종종 휴일을 함께 보내는데, 그 휴일에는 심지어 추수감사절이나 성탄절 같은 큰 명절도 포함된다. 엘사는 말한다. "우리는 농담 식으로 휴일에 그렇게 우리끼리 모여 지내는 것이 혈연 가족과 함께 있는 것보다 훨씬 더 편하고 여유롭고 즐겁다고 말해요. 애 두 명이랑 어린이 놀이도 하는데 얼마나 즐거운지 몰라요. 모두 성탄절을 손꼽아 기다리는 사람들이라 추수감사절을 함께 지내려고 모이면 그때 벌써 함께 트리를 장식한답니다. 세월이 만들어준 가족인 셈이죠."

엘사는 마흔 살에 경영학 석사학위를 따려고 학교로 돌아가기 전까지 오랜 세월 특수학교 교사로 일했다. 틈만 나면 아수라장으로 변해버리는 교실을 오케스트라를 이끄는 지휘자처럼 관리했던 것이다. 자원봉사로 학교 일을 도운 적이 있어서 그게 어떤 건지 나도 잘 안다.

스포캔에서 대학에 다니는 동안 그녀는 돌봄 센터Kindercare와 YMCA에서 일했는데 아기들이 가득한 그곳을 "기는 아기 세상"이라고 불렀다. "난 기저귀 가는 게 좋았어요. 진심이에요. 마치 마법 같은 순간이더군요. 아기가 오로지 나만 바라보니까요. 난 그 아기들과 사랑에 빠졌지만 '나도 하나 낳고 싶다는 생각'은 해본 적이 없어요."

그녀는 자신이 결혼하게 되리라는 생각 역시 해본 적이 없었다. "에릭과 나는 연애할 때부터 동반자 의식이 강했어요. 그 사람도 아이는 원하지 않았고요. 그래서 합의가 쉽게 이루어졌죠. 그 사람은 침 흘리고 떼쓰는 아기를 보면 넋이 나가요. 그와 달리 난 떼쓰는 아기를 보면 이렇게 생각하고요. '우리 어른도 모두 저러고 싶을 때가 있잖아. 그냥 내버려 두자. 마음껏 분출하게. 우린 떼쓸 수 있는 네가 살짝 부럽단다.' 내가 그런 상황을 어른 관점으로만 바라보는 사람이라면, 애한테 약을 먹이든지 애를 집 안에만 가두든지 해야 한다고 생각하겠지만요." 엘사와 에릭은 2003년부터 행복한 결혼 생활을 하고 있다.

선택적 가족과 휴일을 함께 보내는 그 부부의 전통이 모든 사람에게 만족스러운 것은 아니다. "우리 부모님은 힘들어하세요. 특히 엄마가요. 내가 엄마를 피한다고 느끼시나 봐요. 난 그냥 내버려 둬요. 엄마의 감정 상태를 돌보는 것은 내 일이 아니니까요."

그런 일을 하는 대신, 그녀는 자신을 행복하게 해주고, 자신에게 영감을 불어넣어 주고 도전정신을 북돋워 주는 사람들에게 집중한다. "혈관 속에 같은 피가 흐르는 사람들이 항상 그런 일을 해주는 것은 아니잖아요. 가령 나한테 어떤 엄청난 일이 일어났다고 해볼까요. 에릭이 죽었다고 쳐보죠. 그럴 때 내가 즉시 전화해 당장 좀 와달라고 말할 사람이 내 혈연 가족 중에는 한 명도 없어요. 내 말에 귀 기울여주고 내게 필요한 게 뭔지 알아주는 사람들은 따로 있답니다."

———————

때때로 여성한테 아이가 없다는 것은 그녀가 원가족에 묶인 채 평생을 보낼 수도 있다는 사실을 뜻한다.

　태어난 뒤로 지금껏 계속 원가족 안에서 살아온 제인 던우디는 말한다. "오래 살다 보면 엄마의 엄마 노릇을 하게 돼요. 어린 시절 유일하게 할 줄 아는 카드게임이 '노처녀Old Maid' 게임이었는데 내가 그렇게 됐네요." 그녀가 쿡쿡 웃는다. 제인은 예순네 살의 유쾌한 금발머리 여인으로 내가 만나본 사람 중 가장 활기 넘치는 사람이다.

　제인은 엄마의 엄마 노릇을 하기 전 먼저 오빠의 엄마 노릇을 하면서 살았다. 제인의 일곱 번째 생일 이틀 뒤 한 살 많은 여덟 살배기 오빠 데이브는 차 사고를 당했고 그때 뇌가 심하게 손상되는 바람에 평생 장애를 안고 살아야 했다. 제인은 회상한다. "오빠는 머리가 영리하고 유머 감각이 아주 뛰어났었는데, 신체적으로 한계를 안게 된 거죠. 운동을 관장하는 뇌 부분이 심각하게 손상돼서 몸을 계속 떨었어요. 그 시절에는 그걸 뇌성마비라고 불렀답니다."

　제인의 어머니는 데이브를 돌보는 일에 제인을 참여시켰다. 딸의 감정적 생존이 중요하다고 느꼈기 때문이다. 제인이 처음으로 맡은 임무는 오빠의 소변 통을 비우는 것이었다. "소변을 쏟아버리고 통을 씻어내는 일이었어요. 유년기부터 계속된 그런 종류의 엄마 노릇이 내 일부를 형성하게 되었답니다. 애가 없어도 엄마 노릇은 할 수 있는 거예요."

　자라면서 제인은 자신이 평생 오빠를 책임져야 한다는 사실을,

부모님이 세상을 떠난 뒤로는 더더욱 그러리라는 사실을 깨달았다. "난 철저하게 그 일을 준비했어요. 설사 그 일에 적응하지 못하는 남편, 혹은 오빠를 인정하지 않는 남자친구가 생겼더라도 아무 문제 없었을 거예요. 재각 헤어졌을 테니까요. 난 결혼하지 않기로 했고 그러자 굉장한 해방감이 느껴졌어요. 마침내 혼자 사는 것도 괜찮다는 결론을 내린 뒤 수도꼭지를 갈고 집 안의 물건들을 고치는 법을 배우기 시작했어요. 평소 내가 스스로 할 수 있으리라 생각해본 적 없는 일들이었는데 말이죠. 기분이 좋더군요. 처음 배관을 수리했을 때는 대형 철물점에서 친한 남자친구를 만났어요. 그 친구가 철물점을 이리저리 돌아다니면서 고치는 법을 보여줬고요. 그것도 내게는 일종의 해방이었답니다."

아이를 낳지 않기로 결정하기 전 제인은 모든 친척한테 의견을 물은 적이 있다. 자신의 가계도가 자신에게서 끝나리라는 것을 알고 있었기 때문이다. "그때 난 고등학생이었는데 친척 한 명 한 명한테 차례로 물어봤어요. 내가 아이를 안 낳는 것을 어떻게 생각하는지."

제인의 아버지와 할아버지는 찬성 쪽이었다. 할머니는 이해하지 못했다. 어머니는 스스럼없이 자신의 생각을 털어놓았다. 제인은 어머니의 말을 지금도 기억한다. "지금 네게 있는 기회들이 나한테 있었다면 난 애를 안 낳는 것은 말할 것도 없고 결혼조차 안 했을지 모른다." 그랬다면 지금 난 어디에 있었겠느냐고 제인이 묻자 어머니는 이렇게 말했다. "그랬다면 너의 자그마한 영혼은 다른 엄마를 찾아 깃들었겠지." 제인은 어머니의 대답에 수긍했다.

제인의 오빠는 22년 전 아버지와 낚시 갈 준비를 하다가 갑자기 심장마비를 일으켜 세상을 떠났다. 데이브의 나이 마흔네 살, 제인의 나이 마흔세 살 때였다. 이듬해 아버지가 암 진단을 받고 세상을 떠난 뒤 세상에는 제인과 엄마만 남겨졌다. 두 사람은 함께 할머니를 모시고 살았고, 할머니가 치매에 걸린 뒤로는 할머니의 돈과 개인 보험을 관리했다.

할머니가 세상을 떠난 뒤 제인의 어머니에게도 치매 증상이 나타나기 시작했다. 그래서 어머니의 재정과 개인 보험 관리를 제인이 떠맡았다. 그러면서도 지역 대학교 도서관 관장의 업무를 돕는 종일 직장에도 계속 다녔다.

현재 101세인 어머니는 거의 5년째 기억력 관리 센터에서 살고 있다. 어머니의 치매는 심방세동과 탈수 증상으로 입원한 아흔여섯 살에 급격하게 악화되었다. 제인은 어머니가 며칠 동안 물과 음식을 전혀 먹지 않았다는 사실을 알게 되었다. 어머니는 병원에 1주 이상 입원해 있었고 퇴원한 뒤 중독자 생활 시설에 들어갈 수밖에 없었다. 제인은 어머니가 집으로 돌아갈 수 있기를 바랐지만 5년이 지난 지금까지도 어머니는 여전히 기억력 관리 센터에 갇혀 있다.

제인은 걱정한다. "무서운 일이에요. 안 그래요? 자식이 없으면 누가 내 의료 대리인이 되겠어요?" 제인은 어머니가 있는 센터 시설을 긍정적인 동시에 부정적인 시선으로 바라본다. "거기 매일 가서 보면 일거리가 수두룩해요. 감독이며 새로운 시도며 의료 행위의 대리 결정이며. 거기 안 가면, 그 사람 중 한 명이라도 제대로 일하는 사람이 있나 그런 생각이 들고요. 부모를 거기다 그냥 부려놓고 가 버린 사람들이야 그곳 이야기를 듣고 싶은 마음조차 없겠지만요."

제인은 어머니와 명절을 함께 보내지만 두 명으로 구성된 독특한 가족이 된 뒤로 전통을 조금 변화시켰다. "우리는 자녀가 없는 독신 친구를 찾아내 그 사람들을 불러요. 언제나 우리 모녀 말고 한 명씩은 더 있고요. 지금 생각으로는 엄마가 돌아가셔도 계속 그렇게 할 것 같아요. 우린 함께 명절을 지내는 방식을 찾아 나갈 거예요. 그 사람들은 이미 선택으로 맺어진 내 가족이니까요. 가끔은 우리가 더 낫다는 생각이 들어요. 일부 가족들은 모두 한곳으로 끌려가 지내다가 싸우는 것으로 명절을 끝내잖아요. 늘 술을 계속 마실 이유가 생기고, 그다음에는 폭력을 휘두를 이유가 생기고. 그런 점에서 보면 우리가 낫죠."

제인은 매일 최소 두 시간은 엄마와 함께 지낸다. 가끔 제인에게 그 이유를 묻는 사람이 있다. 그럼 제인은 이렇게 대답한다. "가족이라고는 우리 둘밖에 안 남았거든요. 내가 여기 안 오면 그날은 우리 둘 모두에게 가족 없는 날이 되는 거예요. 그게 별로 좋게 느껴지지 않아서 그래요."

엄마가 세상을 떠나면 자신의 삶에 엄청난 변화가 일어나리라는 건 제인도 알고 있다. "난 친구들한테 이렇게 말해요. '난 누군가를 돌보는 일에 너무 익숙해. 평생을 그렇게 살았잖아. 언젠가 내가 결국 엄마를 잃고 난 뒤 손길이 정말로 필요한 어떤 남자랑 데이트하는 걸 보면 제발 나 좀 말려줘. 그 남자한테서 달아나 스스로를 돌보는 법 좀 배우라고.'" 제인은 웃음을 터뜨린다. "철저하게 혼자가 될 그 일이 일어나지 않길 바라지만, 어떤 면에서는 약간 설레기도 해요. 누군가 친구를 우리 집으로 이사 오게 해서 함께 도란도란 지낼 상상을 하면요."

———————

누군가가 제인에게 개나 고양이를 키우라고 부추기는 모습이 그려진다. 우리한테는 애완동물이 자녀라고 어떤 이들은 말한다. 때로는 우리 논맘들이 애완동물에게 그런 꼬리표를 붙이기도 한다. 때로는 알고 지내는 부모인 사람들이 "그래도 너한테는 애완동물이 있잖아!"라는 뜻의 위로 아이템으로 애완동물을 선물하기도 한다. 단언컨대 우리는 각각의 동물이 어떻게 다른지 잘 아는 박사들이다. 그리고 다양한 네발 동물을 키우는 데 귀재들이다.

셸리 볼시는 스스로를 '차일드프리 맘'이라고 부른다. 짐작하는 대로 그녀의 자식은 개들이다. 두 마리 개 모두 커다란 갈색 눈을 갖고 있다. 그중 한 마리는 털이 담황색이고 다른 한 마리는 흑갈색이다. 라스베이거스 네바다 대학교에서 인류학 박사 과정을 밟고 있는 셸리는 개 행동 교정 상담사로 일한 전문적인 경험이 있다.

셸리는 사람들이 동물을 키우는 법을 공부했는데, 자신의 관심을 끄는 연구, 즉 아이 없는 여성에 관한 연구에서 한 가지 인구학적 통계를 발견했다. "사회화가 잘 된 얌전한 동물로 키우려고 권위적인 양육 방식을 택하는 여성의 80퍼센트는 자녀가 없고, 65퍼센트는 스스로를 개의 부모나 보호자로 여긴다"고 셸리는 말한다. 이런 여성의 애완동물들은 "다정함과 훈육의 균형 속에서 자라는데, 대부분의 훈육은 언어로 이루어지며 사실상 금지 명령이다. 이 '개 엄마들'은 안전상 필요할 때, 혹은 동물과 접촉하는 모든 사람의 장기적 행복과 관련해 꼭 필요할 때만 최소한의 처벌을 가하는 것으로 보인다"고 셸리는 적었다.

———————

애완동물을 가족으로 생각하느냐는 질문을 받으면 전직 특수학교 교사 엘사 스타브니는 이렇게 말한다. "오, 당연하죠. 괴상한 방식으로 그러는 건 아니지만요. 개한테 생일잔치를 열어주지는 않아요. 개는 아이가 아니니까요. 그리고 개한테는 이런 말도 안 해요. '넌 할아버지, 할머니 댁에서 지내게 될 거야'라고요. 그런데도 내가 개들을 가족으로 생각하는 이유는, 내가 귀가했을 때 날 보고 그렇게 반겨주는 생명체는 온 세상 어디에도 없기 때문이에요. 가끔은 진짜 가족보다 훨씬 나아요." 엘사는 두 살 때부터 언제나 개들과 함께 살았고, 많게는 네 마리까지 키웠다. 키우던 열네 살짜리 잭 러셀 테리어 견종 시에나가 죽었을 때는 개 없이 살아보려고 한 적도 있기는 하지만.

마사지 치료사 애니 애스타프의 SUV 자동차 뒤창에는 여자

한 명, 남자 한 명, 개 세 마리, 토끼 한 마리, 닭 두 마리가 그려진 흰색 스티커가 가로로 길게 붙어 있다. 애니는 말한다. "모두 나한테 가족 스티커 이야기를 해요." 그녀는 몇 년째 수많은 동물을, 대개는 개들을 키우고 있다. 특별한 관리가 필요한 생명을 돌보고 애완동물을 키워온 것이다. 집에는 늘 야생동물이 한 마리는 있다. 그녀는 자신이 개들과 정원의 엄마라고 말한다. "돌봐줄 무언가가 내게 필요할 뿐, 그 동물이 나 자신의 혈육이 되어야 한다고 느낀 적은 없어요."

비벌리 윌리엄스는 애완동물을 돌보는 자신의 모습을 보면, 자신이 어떤 유형의 엄마가 됐을지 궁금해진다. 비벌리와 남편은 최근에 키우던 개 중 한 마리를 잃었다. "사람은 누구나 살면서 정말로 훌륭한 개 한 마리쯤은 만난다고 생각하는데, 그 개가 정말로 훌륭한 개였어요. 이제는 평범한 개 두 마리만 남았고요. 아무래도 난 좋은 엄마는 못 됐겠죠?" 비벌리는 소리 내어 웃는다. "난 그 개 두 마리가 짠해요. 상태가 나아질 거란 기대를 품을 수가 없어서요." 비벌리는 자신에게 이렇게 말하는 개 흉내를 낸다. "우린 실내견이에요. 주인님이 우릴 불러야 주인님한테 가죠. 우리한테 그 이상 뭘 더 바라요?"

비벌리는 자신의 진짜 엄마 노릇 이야기는 따로 있다고 말한다. 소설을 창작하는 일이 그랬다고. "그냥 포기하고 싶지 않았어요. 그걸 일종의 출산이라고 생각했나 봐요. 엄마인 친구들이 자신의 출산 경험을 이야기할 때 하는 말은 사실 다 똑같이 이런 뜻이거든요. '선택의 여지가 없었어. 어떻게 해서든 애를 내 몸 밖으로 나오게 하는 것 말고는.' 그게 바로 내가 책을 쓰면서 느낀 감정이에요. 선택의 여지가 없더라고요. 이야기를 내게서 밖으로 흘러나가게 하는 것 말고는요. 주님의 은총으로 진짜 아기가 태어나는 데는 8년이란 시간이 걸리지 않지만요."

그러나 모든 작가가 똑같은 기분을 느끼는 것은 아니다. 수전 시거푸스는 회고록 집필 워크숍에 참여하는 동안 자녀와 관련해 어떤 글을 쓰고 싶으냐는 질문을 받았다. 수전은 이렇게 대답했다. "난 자녀와 관련된 글을 쓸 수 없어요. 자녀가 없거든요." 그랬더니 한 여자가 말했다. "하지만 당신의 시가 당신의 자식이잖아요?" 수전은 그 말에 이렇게 말했다고 한다. "똑같지는 않잖아요. 그 말, 내 시가 내 자식이란 말을 들으면 난 마음이 불편해요. 그저 그 말이 온당하지 않은 것 같아서요."

─────────

수전은 가족 이야기를 할 때, 자신의 원가족에, 특히 이모나 고모의 역할이 얼마나 중요한지에 초점을 맞춘다. 현재 60대 후반인 수전은 세 자녀 중 둘째였다. 위로는 네 살 많은 오빠가, 아래로는 일곱 살 어린 여동생이 있었다. 그들은 오하이오 주에서 성장했다. "우리는 우리 가족이 중산층에 속하길 간절히 바랐지만, 현실은 그렇지 않았어요. 우리 집안에는 제대로 교육을 받은 여자가 없었답니다. 우리 집안 여자 중에 대학을 졸업한 사람은 내가 최초예요."

열한두 살 무렵 수전은 여름 동안 아버지의 여동생인 고모네 집에 가서 지내고는 했다. 고모는 대도시인 클리블랜드에 살면서 US 철강의 장거리 전화 교환수로 일하고 있었다. "고모는 번화가에서 일했어요. 멋진 옷을 입고, 옷과 맞춘 구두와 핸드백을 걸치고. 난 고모가 정말로 세련됐다고 생각했어요. 고모네 집에서 지내는 것도 너무 좋았고요. 고모와 나는 정말로 각별하게 친한 사이였어요."

수전의 고모는 정기적으로 수전을 데리고 특별한 외출을 했다. 그것도 단둘이서만. 수전이 열 살이던 여름 두 사람은 재즈 음악가들에게 교과서와 같은 곡 〈안개Misty〉의 작곡가이자 미국을 대표하는 저명한 피아니스트인 에롤 가너Erroll Garner 1921-1977를 보러 뮤직 페스티벌에 갔다. 수전은 회상한다. "거기 천막이 서 있었어요. 무대 위에는 에롤 가너, 베이스 연주자 한 명, 드럼 연주자 한 명이 있었고요. 악보대도 없이. 우리가 갖고 있는 프로그램에 '즉흥 연주improvisation'라는 단어가 씌어 있더군요. '이게 무슨 뜻이에요?' 내가 묻자 고모는 흰 장갑을 낀 손으로 그 단어를 가리키며 말했어요. '내 생각에는 저 사람들이 서로의 연주를 듣고 음악을 연주한다는 뜻 같구나.' 고모는 내게 몇 개의 문을 열어줬어요. 클리블랜드 미술관에도 여러 번 날 데리갔고, 함대 주간[17]에는 유람선도 여러 번 탔거든요. 함께 모험을 다닌 거죠."

17   함대 주간(Fleet Week) : 참전 용사들과 유가족들을 기리기 위해 미 해군이 매년 가을 한 주에 걸쳐 주최하는 연례행사다.

수전은 이야기를 계속한다. "내 직계가족은 나만 데리고 외출하는 일이 없었어요. 온 가족이 다 함께 다니고는 했죠. 하지만 나는 고모의 작은 별이었고 그런 대접을 받는 게 좋았어요. 그런데 고모는 암으로 너무 일찍 돌아가셨어요. 내가 스물다섯 살 때였으니까 고모는 마흔네 살쯤이었을 거예요. 위와 관련된 암이었는데, 아무튼 야속하게도 너무 일찍 돌아가신 거죠."

　수전에게는 고모에게서 받았던 보살핌을 언젠가 따라하고 싶은 희망이 있지만, 수전의 원가족은 뿔뿔이 흩어져 살고 있다. 수전의 오빠와 여동생에게 자녀가 있어서 수전은 꼭 필요한 고모, 이모가 되어야겠다고 생각했다. 그러나 오빠는 아일랜드로 이민을 갔고 여동생은 현재 캐나다 동부에서 살고 있다. "우리 가족은 모두 뚝 떨어져 살고 있어서 별로 친하지 않아요. 다 함께 모이려면 비용이 너무 많이 들어서 아주 가끔 모인답니다. 정말로 친한 고모, 이모가 되고 싶었는데 그렇게는 되지 못했네요."

　한때 여동생 가족이 불과 몇 시간 거리에 살았던 적도 있다. 그러나 지금 여동생 부부는 이혼한 뒤 각자 재혼한 상태다. 현재 열여섯 살인 조카딸은 테네시 주와 온타리오 주에 있는 부모의 집을 오가며 지낸다. 수전은 조카딸이 그립다. "내 어린 조카는 그 모든 파도 위에서 우아하게 서핑을 하는 중이에요. 그것도 아주 우아하게. 지금은 여름 방학이라 여동생 집에서 지내고 있어요. 그 집에는 손님방이 하나밖에 없는데, 여동생이 너무 바빠서 그 방 하나 치우는 데만도 진땀을 뺐다더군요. 내가 가기에는 좋은 때가 아닌 거죠.

그 애와 날 떨어뜨려 놓으려는 것 같은 느낌도 조금은 있어요. 여동생이 일부러 그러는 건 아니겠지만, 자기 자식이 없는 사람도 할 수 있는 '난 정말 친한 이모야 놀이'를 내가 하지 못하고 있는 건 사실이잖아요. 지금은 가족과 연락조차 거의 하지 않아요."

———————

요즘은 우리 가족을 생각하면 볼 때마다 변해 있는 얼굴과 애매한 관계가 떠오른다.

원가족 안에서 내 자리는 우리 가계의 여러 세대에 걸쳐져 있었다. 네 자매 중 첫 딸인 나는 둘째보다 나이도 네 살이나 더 많고 동생들보다 덩치도 더 크고 키도 더 컸지만 나는 내 가족의 규칙을 지키라고 요구할 수 있을 정도로 강력한 부모 같은 권위를 부여받은 적이 없다. 얻는 게 없는 자리였지만 그래도 나는 노력했다.

우리 어머니는 고압적이고 무서운 사람이었으며, 아버지는 양극성 장애가 있는 알코올중독자였다. 아버지는 온 집안에 가득한 암컷 무리로부터 거리를 유지하려고 최선을 다했다. 나는 세 여동생에게 생리와 섹스에 관한 모든 것을 가르쳤고, 엄마나 아빠가 폭발할 때면 내가 대신할 수 있는 부모 노릇을 해내려고 애썼다. 고등학교 졸업식 다음 날 독립해서 집을 떠나기 전까지. 그 뒤 일련의 월세방과 룸메이트들이 내 보금자리가 되었고, 가족이 사는 집은 강압에 의해서나 들르는 곳이었다.

여동생 중 한 명은 열아홉 살에, 다른 한 명은 스물한 살이 되자마자 결혼했다. 내가 아직 미혼이던 스물일곱 살에 첫 조카가 태어났다. 나는 이모 노릇이 즐거웠지만 어디까지가 내 역할인지 도무지 판단할 수가 없었다. 나는 늘 불필요하게 느껴졌다.

내가 서른 살이던 해, 화창한 노동절 정오에 아버지가 나를 데리고 교회 통로를 걸었다. 아버지가 내 손을 어찌나 꽉 쥐고 있었는지, 결혼사진 속 아버지의 손마디가 하얗게 보일 정도다. 나는 잘생긴 새신랑의 팔짱을 낀 채 교회를 나가면서 생각했다. '이거야말로 내가 기다려온 일이야.' 사춘기 이래로 내 마음속에 품어온 가족의 비전을 실현하고 싶었다. 그래서 3년의 연애 끝에 내가 아는 가장 잘난 남자를 남편으로 맞이했던 것이다. 나는 두 사람으로 구성된 나의 안락한 새 가족을 만끽했다.

곧 네 자매가 모두 결혼해 네 개의 가족이 되었다. 그들은 제대로 기능하지 못하는 가족이란 패턴을 박살 내려고 각자 지치지도 않고 노력했고, 내가 보기에는 모두 성공을 거둔 것 같았다. 우리는 가끔 한 집에 모여 휴가를 보냈다. 친인척이 다 함께 명절을 보내기도 하고 자매의 경조사에 참여하기도 했다. 두 사람으로 구성된 우리 가족은 사랑하는 사람들의 예식이 열리는 곳을 따라 이리저리 돌아다녔다. 사실 우리 가족이 우리의 행사를 연 적은 한 번도 없다.

돌이켜보면 내 결혼생활에 뚜렷한 단계가 있었다는 것을, 결혼이라는 모자이크가 끝없이 변화해왔다는 것을 이제야 알겠다.

그 첫 단계는 꿈꾸는 시기였다. 우리는 사랑에 빠졌고 가정을 꾸렸다. 사회 경력을 키워나가면서 미래를 위해 봉급의 일부를 차곡차곡 모았다. 언젠가 두 사람이 타고 있는 그 우주선의 탑승객이 늘지도 모를 일이었으니까.

두 번째 단계는 수많은 부부가 비교적 초기에 겪는 소동의 시기였다. 그 시기에 우리는 불임 치료, 실업 위기, 경제적 불안정, 양가 아버지들의 죽음을 겪었다. 그래서 우리는 시골로 이사 가서 사는 것이 우리의 회복에 도움이 될지도 모르겠다고 생각했다.

세 번째 단계는 땅을 고르고 양을 키우고 집을 짓느라 육체노동으로 힘들었던 시기였다. 우리의 상처는 위에 딱지는 앉았지만, 완전히 낫지는 않았다.

마지막 단계에 우리의 결혼은 허우적거리면서 균열을 일으켰다. 우리는 언제나 서로 다른 기질을 드러냈다. 나는 갈등을 겉으로 표현하고 싶었던 반면 댄은 갈등을 피하려고만 하다 보니, 결혼생활 상담도 아무 보람이 없었다. 중립지대를 도저히 찾아낼 수 없었다. 마침내 헤어졌을 때 나는 예순세 살, 댄은 일흔한 살이었고, 우리 인생의 3분의 2가 이미 지나가 있었다.

이제 수십 년간 유지되어온 우리의 동맹이 희미해져 유령 같은 그림자로 변해가고, 우리의 옛 가정은 가족 개편으로 부풀어 오른다. 실패한 결혼에서 벗어난 혈육, 댄의 여동생이 이사해 들어와 자신들 남매를 '우리'라고 부르는 새로운 관습을 만든다. 그녀의 딸과 손자, 아들과 며느리가 근처로 이사를 오고 이제 저녁이면 온 가족이 밥상에 둘러앉는다. 댄의 새 가족은 내게는 더 이상 내가 속하지 않는 옛 가족이다.

내 혈육 이야기를 하자면, 지리적으로 멀리 떨어져 살긴 해도 여동생들과 계속 연락하고 명절이면 그들이 나를 찾아온다. 남녀 조카들의 방문이나 전화를 받으면 내가 일족의 일부라는 사실이 떠오른다. 올봄, 자신과 가족 모두에게 치매 경험을 실컷 퍼주던 어머니는 간 혈관이 막혀 세상을 떠났다. 나의 가계도는 가지치기 되었고 새로운 모습으로 바뀌었다. 정원사는 가지치기를 해야 나무가 건강해지고 새 가지가 자란다고 말한다.

나는 궁금하다. 현재 내 가족은 누구일까?

———————

그 대상이 혈연에 의한 가족이든 선택에 의한 가족이든 애완동물이든, 사람이라면 누구나 가족의 정의 방식을 고민해야 마땅하다. 내가 생각하는 가족은 하나의 막으로 둘러싸여 있고 구성원은 당연히 하나로 묶여 있다. 그러나 각 가정의 고유한 특질 역시 경계를 규정하는 막의 투과성을 형성하는 중요 요소이다. 외부인을 환영하는가? 아니면 내부인과 외부인 사이에 한때 베를린을 동서로 나누었던 콘크리트 장벽이 서 있는 듯한, 폐쇄적인 가족인가? 막 안쪽은 어떤가? 구성원들이 편안하게 막을 투과해 드나드는가? 아니면 그런 행동이 폭력, 떠남의 조짐으로 받아들여지는가? 누군가가 가족에 새로 합류했을 때, 그 행위가 공존할 수 없는 물질의 충돌이 되는가? 아니면 이질적 요소들의 융합이 되는가?

우리는 면역학을 통해 외부에서 침입한 미생물에 내성이 큰 신체일수록 저항력도 더 크고 회복력도 더 크다는 사실을 배운다. 동맹을 맺고 사회를 구성하는 인간인 우리는 가족 막의 경계를 얼마나 건강하게 관리할지, 그 막의 투과성을 어느 정도로 설정할지 선택할 수 있다. 우리가 누구를 환영해 우리의 보금자리 안으로 받아들일지 결정할 수 있는 것과 마찬가지로.

제6장

우리가 사는 곳

난 공동체 내 젊은이들한테 어떤 이미지를 보여주려고
여러 선택지 가운데 시내에 사는 것을 택했답니다.

나랑 내 이웃은 장을 보러 가면 서로를 위해 물건을 골라줘요.
우리는 서로에게 도움을 주되 귀찮게 굴지는 않아요.

나이가 들면 우리는 다 함께 모여 살아야 해요.
의지할 사람이 아무도 없는 사람들이니까요.

나는 거리를 따라 걸어 내려가는 중이다. 내 바로 뒤에서 걷고 있는 야윈 사내가 전화기에 대고 말한다. "온두라스로 이사 가버려." 나는 생각한다. '나라고 못할 이유 없지 않아?' 곧 그런 의문이 사라진다. 나는 어디에서든 살 수 있는 사람이기 때문이다.

부부생활을 청산하고 독신생활을 시작하면서 그동안 나는 터무니없게도, 결혼한 상태가 절대 혼자가 아님을 뜻한다고 믿으며 살아왔다는 사실을 깨달았다. 나와 남편은 우리의 여생을 위해서 지금도 공간과 결정 그리고 많은 친구를 공유한다. 나는 지금까지, 심지어 우리 사이가 차츰 멀어지고 있을 때조차 나 자신이 두 명으로 구성된 가족의 일부라는 사실을 얼마나 당연하게 여기고 있었는지 의식하지 못했다. 평생 헌신하겠다는 약속이 서서히 무의미해져서든, 불치병이라는 고통에 야금야금 갉아 먹혀서든, 음주 운전자한테 갑자기 치여서든, 모든 부부가 언젠가는 부부관계에서 풀려나는 경험을 하게 되리라는 것을 나도 이제는 안다.

그러나 독신이든 기혼이든 아이 없는 여성은 자손을 키울 의무 혹은 자손의 영향이 없기 때문에 어디에서 누구와 살지 스스로 선택할 수 있다. 사람은 누구나 자신의 욕구, 관심, 가치를 충족시켜주고 지원해줄 생활 질서와 가정을 원한다. 이런 점을 고려할 때 아이 없는 여성도 아이 있는 여성과 별반 다르지 않다. 혼자 살 것인가, 배우자 혹은 룸메이트와 살 것인가, 관심사와 정체성이 비슷한 주변 사람들과 함께 공동체를 조직하고 그 안에서 살 것인가 등. 자신에게 맞는 생활 질서를 선택할 수 있는 자유가 우리 논맘들에게 훨씬 더 많다는 점만 빼면 말이다. 마음만 먹으면 우리는 학군 변화나 자녀의 교우 관계 단절에 관한 걱정 없이 색다른 선택을 해보려고 근거지에 박힌 뿌리까지 뽑아낼 수도 있다. 우리가 어디에서 어떻게 살 것인가와 관련된 결정은 전적으로 우리 자신의 몫이다.

———————

그러나 나는 짐을 싸서 온두라스로 떠나버리기에 앞서 보금자리에 좀 더 집중하기로 결정한다.

10월 말 어느 날 아침, 지역 대학에서 열리는 주택과 대안 공동체 관련 포럼에 참석한다. 그 건물은 사람들로 가득 차 있는데 엑스 세대로 보이는 사람들이 뜨내기 무리 사이사이 흩어져 있다. 옷을 맞춰 입은 수많은 진행요원이 문 앞에서 옥수수 모양 사탕을 나누어주면서, 사전 접수를 하지 않은 주민들을 정중하게 돌려보낸다. 나는 동네 제과점이 기부한 빵 하나와 커피를 손에 쥔 채 강당 뒷줄에 앉아 일정표를 꼼꼼하게 읽는다. 한나절 동안 진행되는 그 포럼은 공동 주택, 거주 공동체, 보금자리 공유, 바람직한 노화를 위한 기회 같은 주제에 따라 소규모 단위로 나뉘어 회의가 진행된다.

나는 공동 주택을 토의하는 회의 단위를 선택한다. 그게 정확히 뭔지 모르기 때문이다. 주택 공동체는 대부분 다양한 연령대의 사람들이 거주할 수 있게 설계된다는 사실을 배운다. 세대의 빽빽한 배열, 거주자의 관리 참여, (모임 공간, 공동 부엌, 세탁실 등) 공동 사용 시설, 위계질서 없는 의사 결정 제도 등이 그 공동체의 특징이다. 발표자가 1967년 덴마크에 세워진 최초의 공동체 슬라이드를 보여준다. 그곳은 오늘날 수많은 공동 주택 공동체가 모델로 삼는 곳이다. 미국에서는 25년 전 캘리포니아 데이비스에 최초의 공동체가 문을 열었다. 지금은 전국 25개 주에서 160개가 넘는 공동 주택 공동체가 운영되고 있으며, 2016년 4월 현재 건설 중으로 입주 예정인 공동체가 120개다.

모든 거주 공동체가 공동 주택의 설계 규준에 따라 건축되는 것은 아니지만 공동 주택은 거주 공동체의 한 종류다. 몇몇 공동체에서 온 거주민들은 이 행사를 통해 자신들이 어떤 곳에서 살고 있는지 그 경험을 공유한다. 나는 모든 연령대의 사람들이 서로 협력하며 살아가는 생활이 매력적이라고 생각한다. 그것이 어쩌면 아이 없는 여성들에게 이상적인 하나의 선택지가 될 수 있겠다는 생각도.

우리 포럼 참석자들은 지역 공동 주택 공동체로부터 돌아오는 주말에 방문해달라는 초대를 받는다. 나는 그 모델이 실제에서 어떻게 작동할지 궁금함을 느끼며 명단에 이름을 올린다.

———————

2009년 포틀랜드 시 경계선 안, 한때 교외 수경 재배 농장이었던 4에이커(약 5천 평)의 땅에 컬럼비아 생태마을Columbia Ecovillage 이 세워졌다. 그 주변은 지난 몇 년에 걸쳐 산업단지, 주거단지, 소기업 사옥 등이 혼재하는 다목적 용지로 변모했다. 그래서 주택 바로 옆에 기계공장이 서 있는 형국이다.

1912년 부지 후방에 세워진 원래의 농장 건물은, 놓아 기르는 닭 무리, 쌓아놓은 벌통, 드넓은 공동체 텃밭에 둘러싸여 있다. 그 건물의 주요 공간은 원래의 상태를 거의 그대로 유지하고 있다. 한 거주민이 내게 말해준 바에 따르면 부엌에는 예전에 그 땅에서 자라던 나무들을 가공해 제작한, 나이테가 세로로 선명한 호두나무 싱크대가 놓여 있다. 식당에는 납유리로 제작된 원래 찬장이 그대로 놓여 있고, 거실 벽난로 가장자리에는 오랜 세월 고열에 구워진 벽돌이 쌓여 있다. 2층에 작은 손님방이 세 개 있어서 거주민의 가족이나 친구가 찾아오면 1박 5달러의 저렴한 숙박비에 그 방을 빌릴 수 있다.

부지 전방에는 모텔을 닮은 1970년대 아파트 건물을 개조해 건물마다 37개의 개별 거주 공간을 채워 넣은 5층 건물들이 쉴 새 없이 차가 달리는 간선도로를 따라서 늘어서 있다. 47.5제곱미터의 원룸형 주택부터 111.5제곱미터의 방 세 개짜리 주택에 이르기까지 다양한 규모의 거주 공간이 갖추어져 있다. 성인 50명과 미성년자 12명이 그 생태마을에 거주하고 있는데, 나이로 보면 1세 미만부터 89세까지다. 갓난아기를 제외한 모두가 공동체 유지를 위해 매달 최소 아홉 시간씩 일한다. 내가 그곳을 방문한 날은 공교롭게도 분기마다 한 번씩 있는 '대청소의 날'이었다. 거주민들이 사방으로 종종걸음을 치며 겨울에 대비해 공동체 텃밭에 모판을 내는가 하면 농장 건물의 창틀에 페인트를 칠하기도 하고 공예실 미술 재료들을 정리하기도 했다. 선택할 수 있는 다른 보직으로는 격주로 공동체 식사 요리하기, 회계장부 기록하기, 수업이나 행사 진행하기, 나 같은 견학생에게 공동체 소개하기 등이 있다.

————

나를 그곳에 초대한 마르타 와그너를 만난다. 그녀는 그곳에 거주하지 않는 집주인한테 임대한 소형 원룸형 주택에 살고 있다. 그녀는 그곳에 임대 주택이 몇 개 없어서 그 집을 찾아낸 것이 행운처럼 느껴진다고 말한다. 마르타는 일흔한 살로 혼자 산다. 그녀의 왜소한 골격 때문에 그녀가 살고 있는 주택이 실제보다 훨씬 넓어 보인다.

우리는 잘 정돈된 부엌 작은 식탁에 앉는다. 마르타는 작게 조각낸 여러 나라 특산품 초콜릿을 접시에 담아내고 맛 좀 보라고 내게 말한다. 최근에 초콜릿 맛 감별 수업을 들은 터라 자신이 배운 내용을 공유하고 싶어서다. 풍부한 조각들이 혀 위에서 녹는다. 나는 맛을 묘사해보려 하지만 어설프다. 마르타는 쌉쌀하다든가, 흙향이 느껴진다든가, 스모키하다든가 하는 용어를 써가며 나보다 훨씬 더 우아하게 맛을 표현한다. 우리는 쿠바 초콜릿이 마다가스카르 초콜릿보다 맛이 훨씬 부드럽고 그윽하다는 데 동의한다.

마르타는 공동체 생활이 처음이 아니다. 20대 중반에 남편과 함께 뉴질랜드에서 공동체를 운영한 적이 있다. "그때 우리는 요즘 사람들이 공동 주택 생활을 이야기할 때 등장하는 근거들과 비슷한 내용을 일부 동원하고는 했어요. 생활이 더 쉬워진다든가, 다 함께 식사를 한다든가 하는 식으로요."

부부는 웰링턴에 있는 큰 주택을 한 채 빌려서 두 가구에게 임대해줬는데, 그중 한 가족은 다섯 살이 안 된 아들을 둘 키우는 부부였고, 다른 한 가족은 혼자 사는 남자와 일곱 살 아들로 구성되어 있었다. "그렇게 살기 전에는 함께 긴 시간을 보내며 서로 친해진 적이 없는 사람들이었어요. 아마 다들 그랬을 거예요."

그 여덟 명은 언젠가부터 좋은 직장을 버리고 도시를 떠나 시골로 이사를 가자고, 관습적인 생활방식에 도전해보자고 이야기하기 시작했다. 그러더니 곧 그 보금자리 안에서 자유로운 성관계를 실험해보자는 의견이 오갔다. 마르타는 반대했다. "난 그 문제에 관심이 전혀 없었어요. 그 실험에 관해서 우리끼리만이든 전체적으로든 남편과 이야기를 나눠본 적도 없고요." 그러나 남자들은 모두 한 패였고, 다른 여자 한 명도 마찬가지였다. 마르타가 수적으로 열세였다. 그녀는 남편과 동거인들을 남겨둔 채 그 보금자리를 떠났다. 그녀는 "그때가 내 인생에서 가장 스트레스가 심했던 시기였어요"라고 회상한다.

뉴질랜드의 그 보금자리는 한두 해 뒤 와해되었고, 마르타는 서른 살에 이혼하고 시카고의 부모님 집으로 돌아와 살았다. 그녀는 곧 서쪽으로 이주한 뒤 몇 년 동안 다양한 보금자리 형태를 경험하면서 혼자 혹은 여러 룸메이트와 함께 살았다.

마르타의 룸메이트 중에는 자녀가 있는 사람이 몇 명 있었지만 마르타는 출산 계획을 세워본 적이 없다. "어떻게 봐도 애들을 돌보는 건 내게 맞는 일이 아니었어요. 애를 낳거나 입양하고 싶다는 생각을 한 번도 안 해본 이유는 경제적 여유가 늘 없었기 때문이지만요." 아무튼 그런 일을 겪고도 마르타는 여전히 공동체 안에서 제대로 살아보고 싶었다.

"오래전 어떤 꿈을 꿨는데, 그 꿈속 광경이 지금도 또렷이 기억나요. 주택 여러 채가 다닥다닥 붙어 있고 그 뒤에 공용 온실이 길게 놓여 있어요. 모두가 공유하는 공간이죠. 나한테는 참 그럴 듯한 꿈이었어요."

어느 날 마르타는 포틀랜드에 있는 어떤 교회 모임에서 자신이 꿈에 본 그런 보금자리를 공동 주택cohousing이란 용어로 부른다는 사실을 알게 되었다. 그때 이미 건축 중인 어떤 공동체를 돕는 계획에 참여하고 있던 그녀는 콘도 하나에 계약금을 걸고, 어머니가 남긴 얼마 안 되는 유산에서 돈을 쪼개어 그 프로젝트에 추가로 투자했다.

"나는 얼마 안 가 내가 그 터무니없는 프로젝트 재정의 상당 부분을 좌우하게 되었다는 사실을 알게 됐어요. 그런데도 개발업자들한테 돈을 얼마나 줘야 하는지, 공동체 입주 예정자들이 어떤 사람들인지, 시공은 누가 할 예정인지 한 번도 묻지 않았어요. 그 사실들을 알게 되었을 때 내 입이 떡 벌어졌던 게 지금도 기억나네요. 난 신용을 잃기 시작했고 곧 최악의 순간이 찾아왔어요." 얼마 뒤 그녀는 해고되었고 콘도도 포기해야 했다. 계약금을 잃은 것은 물론 투자금 역시 한 푼도 회수하지 못했다.

그 무렵 마르타는 그 맞은편에 있는 컬럼비아 생태마을이 낡은 아파트 건물 몇 채를 또 다른 공동 주택 공동체로 개조하는 공사를 하고 있다는 사실을 알게 되었다. "여름내 이쪽으로 건너와서 밥을 먹고는 했어요. 모두 밖에 나와 있더군요. 공동체가 얼마나 매력적으로 보이던지. 2009년 11월에 임대할 수 있는 곳을 찾아내 이사를 들어왔답니다."

처음 몇 년 동안 공동 주택 생활은 마르타에게 너무나 낭만적이었다. 그녀는 공동체 식사에 거의 빠짐없이 참여했고, 심지어 얼마 동안은 공동체 부엌을 관리하기도 했다.

"의견 불일치가 일어나면서 내 꿈결 같은 삶도 사라지기 시작했어요. 의사 결정이 너무 더디게 이뤄지는 것에 실망해서 공동체를 떠나는 사람들도 생겨났고요." 최근 가장 첨예한 의견 불일치를 초래한 문제는 공동체 안에서 대마초 재배를 허용할 것인가 말 것인가 하는 문제다. 대마초를 재배하거나 개인적인 용도로 소량 소지하는 것은 오리건 주에서는 (21세 이상의 성인이라면) 합법이지만, 구성원 중 일부는 공동체 젊은이들이 대마초에 너무 쉽게 접근하게 될까 염려한다. 또 일부는 개인적 선택이라고 생각한다. 그 밖에 소통, 시설, 행정과 관련된 문제들도 있다.

공동체는 컨설턴트를 고용했다. 그는 공동체 내부의 일들이 어떻게 돌아가는지 알아내려고 생태마을에서 한동안 거주까지 하면서 구성원들을 하나로 결합하려고 애썼다. 그런데 의사 결정이 이루지기보단 오히려 파벌이 생겨났고 일부 거주민들이 또 공동체를 떠났다. 마르타의 말에 따르면 지금도 그런 식으로 전개되는 일들이 매우 많다고 한다. 현재는 공동체가 갈등 해결을 위한 회의를 진행시키려고 또 다른 컨설턴트를 고용한 상황이다. "이곳에는 지금 수십 가지 분쟁이 있어요. 나는 그 문제들이 해결될 리 없다고 상황을 매우 비관적으로 보고 있고요. 우리가 그 일을 해낸다면 이곳 생활이 더 좋아지겠지만요."

마르타가 고려 중인 또 다른 선택지는 예전만큼 공동체 업무에 관여하지 않는 것이다. "원한다면 여기서도 독립적으로 생활할 수 있으니까요. 나에게 배당되는 매월 아홉 시간의 노동은 힘들지 않아요. 현재의 행정 시스템 속에서 어떤 태도를 취하지 않고 구성원들이랑 관계를 유지하는 것도 가능하고요. 한편, 이곳을 떠나면 어떨까 생각해보면 내가 포기하려는 것이 무엇인지가 분명하게 보여요.

난 이곳의 편리함이 좋아요. 내가 직접 운영하는 공동체에서 살았던 일이 지금도 기억나요. 사람들을 하나로 묶어 편성하려는 시도 자체가 얼마나 어려웠는지. 그래도 이곳은 모든 일이 훨씬 쉽답니다. 이곳에서는 '나 공연 볼 거야. 내 차에서 만나자'라는 말이 가능하거든요. 난 이 땅을 사랑해요. 이곳에서 직접 키운 식재료를 얻을 수 있는 것도 좋고, 그 음식을 먹는 것도 좋아요."

마르타는 자신이 고를 수 있는 선택지들을 저울질하면서 한 가지 사실을 분명하게 알게 됐다. "내가 정말로 원하는 것, 내게 정말로 필요한 것은 특별한 공동체에서 살아보는 거예요."

━━━━━━━

그런 공동체에서 잘 살 수 있는 사람들은 어떤 사람들일까? 다이애나 리프 크리스티안은 저서 『공동체를 찾아서: 생태마을이나 국제 공동체에 들어가는 법Finding Community: How to Join an Ecovillage or International Community』에서 공동체를 성공시키기 위해 필요한 거주민의 자질이 무엇인지 설명한다. 건강한 자의식, 감정적 성숙, 자신들의 생각을 기꺼이 공유하려는 마음, 타인의 관점을 인정하는 개방적 태도 등이 그것이다. 그런 사람들은 타인의 행복을 진심으로 고려하고 단체의 의사 결정을 지지하며 공동체의 목표와 자신의 개인적 욕구 사이의 균형을 유지할 줄 안다. 그런 사람들은 건강한 공동체를 건설하는 데 필연적으로 수반되는 분쟁을 해결하기 위해 열심히 일하며, 타인과 힘을 합쳐 더 조화로운 생활방식을 만들어 내기 위해 활발하게 소통하고 의사 결정을 확립하는 데 헌신한다.

크리스티안은 공동체 생활에 불만을 느낄 만한 사람으로 이런 예를 들었다. "해병대 훈련 담당 상사, 인도 국왕, 공주마마들은 그런 곳에 입주해서는 안 된다."

공동체에 관해 크리스티안만큼 잘 아는 사람은 드물다. 그녀는 공동체를 성공으로 이끄는 요소들을 알아내려고 20여 년 동안 전 세계 120여 개의 국제 공동체를 방문해 설립자들과 장기 거주자들을 인터뷰했다. 14년 동안 잡지 〈공동체Communities〉의 편집자로 일해온 그녀는 현재 무료 온라인 뉴스레터 〈생태마을Ecovillages〉을 집필하면서 전 세계 공동체들에 상담과 교육 실습을 활발히 제공하고 있다.

크리스티안은 노스캐롤라이나 산맥에 있는 생태마을 '얼써븐Earthaven'에 작은 집을 짓고 2003년부터 어머니와 함께 그곳에서 살고 있다. 그녀는 이렇게 썼다. "나의 바람은 성공한 국제 커뮤니티,

생태마을, 공동 주택 공동체, 주택 조합, 공유된 단체 보금자리 등 온갖 종류의 공동체들이 전 세계에 넘쳐나는 세상에서 사는 것이다."

―――――――

"보금자리 공유Let's Share Housing!" 동네 도서관 앞 보도 샌드위치 가판대 옆에서 현수막이 펄럭인다. 어느 황량한 2월 오후 한 미트업 그룹[18] 지점 작은 사무실에 열여섯 명의 사람이 모여든다. 내가 이 자리에 참석한 까닭은 벌써 룸메이트를 찾기 위해서가 아니라, 아이 없는 독신 여성에게 특히 잘 맞는 계획이 있을지도 모른다고 생각했기 때문이다. 혼자 살아가는 일이 때로는 외로운 일이라는 사실을 깨달아가는 중이기 때문이다. 그렇지만 그저 궁금했기 때문이라고 말해두자.

2009년 '보금자리 공유' 미트업 그룹이 출범한 뒤로 회장 미셸 피아스카Michele Fiasca는 보금자리에 대한 자신들의 요구를 공유하려는 사람들을 위해 열린 환경을 만드는 데 앞장서왔다. 그녀는 자신에게 이중의 목표가 있다고 말한다. 거주민과 새로운 참여자들 사이에 공동체를 형성하는 것과 자신에게 맞는 보금자리 조건을 찾아내는 절차를 간소화하는 것이 그 두 가지다.

미셸은 나랑 나이가 비슷해 보이는데, 우리가 엿새 간격으로

―――――――――――

18 미트업 그룹(Meetup Group) : 공동의 관심사가 있는 사람들끼리 온오프라인에서 만나 회의, 학습, 행사 등 다양한 활동을 전개하는 단체, 혹은 서비스를 말한다.

태어났다는 사실을 알게 된 것은 훨씬 나중이다. 그녀는 날뛰는 야생마와 선인장이 수놓아지고 스팽글이 달린 멋진 황갈색 재킷 차림에 붉은색 곱슬머리를 틀어 올렸다.

20대부터 60대 중반까지 다양한 연령대의 참여자가 U자 모양 테이블에 둘러앉는다. 우리는 모두 이름표를 달고 있는데, 그 이름표에는 (보금자리를 찾는 사람들의) 두 눈이나 (임대할 수 있는 공간을 뜻하는) 집 그림이 그려져 있다. 미셸은 유인물을 나누어준다. 사람들은 특정 질문들이 적힌 그 유인물을 차례로 돌려가며 읽고 대답한다. 임대인 대상의 질문이 적힌 유인물과 임차인 대상의 질문이 적힌 유인물, 이렇게 두 장이다. 임대인은 자신의 건물이 시내 어디에 있는지 말하고 공간 구조를 설명한 다음, 월 임대료와 옵션을 알리고 애완동물이나 흡연의 허용 여부를 덧붙인다. 임차인은 어느 정도 금액까지 지불할 수 있는지, 공동욕실을 사용할 마음이 있는지, 애완동물이나 자동차가 있는지 말한다.

한 여자가 최근에 5인 가족과 대형견 한 마리가 거주하다가 이사를 나간, 자신의 집 지하를 설명한다. 이사 나간 그 가족은, 그녀가 이혼 뒤 처음 시도한 보금자리 공유 동료였다고 한다. 그녀는 주위에 사람이 많은 것이 좋다고 한다. "부엌과 세탁실은 공용이에요. 지하층은 모두 쓰는 거고요." 이 도시가 처음인 젊은 부부 두 쌍은 애완동물을 데리고 다 함께 살 수 있는 집을 찾고 있다. 네 명 다 직장과 자동차가 있단다. 연립주택 안 침실 두 개짜리 집을 소유한 한 나이 든 독신 여성은 딱 한 명의 룸메이트를 원한다. 그녀는 임대료를 많이 못 받을까 봐보다 임차인과 잘 지내지 못할까 봐 더 걱정이라고 말한다. 네 가구가 사는 연립주택 건물을 소유한 한 독신 남성은 네 집 중 한 집이 곧 빌 예정이라고 말한다. 그는 보금자리 공유라는 게 어떻게 진행되는지 궁금해서 왔다고 한다. 중년 여성 두 명은 생활을 바꿀 필요가 있어서 왔다고 한다. 한 명은 남자친구와 갈라설 예정이고, 다른 한 명은 집을 매물로 내놓았단다. 미셸은 모든 사람의 특정 요구를 알아내려고 추가 질문을 던진다. 모임은 빠른 속도로 진행된다.

미셸은 소개를 마친 뒤 우리를 자리에서 일으킨다. 우리는 테이블과 의자를 한쪽으로 민다. 그런 다음 미셸이 한 번에 하나씩 문장을 크게 소리 내어 읽는다. 예를 들면 이런 문장이다. "난 텔레비전 시청을 정말 좋아해요", "난 올빼미족이에요" 각각의 문장이 들릴 때마다 우리는 몸을 움직여, '매우 그렇다'와 '매우 그렇지 않다'라는 문장이 쓰인, 마주 보는 두 개의 벽 사이에 정렬한다. 여덟아홉 개의 문장이 끝나자 화합하기 힘든 사람이 누구인지, 룸메이트로 부적격인 사람이 누구인지 판단하기가 쉬워진다. 나는 내가 계속해서 낸시, 즉 남자친구와 갈라설 예정이라는 여자 바로 옆에 서게 된다는 사실을 알게 된다.

19분의 미팅이 끝난 뒤, 참여자 대부분은 미셸이 단체석을 예약해놓은 근처 맥줏집으로 자리를 옮겨 함께 즐거운 시간을 보낸다. 서로를 알게 된 만큼 대화가 쉬워진다. 전형적인 첫 번째 모임보다는 분위기가 편안하다. 잠재적 룸메이트로서 자신과 맞는 사람인지 더 알아보려고 몇몇 사람이 연락처를 주고받는 소리가 들린다. 인구 급증으로 건물 공실률이 낮고 임대료가 치솟고 있는 것으로 악명 높은 포틀랜드에서는 이런 시스템이 효과가 있는 모양이다. 자리를 뜨려는데, 낸시가 함께 집을 빌릴 누군가를 찾을 생각이면 자신에게 연락해달라고 말한다. 언젠가는 내게 그런 일이 일어날지 누가 알겠는가. 어울리는 짝을 만나는 일이 이렇게나 쉽다니.

───────────

며칠 뒤 미셸과 전화로 대화를 나눈다.

그녀는 세 딸 중 막내로 오리건 주에서 태어나 자랐다. 그녀는 자신을 "일곱 살을 향해 가는 예순네 살"이라고 표현한다. 나도 늘 나 자신을 어린이처럼 생각한다. 그게 내가 아이들을 좋아하지 않는 이유다. 책임 따위는 지고 싶지 않은 것이다.

"내 결정은 옳았어요. 아이를 갖지 않아서 후회한 횟수가 겨우 한 손에 꼽을 정도니까요. 그나마 그런 생각도 15초면 싹 사라져요. 조카들이랑은 잘 지내는데, 이제 그 조카들이 자녀를 낳기 시작할 때가 됐어요. 나는 내 인생에 아이가 빠졌다고 느낀 적이 없는 것 같아요."

미셸은 19년 동안 해온 '성인 거주지 알선 네트워크Adult Placement Network' 사업의 일환으로 2009년 '보금자리 공유' 미트업 그룹을 시작했다. 그 사업은 고객의 노부모를 위해 적절한 돌봄 환경을 찾아내는 일을 주로 한다. 그리고 '보금자리 공유'에 운영비를 지급하고 투자 원천도 제공한다.

"나는 정부 지원을 받지 못하는 사람들한테 알맞은 방법이 없을까 알아내려고 미트업 그룹을 시작했어요. 그런 사람들은 세상에 존재하는 종류의 공동체에 들어갈 경제적 여유가 없으니까요. 사각지대에서 혼자 힘으로 살아가는 사람들 말이에요. 노년에 접어드는 부랑자 인구가 얼마나 많은지 몰라요. 나는 더 적합하고 혁신적인 보금자리 아이디어가 필요하다고 생각했어요."

현재 미셸은 노인 돌봄 외에 포틀랜드 도심 지역 내 보금자리 공유도 취급한다. 하늘 높은 줄 모르고 치솟는 임대료, 경기 침체 때문에 여러 세대가 함께 거주하는 보금자리도 포함시키는 쪽으로 시야를 넓혔다. 미셸이 새로 준비 중인 '보금자리 공유' 웹사이트는 운영이 시작되면 매달 열리는 미트업 모임을 보완하는 역할을 하게 될 것이다. "어떤 조합을 원하든 사람들은 자신에게 어울리는 사람을 찾아낼 줄 알아요. 동료와 함께 살 수도 있고, 다양한 세대가 어울려 살 수도 있답니다. 관심사가 비슷한 사람들로 구성된 집단, 혹은 관심사가 다양한 사람들로 구성된 집단의 일원으로도 살 수 있고요. 유기농 채소 재배에 관심 있는 사람이든 미술가든 음악가든 말이에요." 공동체에 기반을 둔 지역 사업의 성격을 유지하는 것이 미셸에게는 중요하다.

미셸은 아이 없는 여성, 특히 독신 여성에게는 보금자리 공유가 이상적이라고 생각한다. "의지할 수 있는 인간관계망이 생기는 거잖아요. 역사적으로 볼 때 사람들이 자신의 자녀들과 맺어온 관계와 비슷한 그런 관계 말이에요. 누구든 집을 공유할 때 처음부터 그 사람을 돌봐야겠다고 생각하지는 않아요. 하지만 살다 보면 서로를 지켜보게 되잖아요. 사회적 요인이 중요해요. 밥을 먹으러 가는 식당, 혹은 주로 일요일에만 들르는 장소에서 한 가족이라는 지속적인 유대감을 느끼지는 않으니까요. 보금자리 공유는 비슷한 수준의 사회적 교감을 제공해요. 당신의 하루가 어땠는지 알아주는 누군가와, 혹은 당신 방의 불을 끄거나 문을 닫아 주는 누군가와 한 집에 살게 되는 거랍니다.

물론 보금자리 공유는 자가와 자차 소유라는 아메리칸 드림과는 거리가 멀어요. 오늘날 우리에게는 자신만의 작은 핵가족을 꾸리고 몇몇 친구와만 연락하며 지내는 고립화 경향이 있어요. 공동체 의식 없이 살아가는 거죠. 나는 보금자리 공유가 공동체 의식을 키워준다고 생각해요. 생활비용을 분담하면 다 함께 더 나은 생활을 할 수 있잖아요. '함께 더 잘 살자.' 이것이 우리 회사의 슬로건이랍니다."

미셸은 최근에 와서 그런 생각을 하게 된 것이 아니다. 처음에는 임대료가 엄두가 안 날 정도로 비싼 하와이에서, 그다음에는 코스타리카에서 그녀는 수년 동안 룸메이트와 함께 살았다. 결혼생활이 끝난 뒤 10년 동안은 조카들, 자신보다 스무 살 젊은 동성애 청년 커플 한 쌍, 떠돌이 여자 몇 명에게 방을 빌려줬다.

보람이 있을 때도 있었지만 그렇지 않을 때도 있었다. 이혼 뒤 처음 이사를 들어온 룸메이트는 방값을 낼 줄을 몰랐다. 미셸은 회상한다. "알고 보니 그 여자는 수집광이었어요. 그래서 방값 낼 돈까지 모조리 창고 이용료로 들어간 거고요."

미셸은 그녀를 쫓아내는 대신 기발한 해결책을 찾아냈다. 그 무렵 미셸은 입을 옷이 거의 없었고 룸메이트는 패션 감각이 좋았다. "그 여자는 쇼핑 중독이기도 했는데 중고 거래를 엄청 많이 했어요. 그래서 1년 동안 밖에 나가 내 옷을 사 오는 일을 했답니다. 그때 그 친구가 사다 준 옷을 입고 나가면 지금도 칭찬 듣는 일이 많아요." 날뛰는 야생마가 수놓아진 귀여운 황갈색 재킷도 그중 한 벌이라고 한다.

미셸이 말을 잇는다. "사람들과 잘 조합되면 독신 여성도 누군가와 함께 늙어가면서 노후를 보낼 수 있어요. 아니, 그 이상도 가능해요. 예를 들어 언젠가 요양사를 고용할 필요가 생길 때 보금자리 공유는 노화를 더 여유롭게 만들어주는 한 가지 방식이 돼요. 룸메이트는 사람이 늙어가면서 흔히 느끼는 고립감이나 우울감에 도움이 되거든요. 사회적 유대감이 없는 사람의 경우 노화는 지독한 고립감을 일으킬 수 있답니다."

미셸은 재택근무를 하지만 고립감과는 무관한 사람이다. 그녀에게는 '성인 거주지 알선 네트워크'와 '보금자리 공유' 양쪽 회사에서 일하는 직원도 몇 명 있고, 틈만 나면 5개월 된 아들을 안고 찾아오는 조카딸도 있다. 전화 저편에서 아기 울음소리가 들린다. 미셸은 웃음을 터뜨린다. "우리 집은 도떼기시장이나 다름없어요. 난 사람들이 아무 때나 마음대로 드나들게 그냥 내버려 두거든요."

미셸의 룸메이트 에니드는 '보금자리 공유'의 자원봉사자로 가끔 모임에 참석한다. 사실 에니드와 미셸은 미트업 그룹 모임에서 만난 사이다. "에니드는 꼭 인형 같아요. 사람이라면 누구나 전성기가 있기 마련이지만요. 에니드는 미술가라서 우리 집을 계속 미적으로 쾌적하게 꾸민답니다. 내 삶 속에 아름다움을 불어넣는 거죠. 우리야말로 마법처럼 어울리는 사이예요."

'동거인 중매쟁이', 이것은 미셸의 고객들이 미셸에게 붙인 여러 별명 중 하나다. "포틀랜드 북동부 지하실 임대를 놓았던 그 아시아 여자 기억나요? 글쎄, 그 여자가 결국 그 젊은 부부 두 쌍이랑 흥정을 했다더군요. 내 생각에는 네바다에서 온 젊은 부부 한 쌍이 곧 이사 들어가서 그 여자랑 함께 살 것 같아요. 생활 조건에 맞는 누군가를 찾아주는 일을 해내고 나면, 내 안의 뭔가도 완성돼요. 그게 나를 환하게 밝혀준답니다."

———

우연은 잘 계획된 인생이라는 탑을 무너뜨릴 수 있다. 캐나다인 레슬리 힐은 서른아홉 살에 결혼했고 6개월 뒤 과부가 되었다. 남편의 주치의는 레슬리에게 말했다. 폴의 암이 재발해 "복부전체에 후춧가루처럼 퍼졌다"고. 두 사람은 8년 반 동안 동거했고 아이는 없었다.

폴은 오래전 아홉 살 때 신장암을 치료하느라 외과 수술과 방사선 치료를 받아 불임이 되었다. 현재 예순일곱 살인 레슬리가 말한다. "내 남편은 훌륭한 아버지가 되었을 텐데 말이에요. 아이들이랑 참 잘 지냈거든요. 난 내가 만난 남자 중에 가장 멋진 남자랑 결혼했는데, 그 남자가 아이를 낳을 수 없던 거예요."

레슬리와 폴은 소속된 학교가 다르기는 했지만 둘 다 고등학교 교사였다. 두 사람은 문화 교류 야영에서 함께 상담교사 일을 하다가 연애를 시작했다. 레슬리는 언제나 결혼을 하면 아이를 갖게 되리라 생각했다. "하지만 온종일 학교에서 애들을 상대하다가 집에 와서 또 내 새끼들과 씨름하는 일은 해내지 못했을 거예요. 난 약간의 평화와 침묵이 필요했거든요. 일진이 좋은 날은 참 밝은 애들 무더기에 둘러싸여 있다고 느껴졌지만, 일진이 나쁜 날은 애들한테 질식할 것처럼 느껴지더라고요."

레슬리는 대학을 졸업한 뒤 서른한 살까지는 혼자 살았고, 그 뒤로는 폴과 함께 살다가, 폴이 죽은 뒤에는 다시 혼자 살았다. 다시 혼자 산 그 세월은 쓰라림과 영원한 슬픔으로 점철되어 있다. 토론토에서의 삶이 견딜 수 없어서 그녀는 학교를 휴직했다. 그런데 그 무렵 사촌을 통해서, 스코틀랜드 북부에 있는 뉴에이지 영적 수련 공동체 핀드혼 재단을 알게 되었다. 3개월 거주 계약서에 서명을 하고 그곳에서 5년을 살았다.

1972년 설립된 핀드혼 재단은 세계적으로 유명한 거시적 수련

센터이자 공동체, 생태마을이다. 몇백 명의 사람들이 핀드혼 부지 안에 띄엄띄엄 배치된 다양한 주택에서 함께 살고 함께 일함으로써 매년 수련 과정, 워크숍, 회의에 등록하는 수천 명을 지원한다. 레슬리는 회상한다.

"남녀 비율은 항상 변해요. 남자가 3분의 1, 여자가 3분의 2인 비율에서 크게 벗어나지는 않지만요. 대개는 남자의 입소 비율이 훨씬 더 낮답니다. 여자들 대부분은 엄마가 아닌 사람들이고요. 일하는 대가로 주거 공간을 제공받는 거라서, 결정적으로 재단 쪽에서 아이들을 데리고 입소하는 것을 권장하지 않아요.

나한테는 공동체에서 사는 것이 엄청난 도전이었어요. 그전까지 결혼하는 것 말고 다른 삶의 형태와 마주친 적이 없다는 사실을 전적으로 인정한다고 해도요. 그런데 내가 함께 살겠다고 절대 선택하지 않을 사람들이랑 찰싹 붙어서 살게 된 거예요. 살면서 만나는 사람은 그게 누구든 뭔가를 가르쳐준다는 것이 그 공동체의 철학이랍니다. 당연히 화를 내야 하는 상황에 딱 놓였는데 누군가가 '그러니까 이런 상황에서는 뭘 배워야 할까요?'라고 물으면 벌컥 짜증이 났어요. 그럴 때 내 대답은 언제나 이랬답니다. '화낼 수 있게 제발 좀 꺼져줄래요?' 그럼 좀 더 개방적인 태도를 취하라는 비판이 뒤 따랐고요. 그 덕분에 나 자신과 타인들에 관해 배운 것이 많기는 해요. 정말 피곤한 일이었지만 그것도 그 나름 괜찮더군요."

핀드혼에서 한 해를 지낸 뒤 레슬리는 잠깐 토론토로 돌아와 교직을 정리하고 집을 판 다음 공동체로 돌아갔다. 4년 뒤 더이상

비자를 갱신할 수 없게 돼서 캐나다로 돌아와 이번에는 브리티시 컬럼비아에 자리를 잡았다.

"그곳에 오래 머무를 생각이었어요. 떠나고 싶은 마음이 전혀 없었거든요. 그래서일까요, 핀드혼 재단은 지금도 내 마음속에 있어요. 핀드혼은 내 기억의 일부가 되었고, 나는 그것을 하나의 철학으로 품었거든요. 짜증이 나거나 기분이 안 좋을 때는 그 철학으로부터 나 자신을 쉽게 멀찍이 떼어낼 수 있지만, 기본적으로 핀드혼 재단은 나의 많은 부분을 차지하고 있어요. 그곳에서는 공동체 안에서 즐겁게 사는 법을 배웠는데, 지금은 혼자 즐겁게 살고 있네요."

현재 레슬리는 밴쿠버에 있는 방 두 개짜리 콘도에서 귀가 너덜너덜하고 꼬리가 잘린 열두 살배기 고양이, 구조된 유기묘 메기 메이와 함께 살고 있다. 집으로 돌아오면 마음이 통하는 고양이와 교감하는 소중한 시간이 한결같이 지속되리라는 사실을 알기에, 집으로 돌아와 문을 잠그는 일이 즐겁다. 수많은 책을 읽고 교회 성가대에 등록하고 한 주에 두 번 여든여덟 살 이모와 브리지 게임을 한다.

올여름 레슬리는 박사 수준의 집중적 글쓰기 프로그램을 수료할 예정이다. "논문이 마무리되어갈 무렵, 내가 우리 학교 공동체의 다른 구성원들과 맺었던 깊은 관계들이 소원해지고 있다는 사실을 깨달았어요. 밴쿠버에 아는 사람이 없어서 고립감이 더 크게 느껴지기 시작했답니다." 함께 어울리던 이웃이 집을 팔아 이윤을 챙긴 뒤 교외로 이사를 가 자녀들 가까이 사는 일이 자꾸 생겨서 더욱 그렇다. 레슬리는 계속 도시에 살고 싶다.

"그래서 이제는 내 모습 그대로 편하게 살려고요. 누군가가 나를 매 순간 확인할 필요가 있다고 느껴질 때까지, 아니, 요리하고 싶은 마음이 정말로 사라질 때까지요. 난 아직 그 정도는 아니거든요. 그런 때가 오면 생활 보조 시설 같은 곳에 들어가게 되겠죠. 하지만 그럴 이유가 생기지 않는 한 난 혼자 유쾌하게 살 거예요."

레슬리는 갱년기를 늦게 겪었다. 예순 살이 거의 다 됐을 때였다. "그때부터 가끔 궁금할 때가 있어요. 애가 있었다면 내 삶은 어땠을까. 곧바로, 애가 있었다면 내가 포기해야 했을 것들이 떠오르지만요. 다시 태어나도 난 아무것도 바꾸지 않을 거예요. 현재와 똑같은 삶을 살고 모든 결정도 똑같이 내릴래요. 폴 역시 그 누구와도 바꾸지 않고요."

———————

사회학자 에릭 클라이넨버그Eric Klinenberg 1970-는 저서 『솔로 되기: 특별한 상승과 혼자 살기의 놀라운 매력Going Solo: The Extraordinary Rise and Surprising Appeal of Living Alone』에서 자신이 '독신자singleton'라고 부르는 사람들, 레슬리 힐처럼 혼자 살아가는 사람들의 인구학적 폭증을 연구했다. 독신자는 (미혼, 이혼, 사별 등 어떤 이유로든) 혼자 사는 성인으로 자신의 생활공간을 누구와도 공유하지 않는 사람을 말한다. 오늘날 독신자 가구가 미국 전체 가구에서 차지하는 비율은 28퍼센트까지 올랐는데, 클라이넨버그의 말에 따르면 이는 "독신자 가구가 차일드리스 부부라는 가구 형태와도 연관성이 있다는 뜻이다. 차일드리스 부부는 현재 미국에서 가장 흔한 가구 형태로 핵가족, 여러 세대로 구성된 가족, 룸메이트로 구성된 가구, 단체로 거주하는 가구보다 훨씬 더 높은 비중을 차지한다." (클라이넨버그가 정의하는 '차일드리스 부부'에는 '빈 둥지 부모'도 포함된다.)

미국에는 3천 1백만 명이 넘는 독신자가 존재하고 그 가운데 1천 7백만 명이 여성이다. 그리고 도시 지역에 거주하는 35세 이상 64세 이하의 여성이 그 수의 대부분을 차지한다. 아이 없는 여성의 비율이 엄청나게 높은 것이다.

클라이넨버그는 뉴욕 대학교 사회학과 교수다. 그는 7년이 넘는 기간 동안 대학원생들의 도움을 받아 3백 명 이상의 독신자와 인터뷰했는데, 그들은 모두 대도시권, 즉 뉴욕, 로스앤젤레스, 오스틴, 샌프란시스코 베이 에이리어에 거주하는 사람들이었다. 그 독신자들의 연령대는 20대 전문직에서부터 노인에 이르기까지 다양했다. 클라이넨버그는 비교가 가능하도록 독신자의 인구 비율이 높은 다른 나라의 데이터도 분석하고 독신자도 인터뷰했다.

독신으로 사는 것은 미국에만 나타나는 현상이 아니며, 미국의 독신자 인구 비율이 세계에서 가장 높은 것도 아니다. 스칸디나비아 반도 국가들, 일본, 독일, 프랑스, 영국, 호주, 캐나다 같은 나라들의 경우 1인 가구의 비율이 미국보다 더 높다.

청년층의 결혼 연령이 점점 늦어지고 있다. 현재 미국의 평균 결혼 연령은 남자 28세, 여자 26세다. 클라이넨버그는 '결혼은 이제 구식'이라는 주장에도 불구하고 결혼한 적 없는 독신자 대부분은 미래에 자신이 결혼하리라 생각한다고 기록한다. 그러나 사실 40세 이상 여성의 12퍼센트, 남성의 16퍼센트는 결혼을 한 번도 한 적이 없다.

클라이넨버그는 "혼자 사는 사람들 대부분은 가난하지 않은, 아니 오히려 재정적으로 상당히 안정된 생활을 한다. 그리고 그들은 의도적으로 자신의 가정이라는 공간을 바쁘고 스트레스 가득한 일터와 구별되는 오아시스로 활용하는데, 연구에 따르면 그것은 고립이 아니라 재생의 경험"이라고 말한다.

───────────

마흔일곱 살의 미혼 독신자 영어 교수 로라 존슨은 대학을 졸업한 뒤 20년 이상 혼자 살아왔다. 로라의 가족은 로라가 고향이라고 부르는 중서부 중소도시에서 멀리 떨어진 서부로 이사 가서 살고 있다. 로라의 여동생, 남편, 아이들은 다시 동쪽으로 돌아왔다. 로라가 열한 가구가 입주해 있는 아파트 건물에 세 들어 사는 이유는 주택은 유지비가 너무 비쌀 뿐 아니라 안전도 걱정되기 때문이다.

"나는 독신여성이라서 한 건물에 이웃들이 살고 있는 것이 훨씬 더 안전하게 느껴져요. 안전에 관한 환상일지도 모르지만 그 덕분에 안심이 되거든요. 난 앞으로도 계속 혼자 살다가 혼자 운신하지 못하는 때가 되어야 요양 시설 같은 곳에 들어갈 것 같아요. 혼자 장을 보지 못하거나 요리를 못하게 되는 등 어떤 식으로든 스스로를 돌보지 못하게 되면, 도움을 구해야 할 때가 된 거겠죠."

로라는 여가 시간을 대부분 혼자 보낸다. 가끔씩 사교댄스 수업을 받으러 가느라 외출해서 시간을 보내기는 하지만 평일 밤에는 일 때문에 바쁠 때가 많다. 주말에는 종일 장을 보고 잡무를 처리하며 그다음 주에 먹을 음식을 장만한다. 그녀는 자신이 여전히 독신자 인간관계망을 구축하는 중이라고 말한다. 격주에 한 번쯤 주말에 친구들을 만나러 나가는 것 같다.

혼자 사는 것이 그녀에게는 제법 잘 맞는다. "그게 내성적인 사람한테는 도움이 돼요. 어느 정도의 독립성, 선량한 집주인 역시 도움이 되고요. 그래서 난 내 아파트가 정말 좋아요."

근거지를 너무 자주 옮긴 탓에 로라는 강한 공동체 의식을 느끼는 것이 얼마나 어려운 일인지 알게 되었다. 그런데 한 동네에서 9년을 살고 나자 처음으로 뿌리가 내린 것처럼 느껴진다. 로라에게는 지금껏 살았던 장소를 통틀어 이곳이 가장 오래 산 곳이다. "내가 다니는 상점 계산대 직원들이 나를 알아보더라고요. 게다가 늘 같은 계산대 줄에 서다 보니 계산을 하는 동안 계산원이랑 잡담도 나눌 수 있게 됐어요. 단골 미용실 미용사는 이제 나를 잘 알아서, 분홍색으로 부분 염색을 하라는 권유를 굳이 하지 않아요. 설사 내가 그런 머리 모양을 원하더라도 말이죠. 그리고 학교에 간식을 싸갈 때면 늘 이웃이 운영하는 제과점에서 빵을 산답니다. 뿌리 내린다는 건 이런 것 아닐까요? 잘은 모르겠지만 난 그렇게 느껴요."

———————

"난 풀타임 캠핑카족이에요. 사람들이 어디 사느냐고 물으면 나는 유랑민이라고 말한답니다." 뉴욕에서 성장한 예순여덟 살의 줄리 애거터가 말한다.

길이 17피트, 즉 5미터가 넘는 트레일러를 끌고 미국 전역을 돌아다닌 지 거의 5년이 다 되어간다. 줄리는 견인봉까지 합쳐서 17피트지, 트레일러의 길이는 사실 디젤 트럭 정도밖에 안 된다고 지적한다. 벽면을 확장하거나 지붕을 올리지 않아서 생활공간의 면적은 100제곱피트(약 9.3제곱미터)를 약간 넘는다. 줄리의 트레일러는 욕조, 세면대, 샤워기, 변기가 모두 설치된 욕실, 아담한 주방, 2인용 식탁, 두 겹으로 접으면 소파가 되는 침대를 모두 갖추고 있다. 큰 창이 여러 개 나 있어서 산들바람과 자연의 소리가 차 안으로 들어온다. "야외에서 시간을 종일 보낼 수 있는 날이면 난 정말 행복해요. 그게 내가 이렇게 사는 이유예요."

줄리는 인디애나 주 남부 유니테리언 유니버설리즘 교회[19] 성

———————

19   유니테리언 유니버설리즘 교회(Unitarian Universalism Congregation) : 유니테리언은 삼위일체론에 반대해 그리스도의 신성을 부인하는 기독교의 한 분파이고, 유니버설리즘은 종교와 무관하게 인간이면 누구나 구원받는다는 만인구원론을 핵으로 하는 신학 사조다. 본래는 둘 다 종교 운동으로 시작되었지만 두 이론이 결합되면서 철학 운동의 성격이 짙어졌다. 미국 유니테리언 협회와 유니버설리즘 교회

직자이던 14년 전, 배우자를 잃었다. 젊은 시절에도 그녀는 자신이 좋은 엄마가 될 수 없으리라 생각했기 때문에 삶의 모든 에너지를 사회 경력 쌓는 일에 쏟아부었다. "나한테는 딱 두 가지 본보기밖에 없었어요. 결혼하지 않고 사업체를 운영하던 이모, 결혼하고 집 밖으로 나가 일하지 않던 어머니, 이렇게요. 애가 생겼으면 아마 난 성직자가 되지 못했을 거예요. 나는 성직자 일에 정말로 모든 것을 다 쏟아부었고, 그게 내 배우자한테는 가혹한 일이었어요."

과부 성직자 줄리는 지친 상태로 예순두 살에 은퇴한 뒤 뉴멕시코 선종 불교 사원의 15개월짜리 수련 과정에 들어갔다. 한 달 한 달 시간이 흘러 만기 날짜가 다가오자 줄리는 수련 기간을 연장하는 대신 자신이 진정으로 원하는 일, 자연 속에서 사는 일을 해보기로 결심했다. 그래서 브랜드 있는 새 트레일러를 주문하고 수련 과정을 수료한 뒤, 자신의 새 설비를 가지러 텍사스로 향했다. 줄리는 말한다. "나는 평생 배낭여행은 물론 텐트 야영, 가건물 숙영, 낡은 트레일러 여행에 이르기까지 안 해본 여행이 없답니다." 그런 만큼 그녀가 거주 가능한 더 큰 트레일러를 구입한 것은 당연한 수순이었다. 2013년 4월 1일 줄리는 살림살이 가득한 집을 뒤에 남겨두고 길 위로 나갔다.

는 1961년 통합했다. 만인의 존엄성과 평등, 자유, 평화를 중시하며 자연의 순환과 생명, 인류의 모든 문화와 종교를 존중하기 때문에, 성경뿐 아니라 다른 종교의 경전들도 소중하게 다루며 다른 종교의 의식에 참여하기도 한다.

처음 2년 동안은 해를 따라 움직였다. 여동생이 사는 북쪽 코네티컷 주에서 출발해 플로리다 주 동쪽 해안까지 내려와 아버지를 만난 다음, 미국의 가장 남쪽 지역을 가로질러 서쪽 애리조나 주로 가서 그곳에서 겨울을 났다. 이듬해 봄 코네티컷으로 돌아와 이 과정을 다시 똑같이 반복했다. 줄리가 아는 사람 중에는 그렇게 사는 사람이 아무도 없었기 때문에 배워야 할 일이 태산이었다. 길을 따라가다가 유랑하는 친구들을 만나면 그녀는 그들을 한자리에 모았고 그들은 여행 팁이나 도로 사정을 공유해주었다. 그들은 이제 미국 전역에서 주기적으로 만나는 사이가 되었다. 지난 몇 년 동안 그녀는 전국의 불교 사원들을 기준점으로 삼아 여행 계획표를 작성했다. 현재에도 그녀는 캠핑카를 몰고 대학 시절 옛 친구들과 사원을 방문한다. 그 두 방문지 사이에는 새로운 환경과 여행자들이 차곡차곡 놓여 있다.

줄리는 캠핑카 생활에 도움이 되는 단체 중 한 곳에 가입했다. '캠핑카를 타는 여성RVing Women'이라는 단체다. 설립된 지 25년도 더 된 그 단체는 사시사철이든 한철이든 탈것 위에서 생활하는 모든 연령대의 여성들을 지원하는 공동체다. 미국과 캐나다 전역에 18개의 지부를 보유하고 있어서 여행 중인 여성은 마음이 통하는 모임에 참여할 수 있다. 아직 일하고 있던 시절, 줄리는 오하이오 밸리에서 열리는 그 단체의 주말 집회에 몇 번 참가한 적이 있다.

또 다른 단체 '도망자의 캠핑카 클럽Escapees' RV Club'은 1979년부터 똑같은 캠핑카에서 살아온 가족이 3대째 운영하고 있다. 1만 명이 넘는 회원 수를 자랑하는 그 단체는 우편물 전달, 구직 센터, 극기 훈련소, 온라인 토론, 미국 전역 캠핑카 주차장 위치 안내 등의 서비스를 제공한다.

길을 따라가는 동안 소유물을 줄곧 버려온 터라, 트레일러 안에 든 물건이 줄리의 현재 전 재산이다. 줄리는 소리 내어 웃는다. "지난 3월 트럭을 도둑맞았을 때 가장 많은 걸 잃었어요. 트럭에 실려 있던 그 많은 물건까지 한꺼번에 다 사라졌거든요. 트럭을 되찾기는 했는데 내용물은 싹 비워져 있더군요. 그래서 살림을 대폭 줄였어요."

유랑민 줄리가 가끔씩 그리워하는 것 중 하나가 공동체 의식이다. 물론 줄리에게도 이따금 자발적으로 찾아가 머물 수 있는 공동체가 있다. "그래도 외롭지는 않아요. 살면서 만난 수많은 친구가 각계각층에 포진해 있고, 그 친구들과 이메일, 페이스북, 전화 통화 등으로 계속 연락하며 지내요. 난 원래, 그리고 심지어 사람들과 함께 있을 때조차 혼자 보내는 시간이 많은 사람이랍니다."

줄리는 길에서 만난 캠핑족들과 함께 가끔 하이킹을 하기도 하고 카약을 타기도 한다. "우리가 나누는 대화는 대부분 캠핑 이야기예요. 어디에서 왔는지, 어디가 가볼 만한지, 혹은 그 순간에 우리가 하고 있는 일 이야기를 해요. 내 생각에 난 현재를 더 제대로 즐기게 된 것 같아요."

줄리가 우연히 만나는 캠핑족 대부분은 아이들을 키운다. 심지어 풀타임 캠핑족조차도. 학교 방학 기간이면 캠핑장 전체에 손자들이 뛰어다니지만, 그녀가 조부모들만 만나는 것은 아니다. "캠핑을 계속 다니는 사람 중에 젊은 사람들이 점점 더 많아지고 있어요. 아이를 키우는 가족도 있고 길 위에서 일하는 사람도 있어요. 특별히 젊은 사람들을 위해 새로 조직된 전국 규모의 단체도 있어요. 그 단체는 많은 서비스와 여러 방식의 연결망을 제공한답니다."

경유값이 매우 비싼데도 길 위의 생활은 매우 경제적이라고 줄리는 말한다. 줄리의 트럭은 트레일러를 장착했을 경우 1갤런(약 3.8리터)으로 약 20마일(약 32킬로미터)을 갈 수 있고, 트레일러를 떼면 25마일(약 40킬로미터) 이상 갈 수 있다. 줄리는 풀타임 캠핑족이 된 뒤로, 두 번의 대륙 횡단 여행을 포함해 누적 10만 마일(약 16만 934킬로미터)의 거리를 달렸다. 같은 기간 동안 계속 운전을 하는 다른 사람들에 비하면 그다지 많은 주행거리는 아니다. (연료비를 제외한) 그녀의 고정 지출비용은 의료보험료, 보장성 보험료, 트레일러와 트럭 할부금을 다 포함해도 매월 1,500달러(2020년 현재 한화 170만 원 정도)가 안 된다. 한 캠핑족 단체에 소속되어 있어서 매일 밤 평균 10달러 값에 물과 전기 배선이 완비된 캠핑장을 이용할 수 있기 때문이다.

줄리는 말한다. "수많은 사람이 내가 지금 하고 있는 일에 경외심을 느껴요. 하지만 난 이 생활이 그렇게 특별하다고 생각하지 않아요. 오히려 나는 다른 사람들이 지금 하고 있는 일에 늘 놀라움을 느낀답니다."

줄리는 언젠가 지금의 유랑민 생활방식을 이동 없는 생활방식으로 바꾸어야 하는 날이 오리라는 사실을 안다. "내가 안전하게 운전하는 사람은 아니라는 생각이 드는 날이 오면 치매가 가장 큰 걱정거리가 되겠죠." 그녀는 자신의 운전 실력이 조금이라고 줄어들면 누군가 그 낌새를 알려줬으면 좋겠다고 생각한다. 알츠하이머병을 앓는 어머니 병수발을 들었던 터라, 줄리는 자신이 조금이라도 비정상적인 행동을 하거나 기억을 잃으면 스스로 알아챌 수 있으리라 믿는다. 그녀는 매년 뉴멕시코에서 빼먹지 않고 건강검진과 치과 검진을 받는다.

올해 11월, 줄리는 캘리포니아에 있는 캠핑족 조합 캠핑장에서 한 달을 지낼 예정이다. 그 캠핑장에서는 주차 공간을 매입하거나 빌려서 장기 주차를 할 수 있다. "그렇게 살면 어떨지 그냥 해보고 싶어서요." 그 일이 끝나면 그녀는 장기 요양 시설 같은 곳을 알아볼지도 모른다.

나는 여든네 살의 제인 젬바티를 방문한다. 그녀의 방 하나짜리 아파트는 데이턴 외곽 노인 생활 지원 공동체 안에 있다. 예전에 살던 시내 동네, 제인 혼자 수십 년을 살아온 그 동네는 교통이 아주 편한 곳이었다. 철학과 동료 교수이자 친한 친구인 마릴린이 두 블록 떨어진 곳에 살아서 두 사람은 종종 동네를 함께 산책했다. 요즘도 마릴린은 매주 제인을 찾아온다. "우리는 지적인 관심

사가 같아요. 다른 사람들에게 자신을 열어 보이는 데 둘 다 매우 소극적이고요. 우리는 알고 지낸 세월이 아주 길어요. 그만큼 깊은 우정인 거지요."

몇 년 전 또 다른 교수 부부가 제인이 사는 집 대각선 맞은편 블록에 집을 샀다. 그 부부와 제인은 셋 다 영화에 관심이 많아서 몇 년 동안 거의 매주 주말마다 함께 영화를 보러 다녔다. "이곳으로 이사 올 때 난 그 관계가 끝날 줄 알았어요. 그런데 그렇지 않았어요. 그 부부가 임신 사실을 알게 된 것은 늦은 밤이었는데 누군가에게 그 사실을 얼마나 알리고 싶었던지 여길 찾아왔지 뭐예요. 부부, 그리고 그 딸내미까지, 우리는 지금까지도 몇 년째 그 다정한 상호작용을 이어오고 있답니다."

제인이 시내의 집을 떠나 은퇴자 공동체로 이사 온 것은 2년 전이다. 나는 때가 되었다는 것을 어떻게 알았느냐고 물었다.

"허리가 정말로 안 좋았는데 갈수록 점점 더 나빠지는 거예요. 우리 집은 세탁기랑 건조기가 지하에 있었는데, 빨래를 들고 계단을 오르내리는 게 위험하게 느껴지더군요. 더이상은 신체적으로 건강해지지 않으리라는 사실도 알고 있었고요. 정신적으로나 신체적으로나 아직 스스로를 통제할 수 있는 상황에서 그때가 찾아온 거죠. 은퇴할 때가 언제인지 그냥 알게 되는 것과 똑같이요.

난 원래 아파트 생활을 싫어하는 사람이지만, 훗날 친구들로 하여금 내 문제를 결정하게 만들고 싶지 않았어요. 그 누구도 타인을 위해 그런 일을 해서는 안 되니까요. 난 이곳으로 일단 이사하고 나면 모든 일이 착착 정리되리란 사실을 알았던 거예요. 여기에서는 이 장치를 목에 걸고 하루에 두 번 침실에서 버튼을 눌러요. 내 버튼 소리가 안 들리면 24시간을 기다린 뒤 확인하러 온답니다. 전화 통보 없이 저녁 식사를 하러 내려가지 않아도 확인하러 오고요.

내 삶의 모든 상황이 평범하게 전개된 덕분에 지금 매우 쾌적한 장소에서 살 여유가 내게 있는 거겠죠. 내게 안전한 미래가 생긴 거겠죠. 아이를 낳지 않아서 일어난 또 다른 결과랄까요."

———————

초보 독신자인 나의 현재 보금자리는 승강기가 없는 콘도 건물 3층에 있는 작은 아파트다. 여섯 가구가 한 동을 사용하며 동이 두 개인 그 콘도는 1925년에 건축된 건물이다. 이곳에 비하면 제법 예술적인 2,500제곱피트(약 232제곱미터) 주택을 버리고 이곳으로 이사한 것이다. 기온이 27도 이상으로 치솟거나 4도 밑으로 뚝 떨어질 때만 빼면, 그러니까 1년의 절반쯤은 살기 편한 곳이다.

내가 최근에 혼자 산 것은 무려 35년 전이고, 그때는 그게 싫었다. 그런데 요즘, 그게 예전보다는 훨씬 즐거워졌다는 사실을 깨닫는다. 그동안 내가 스스로 어떤 사람인지 확신하게 되었고, 룸메이트를 구하려고 안달복달하지 않게 되었기 때문이리라. 매일 아침 똑같은 음식을 먹는 것이 아무렇지도 않아서 대충 장을 봐 음식을 해 찾기 쉽게 냉장고에 넣어둔다. 집이 더럽다고 잔소리할 사람도 없다. 그 덕분에 나는 자신에게 점점 더 너그러운 사람이 되어가고 있다.

내가 이 집을 고른 까닭은 안전한 동네라는 것과 걸어갈 수 있는 거리 안에 필요하거나 원하는 것이 모두 다 있기 때문이다. 이웃 중 상당수는 임차인이고 거의 다 도시에서 전문직으로 일하는 30대 독신자나 커플이다. 열두 가구 중 다섯 가구가 자가이고 그중 셋은 이혼한 60대 여성이다. 우리는 만나면 서로 손을 흔들며 인사를 나눈다.

———————

어느 비 오는 토요일, 계단을 내려가다가 발을 헛디뎌 엄지발가락에 통증을 느끼며 층계참에 간신히 착륙한다. 즉시 왼발이 퉁퉁 부어오르고 통증이 파도처럼 다리를 타고 오른다. 얼음과 다리를 높이 괼 물건을 향한 본능적 필요에 몰려 겨우겨우 계단을 올라 집에 도착한다. 얼음을 싸맨 다리를 베개 위에 얹자 진짜 고통이 급습한다. 눈물이 흘러내린다. '다쳤는데 혼자라니. 이제 어쩌면 좋지?'

도움이 필요하다는 건 알지만, 그 도움은 내가 요청하지 않는 한 날 찾아올 리 없다.

나는 공황상태에 빠져 차로 세 시간 거리의 시애틀에 사는 여동생에게 전화를 건다. 여동생은 집에 없다. 아랫집에 사는 제빵사는 직장에 있을 것이다. 전에 통로에서 마주친 적이 있지만, 그 커플이 이른 아침 출근하는 소리를 들은 것 같다. 이 건물은 텅 비어 있다. 혼자 겁에 질려 흐느끼는 나만 빼고.

엉금엉금 엉덩이 걸음으로 계단을 내려가 게걸음으로 거리를 지나 근처 병원에 가면 어떨까 생각해본다. 바보 같은 짓이라는 사실을 알지만, 그게 내가 생각해낼 수 있는, 자신을 돌보는 유일한 방법이다. 그 순간 옆 동에 살고 있는 간호사 두 명이 번뜩 떠오른다. 잘 모르는 사람들이고 내가 그 사람들 전화번호를 어떻게 알게 되었는지도 기억나지 않지만 내 전화기에 두 사람 연락처가 있다. 머릿속에서 핑퐁이 시작된다.

전화 걸어. 둘 다 좋은 사람들 같던데.
싫어. 번거롭게 만들고 싶지 않아.
만약 반대 입장이라면 넌 그 사람들을 안 도울 거야?
물론 돕겠지. 하지만 지금 도움을 청해야 하는 건 나잖아. 그럴 수는 없어.
그래, 그럼. 발이 땡땡 부어올라서 결국은 불같은 통증을 일으키며 폭발할 거야. 묵묵히 그 일을 다 겪고 나서 전화하면 되지.

이혼한 60대 여성 중 한 명인 간호사 샐리가 당황스러움으로 가득한 내 전화를 받는다. 곧 샐리는 딱 알맞은 얼음주머니, 탄력붕대, 그리고 전문가다운 위엄을 장착한 채 바람처럼 내 집으로 달려 들어온다. 내 겉옷을 챙겨 입히고 마치 걸음마하는 아기를 다루듯 날 부축해 계단을 내려간다. 확고한 표정을 지은 채 내 등산지팡이로 몸을 지탱하면서. 나를 차에 태워 세 블록 떨어져 있는 병원으로 데려간다. 내가 자동차 보닛에 기댄 채 엉망인 자세로 기다리는 동안, 그녀는 휠체어를 가져와 나를 응급실로 밀고 들어간다.

주말을 망쳐 미안하다는 나의 거듭되는 사과에 샐리는 코웃음을 친다. "내가 이런 일을 당했다면 그쪽도 이렇게 했을 거예요" 샐리의 말이 옳다. 나 역시 그랬을 것이다. 우리는 의사를 기다리면서 대화를 나눈다. 그녀가 얼마나 동료의식이 있는 사람인지 알 수 있다.

난 운이 좋다. 골절은 아니고 그저 심하게 삔 것뿐이란다. 두 시간 뒤 우리는 집으로 돌아온다. 솜씨 좋게 부목을 대고 붕대를 감은 내 발목 밑에 샐리가 쿠션을 괸다. 샐리는 냉장고를 들여다보더니 달걀 몇 개, 코티지치즈, 소화가 잘되는 음식을 꺼낸다. 우리는 9개월이 지나고 나서야 좋은 친구가 된 것이다.

혼자 사는 사람은 도움을 청할 일이 꼭 생긴다. 이렇게 또 많은 것을 배운다.

———————

미국 은퇴자 협회American Association of Retired Persons, AARP에 따르면 40세와 69세 사이의 이혼한 사람 가운데 재혼을 하는 사람은 3분의 1에 불과하다. 69세 이상의 미국인 가운데 3분의 1은 혼자 산다.

거주 방식이라는 측면에서 볼 때 내가 과연 얼마나 오래 혼자 살 수 있을지 의심스럽다. 아직 남자랑 진지한 연애를 할 준비, 아니실은 커피 한 잔 마시는 데이트조차 할 준비가 안 된 것이 분명하지만 솔직히 말해서 나는 누군가와 함께 사는 것이 좋다. 계단에서 구른 뒤로 나는 가끔씩 누군가가 나를 발견할 때까지 몸도 꼼짝하지 못하고 거기 혼자 누워 있게 될까 봐 애가 탄다. 걸스카우트 맹세를 하는 착한 소녀처럼 도움을 청하는 데, 불가피한 고난을 받아들이는 데 좀 더 익숙해지겠다고 다짐한다. 언젠가 우리 모두에게 도움이 필요한 날이 오리라는 것은 거의 확실하다.

제7장

쓰거나 잃거나

이 일이 나한테 일어난 일 가운데 가장 중요한 일이란
지위를 계속 누리지는 못할 거예요.

내 마음 한구석에는 언제나 두려움이 있어요.
몸 다른 부분에 암이 또 생길 수도 있다는.

다른 사람들이 자신의 한계나 약점을 우연히 알게 될 때쯤
난 이미 그것들과 씨름하고 있을 거예요.

그 두려움은 유방 때문에 시작됐다. 내가 10대이던 그때 우리 할머니는 일리노이 주 고모 집 차가운 방에 일자로 누워 있었다. 나는 5년 전 여름에도 그 방에서 잔 적이 있었다. 그 빛으로 책을 읽을 수 있길 바라면서 반딧불이로 항아리 여러 개를 채웠었다. 쇠 비린내가 할머니 몸 위를 떠다니다가 내가 할머니의 뺨에 입을 맞추려고 몸을 기울이자 내 콧구멍을 자극했다. 유방암 말기 판정을 받고 수술을 한 뒤, 예전에 포근했던 할머니의 품은 움푹 꺼져 있었고 이쪽 팔꿈치에서 저쪽 팔꿈치까지 상반신을 감은 붕대에는 누런 얼룩이 져 있었다. 무슨 말을 해야 할지 알 수가 없었다. 내가 할머니를 본 것은 그때가 마지막이었다. 할머니는 나와 아빠가 비행기를 타고 집으로 돌아오고 얼마 지나지 않아 돌아가셨다.

30대에 여성 코미디언 길다 래드너Gilda Radner 1949-1989의 자서전『그것은 언제나 특별한 것It's Always Something』을 읽다가 출산 경험이 없는 여성이 난소암이라는 불길한 병에 걸릴 위험이 더 크다는 사실을 알게 되었다. 몇 년 뒤 내가 그토록 써보려고 안간힘을 쓰던 바로 그 신체 조직이, 잘못될지도 모르며 심지어 날 죽일지도 모른다는 사실을 알게 된 어느 날 나는 기겁했다. 지금도 나는 내 난소가 무섭다.

───────

의학계는 생식기계 암과 출산 경험 사이의 관련성을 이미 오래전에 알아냈다. 1969년 연구자들은 아이 없는 여성이라는 특정 인구 집단, 즉 가톨릭 수녀들의 사망 요인을 연구했다.

수녀는 아이를 낳지 않는다. 그런데 그들은 여성암에서 불균형한 지분을 차지한다. 실제로 한때 유방암이 '수녀들의 질병'이란 호칭으로 불린 적이 있듯, 가톨릭 수녀 3만 명 이상의 데이터를 분석한 결과, 연구자들은 수녀들이 출산 경험이 있는 여성들보다 유방암은 물론 난소암과 자궁암으로 사망하는 비율 역시 훨씬 더 높다는 사실을 알아냈다. 그 뒤 차일드리스 여성을 대상으로 섬세하게 이루어진 수많은 연구 역시 논맘이 그런 암에 걸릴 위험이 엄마인 여성보다 두세 배 더 높다는 사실을 증명했다. 그렇다면 왜 그럴까?

한 이론에 따르면 수녀는 임신을 하거나 모유 수유를 하지 않기 때문에 배란 월경 주기가 엄마인 여성들보다 훨씬 더 짧다고 한다. 또 난소가 임신으로 중단되는 일 없이 매달 끝없이 배란을 하기 때문에, 암으로 진행될 수 있는 비정상적 세포분열이 그 과정에서 더 자주 발생하는 것 같다고 한다.

유방암, 난소암, 자궁암에 걸릴 확률이 더 높은지, 과연 어떻게 알 수 있을까? 발병 요인의 하나는 유전이다. (유방암 유전자라고 불리며 돌연변이를 일으켜 난소암도 유발하는) BRCA 1과 BRCA 2라는 돌연변이 유전자는 어머니와 아버지 양쪽 모두에게서 유전될 수 있다. 국립 암 센터는 전체 난소암 환자의 15퍼센트, 유방암 환자의 5~10퍼센트가 이 돌연변이에 해당된다고 말한다. 그런데 이 해로운 돌연변이 유전자를 보유한 여성의 경우 난소암과 유방암 발병률이 똑같이 확 올라간다. 참으로 불공평한 일이다.

다행스럽게도 여성의 DNA를 검사해 돌연변이 유전자가 있는지 확인할 수 있다. 가족력을 살펴 초기에 산부인과 계통 암, 유방암 진단을 받은 환자가 있거나 특정 인종 집단(예 : 아스카나지 유대인) 계통의 혈통이라면 유전자 검사를 권유받을지도 모른다. 돌연변이 유전자가 있는 여성의 경우 70세까지 장차 유방암 진단을 받을 확률은 45퍼센트에서 65퍼센트 정도다. 그 경우 나팔관, 복막, 췌장에 암이 생길 위험 또한 높아진다.

여성암의 발병 위험을 증가시키는 또 다른 요인으로는 난소낭종 발생 이력, 자궁 내 피임기구 삽입 이력, 치밀 유방 조직, 흡연, 운동 부족, 비만, 당뇨 등이 있다. 스칸디나비아 반도에서 실시된

한 연구는 키가 큰 여성일수록 난소암 발병률이 높다고 말한다.

가혹한 운명의 장난인지, 불임 치료 과정을 겪은 여성, 그중에서도 임신을 한 번도 한 적 없는 여성은 더더욱 아이가 없는 다른 여성보다도 암 발병률이 훨씬 더 높다. 불임을 유발하는 가장 흔한 증상 중 하나인 자궁내막증이 있는 여성의 암 발병률은 최고치를 기록한다. 외과적 의학 처치, 나포 발달을 촉진하는 약물의 포화 등 아기를 가지려고 몇 년 동안 갖은 애를 다 쓴 뒤 그런 병에 걸린다면 참으로 잔인한 아이러니 아닐까.

———————

여성 여덟 명 중 한 명은 살면서 생식기계 여성 암 가운데 가장 흔한 병, 즉 유방암에 걸렸다는 말을 듣게 된다. 2016년 한 해 동안 미국에서 유방암 진단을 받은 사람은 여성은 대략 25만 명, 남성은 2천5백 명이다.

어느 금요일 내 친구 제니 베이츠는 중고품 상점 굿윌Goodwill에서 쇼핑을 하다가 그 소식을 들었다. 제니는 그 전날 받은 왼쪽 유방 조직 검사를 잊고 싶은 마음에 파트너와 함께 그곳에 간 참이었다. 의사는 결과가 월요일쯤 나올 것이라 말했었다. 그런데 그때 제니의 휴대폰이 울렸다.

제니가 전화를 받자 의사가 말했다. "이런 소식을 전하게 되어 유감입니다. 암세포가 발견되었어요. 암 전문의, 외과에 이미 예약을 잡아두었고요, 환자분 담당 가정의에게도 말해두었습니다."

제니의 일정과 인생을 의학 시스템이 장악하게 된 순간이었다.

서른일곱 살의 제니는 부모 양쪽 모두 유방암 가족력이 전혀 없다. 그런데 몇 달 전 덩어리가 만져지는 것 같았다. "난 진짜 심한 치밀 유방이에요. 그래서 그냥 물혹이나 뭐 그런 거려니 생각했어요."

9년 동안 함께 살아온 제니와 파트너 사이에는 아이가 없다. 그들의 친한 친구 한 명이 불임클리닉에서 일한다. 제니가 그 친구와 전화로 유방암 진단받은 이야기를 하고 있는데, 그 통화를 우연히 들은 클리닉 의사 한 명이 제니에게 제안했다. "그날이 금요일이었는데 의사는 나한테 월요일에 와서 난자를 냉동하는 게 어떻겠느냐고 말했어요. 내가 원하면 장차 언제든 내 유전자 재료에 누군가의 유전자 재료를 섞어서 대리모의 도움을 받아 아기를 만들 수 있을 거라면서요." 제니는 그 의사의 친절한 제안을 정중하게 거절했다.

많은 자녀를 낳아 키우는 것이 평범한 가정의 이상인 보수적인 남부 침례교 집안에서 성장하긴 했지만 제니는 아이를 전혀 바라지 않는다. "난 '아기를 낳고 싶다'는 기분을 느낀 적이 한 번도 없어요. 나의 일부를 지속시키는 일에도 관심이 전혀 없고요. 유전자가 어떤 역할을 하는지 너무나 잘 알기 때문에, 오히려 내 유전자의 그 무엇도 계속될 필요가 없다고 생각하는 거예요. 내 유전자의 싹은 나와 함께 제거될 거예요."

몇 주 뒤 나는 운전해 근처 병원을 찾아가 화학요법실에 있는 제니를 만난다. 제니는 완두콩 색 안락의자에 앉아 있는데, 그 방에는 똑같은 의자들이 사열하는 군인들처럼 정확한 간격으로 줄지어 놓여 있고 그 의자들은 머리카락이 없는 여자들이 거의 다 차지하고 있다. 서른일곱 살의 제니는 앞으로도 최소 10년 동안은 그 방에서 가장 나이가 적은 여자일 듯싶다. 제니가 혈관 속으로 독한 화학 합성물을 똑똑 흘려 넣고 있는 그 네 시간 동안, 심술궂은 곰 모양의 일회용 문신을 붙이고 격려 카드들과 영양 간식을 품에 안은 채 앉아 있는 제니 앞을 지나 동료들이 의자로 이루어진 원을 반 바퀴 정도 이동한다. 제니는 격주 단위로 자신을 아프고 지겹게 만드는 이 화학 물질 때문에 아프고 지겹다. 예전에 걸린 적 있는 최악의 독감 같은 증상에서 마침내 벗어난 제니는 자신을 학대하듯 몸을 끌고 다음 안락의자로 이동한다. 그리고 또 다음 안락의자로. 벌써 몇 달째 계속되어온 치료 때문인지 제니의 생기는 종잇장처럼 얇아져 있다.

1년이 지난 지금 제니는 이렇게 회상한다. "병원에서는 나한테 온갖 약물을 다 쓸어 넣었어요. 자신들이 할 수 있는 모든 치료를 다 하려는 심산이었겠죠. 난 젊고 내 몸은 그것들을 감당할 수 있으니까요. 병실을 배정받고 화학요법을 시작한 다음 외과 수술을 받았어요. 곧 방사선 치료가 이어졌고요. 지금은 항체 치료를 받는 중이에요." 현재 제니는 유방절제술 후유증으로 고생하고 있다. 젊은 나이에 유방절제술을 받거나, 림프절을 제거한 사람들이 흔히 겪는 부작용이다. 때로는 외과 수술을 하는 동안 신경이 손상

되어 그 후유증이 생기기도 한다. 가슴 위쪽, 혹은 겨드랑이에 화끈거림, 쿡쿡 쑤심, 찌르는 듯한 통증이 느껴지는 그 증상은 수술후 길게는 3개월 이상까지 계속되기도 한다.

"두 달 동안 진통제를 한 보따리씩 맞았어요. 방사선 치료가 시작될 때까지 어떻게든 버텨내려고 안간힘을 쓰면서요. 몸이 좀 나아진다 싶으면 한두 가지 이유를 들어, 나는 곧장 또 끔찍한 수렁으로 내던져져요. 의사들이 새로 도입하고 싶은 또 다른 치료를 나한테 계속 시행하거든요."

의사들이 화학요법 약품과 수술 후 주사제를 폭격하듯 퍼부어 제니의 난소를 일부러 닫아버린다. 제니의 몸은 때 이른 폐경에 도달한다. 이제 정말 그 싹이 제거된 것이다.

———————

그래도 제니는 종양이 만져져서 발견할 수 있었지만, 수많은 여성은 그런 기회를 누리지 못한다. 유방암은 대개 유방 조영술을 통해서 발견되지만, 발병 위험이 높은 여성들은 초음파나 MRI 검사를 통해 찾아내기도 한다. 유방암은 대개 의심스러운 조직을 생체조직 검사한 뒤 진단명이 확정된다.

미국 암 학회American Cancer Society에 따르면 위험 요소로는 유방암 가족력, BRCA 돌연변이 유전자, 심각한 치밀 유방, 너무 이른(12세 이전) 초경, 너무 늦은(55세 이후) 폐경, 비만, 흡연, 음주,

30세 이후의 초산, 출산 경험 부재 등이 있다.

　　종양과 그 주위 조직을 수술로 제거하는 것이 일반적인 치료법이다. 암이 초기에 발견되면 유방 조직의 대부분을 살릴 수 있다. 한쪽 유방 전체나 양쪽 유방 모두를 제거하는 경우 재건 수술은 선택사항이다. 유방암의 유형과 진행 정도에 따라 화학요법 그리고/혹은 방사능 치료가 시행된다.

　　유방암 치료법은 1960년대 이래 큰 진전을 이루어왔다. 휴스턴에 있는 엠디 앤더슨 의학 센터M. D. Anderson Medical Center가 발표한 한 연구에 따르면 지난 50년 동안 유방암 판정을 받고도 10년 이상 생존한 환자의 비율은 35퍼센트에서 77퍼센트까지 두 배 이상 증가했다.

　　생존율은 그렇다 치고, 출산 경험이 없는 여성이 가장 흔한 유형인 에스트로겐 수용체 양성 유방암estrogen-receptor-positive breast cancer이라는 암에 걸릴 위험은 출산 경험이 있는 여성에 비해 40퍼센트 가량 더 높다. 연구자들은 임신이 유방 조직을 변화 시켜 호르몬을 먹고 자라는 악성종양에 덜 민감하게 만든다고 생각한다. 그러나 엄마인 여성의 경우 삼중 음성 유방암triple-negative breast cancer이라는 암, 훨씬 덜 흔해서 전체 유방암 가운데 15~20퍼센트만 차지하지만, 성향이 훨씬 더 공격적인 질병에 걸릴 확률이 눈에 띄게 더 높다.

　　이학박사, 공중보건학 석사이자 미국 과학 및 건강 위원회American Council on Science and Health 의장이었던 엘리자베스 휄란

Elizabeth Whelan 1943-2014은 〈뉴욕 포스트New York Post〉와의 인터뷰에서 이렇게 말했다. "중요한 것은 종양학자들이 이제 유방암 생존율을 높일 수 있는 방법을 알아냈다는 점이다. 그리고 실제로 종양학자들은 대부분의 경우 그 질병을 치료할 수 있다."

주디 토이펠은 유방암에 걸리지 않았는데도 무슨 일인지 양쪽 유방을 다 절제했다. 주디는 키가 큰 70대 여성으로 친근한 얼굴에 커다란 빨간 테 안경을 끼고 있다. 부스스한 머리까지도 왠지 멋있어 보인다. 예술가들이 대개 그러듯 그녀도 띄엄띄엄 말을 한다.

2005년 주디의 두 조카, 즉 남동생의 두 딸이 침윤성 유방암 진단을 받았다. 그 두 젊은 여성은 검사 결과 똑같이 BRCA 1 돌연변이 유전자에 양성 반응을 보였다. "우리는 모두 그 애들이 엄마한테 그 유전자를 받았을 거라고 추측했어요. 애들 엄마가 쉰 살에 유방암으로 세상을 떠났거든요. 그런데 또 다른 조카, 그러니까 오빠 딸이 엄청 걱정을 하는 거예요. 자기도 딸을 여럿 낳고 보니 검사를 받고 싶다면서요." 조카 카이저가 검사를 받으러 간다기에 주디도 함께 갔다. 그런데 카이저는 아버지 세대, 즉 주디 남매가 검사를 받지 않으면 자신도 받지 않겠다고 고집을 부렸다. "그 애들이 날 검사하고 싶어 할 거라고는 생각도 못했어요. 난 그냥 좋은 고모에 불과했으니까요. 아무튼 애들 부탁에 내가 가장 먼저 검사를 받았고 완벽하게 똑같은 돌연변이 유전자가 발견됐어요. 조카들 엄마 쪽이 아니라 우리 아버지 쪽 가계에서 유전된 유전자더군요. 우리 오빠도 검사를 받았지만 오빠한테는 그 돌연변이 유전자가 없었어요. 그래서 조카딸은 그 유전자가 자기 딸들한테, 그리고 그 아래 세대로도 계속 이어지면 어쩌나 걱정할 필요가 없어졌답니다."

그러나 주디는 걱정거리가 한가득이었다. 돌연변이 유전자가 있었기 때문에 언젠가 유방암이 발병할 확률이 매우 높았다. 그래서 주디는 몇 년 앞서 일어난 그 일을 계기로 예방적 차원에서 양쪽 유방을 절제하기로 결정했다. 그렇게 하면 유방암 발병률이 50퍼센트까지 감소하기 때문이었다. 그리고 언젠가 암세포로 변이될 수 있는 유방 조직을 발견하는 데 방해가 될까 우려해 유방 재건 수술은 하지 않기로 했다.

주디는 내게 1997년 추수감사절 이야기를 한다. 그때 주디는 알류샨 열도에서 가장 큰 마을인 더치 하버에 발이 묶여 있었다. 몇 주 동안 지내면서 새 공동체 센터의 개관과 예술 활동에 대한 지역의 관심을 불러일으킬 수 있게 도와달라는 초대를 받아 그곳에 간 터였다. 그런데 그때 훗날 '세기의 폭풍'이라 불리게 될 엄청난 눈보라가 그 지역을 강타했다.

주디는 회상한다. "며칠 동안 옴짝달싹할 수가 없었어요. 방에 음식과 함께 갇혀 있는 것, 그게 다였어요. 그런데 마치 살이 찐 것처럼 바지가 평소보다 허리에 꽉 끼는 듯 느껴지더군요. 저울에 올라가 봐도 몸무게는 변화가 없는데 말이죠. 그냥 몸이 붓고 있었던 거예요. 등에 통증이 있었고요. 밤에도 계속 화장실을 들락거려야 했는데, 나한테는 그게 흔히 일어나는 일이 아니었답니다. 정신도 몽롱했어요. 그때 만약 눈 속에 갇혀 있지 않았다면 난 아마 그 증상을 무시했을 거예요."

주디는 집으로 돌아왔지만 병원에 가는 일을 차일피일 미뤘다. "뭔가 잘못됐다는 사실을 알고 있었지만 일이 계속 바빴어요. 그래서 도움은 크리스마스가 지난 뒤에 받기로 했죠." 1월 6일 의사가 여러 가지 검사를 받으라고 명령했다. "남자 의사한테는 여자 환자의 질척거리는 신체 부위가 어떤 미지의 영역일 뿐이라는 느낌이 들 때가 있어요. 그 남자 산부인과 의사는 두 눈을 치켜뜨고 있다가 종양 덩어리를 발견하자 나를 쳐다보며 이렇게 말했답니다. '오늘 날씨 정말 좋네요. 환자분 난소에서 암이 발견됐으니, 이제 야외로 나가서 날씨를 만끽하시는 게 좋겠어요.' 마치 그날이 내가 만끽할 수 있는, 정말로 날씨 좋은 마지막 날이기라도 한 것처럼 말이죠."

주디는 사흘 뒤 여자 산부인과 종양 전문의를 만났다. "병원에서 그 여의사한테 날 배정하지 않았으면 지금쯤 난 아마 죽어 있을 거예요. 전문가한테 맡기면 생존율이 두 배는 높아진답니다." 첫 진료 이틀 뒤 주디는 수술대에 누웠다. 주디의 진단명은 난소암 3기였다. 3기는 암세포가 한쪽이나 양쪽 난소 그리고/혹은 나팔관에 존재하고, 주변 복부 조직, 림프절, 간이나 비장 표면까지 퍼져 있다는 뜻이다. 4기는 암세포가 신체 기관 내부 어디에서나 발견되는 단계로 보통 말기로 간주된다.

주디는 수술로 양쪽 난소와 나팔관, 복강 내 암세포 조직을 제거했다. 수술 후 화학치료는 방호복을 입은 병원 직원들이 진행했으며, 한 번 병원에 갈 때마다 사흘씩 입원해서 그 치료를 받았다고 한다.

그 뒤 17년이 넘는 세월 동안 한 번도 암이 재발하지 않았으니 주디는 운이 좋은 케이스다.

———————

'침묵의 살인자'라고 오랜 세월 불려온 난소암은 여성의 암 사망 원인 5위로 매년 전 세계에서 14만 명이 이 병으로 사망한다. 미국 암 학회는 미국에서만 매년 2만2천 명이 새로 난소암 진단을 받으며 이 중 절반이 62세 미만의 여성인 것으로 보고 있다. 난소암 진단을 받은 뒤 5년 이상 생존하는 환자는 44퍼센트에 불과하다. 의학계 연구자들은 지금까지도 난소암 원인을 정확히 규명하지 못해 당황하고 있다. 그 점을 생각하면 무섭다.

난 원래 겁이 많은 사람이 아니다. 그러나 건강은 다른 이야기다. 건강에 관한 한 나는 대담하게 그 문제를 직시한 적이 없다. 적어도 지금까지는.

손마디가 다 얼어서 감각이 없을 정도로 동풍이 거세게 부는 날, 나는 케이트 레오나드 박사가 1992년부터 이끌고 있는 단체를 방문해 박사를 만난다. 그곳은 산부인과 암에 걸린 여성을 지원하는 단체다. 병원 회의실은 머리카락이 없는 사람들을 위해 좀 지나치다 싶을 정도로 난방이 되어 있는데 수술 뒤 갑자기 폐경을 맞이한 다른 사람들에게는 불편할 정도다. 레오나드 박사는 민머리와 폐경 두 가지 다 난소암 치료의 자연스러운 결과라고 말한다.

레오나드 박사는 얼마나 많은 여성이 그 자리에 참석할지 알지 못한다. 한 명이 될 수도 있고 스무 명 이상이 될 수도 있단다. 사람들이 도착하기 전 레오나드 박사는 그 모임에 참석하는 여자들 대부분이 난소암 3기 진단을 받은 사람들이라고 말한다. "난소암 증상은 속삭이듯 나타나기 때문이에요.

흔한 증상인 붓기나 복통은 위장 질환, 혹은 짜증 많은 중년 아줌마의 불평으로 취급되기 십상이거든요. 자궁경부암이나 자궁암의 경우 의심할 수 없는 괴상한 색깔의 분비물, 출혈이 있기 때문에 알아채기 쉬운 반면, 난소는 신체 내부에 있기 때문에 뭔가 잘못됐다는 사실을 알아채기 훨씬 전에 병이 상당히 진행되어 있을 수 있답니다."

곧 40대 중반부터 70대 중반까지 다양한 연령대의 여자들이 속속 도착해 원형 회의 테이블에 자리를 잡는다. 레오나드 박사는 내게 자기소개를 해달라고 부탁하고는 내가 하고 있는 연구 내용을 간단히 설명한다. 그곳에는 레오나드 박사를 포함해 아이 없는 여자가 한 명도 없다.

에너지 넘치는 박사는 종종 활짝 웃지만 태도가 차분한, 보고 있으면 기대고 싶어지는 사람이다. 경험 많은 치료사인 그녀는 곧장 문제의 핵심으로 들어간다. "돌아가면서 각자 자신의 진단명과 요즘 상태를 이야기해봅시다."

"전 지난 9월에 3기 판정을 받았어요. 지난달에 화학요법이 끝났고요. 지금은 잘 지내고 있어요."

"전 자궁경부와 자궁내막에 암이 있었어요. 3기였고요. 치료는 3년 전에 끝났어요. 지금은 병증이 전혀 없답니다."

"전 난소암이었어요. 2년 전 진단을 받았고, 지금은 완치됐어요."

"전 2010년에 성인형 과립막세포 난소암adult granulosa ovarian cancer 판정을 받았어요. 재발해서 한 달 전에 로봇 수술을 받았고요. 증상은 없었어요. 검사를 하다가 암세포를 발견했죠." 수술을 받은 지 한 달밖에 안 됐는데도 이 여자가 얼마나 건강하고 활기 있어 보이는지, 참석자 모두가 깜짝 놀란다.

"전 자궁내막암 1기, 난소암 2기 진단을 받았어요. 난소 하나가 주먹 두 개만큼 커져 있더군요. 겨우 두 달 전에 화학요법이 끝났어요." 여자가 민머리를 덮고 있던 모자를 벗는다. "전 여기 온 게 처음이에요. 지금은 그런대로 괜찮아요. 좀 피곤하긴 하지만요."

레오나드 박사는 생식기계 암 생존자들, 특히 최근에 진단을 받았거나 이제 막 치료가 끝난 여성 환자들과 대화를 나누면서, 취약한 존재가 된 듯한 느낌, 불안한 감정을 가라앉힐 줄 안다. 새로 온 구성원들에게 이런 단순한 질문을 던지는 것이다. "어떤 도움이 필요하신가요?"

90분의 시간 동안 생존자들은 새로운 참석자들의 질문과 염려, 즉 일하는 시간을 더 줄이는 법, 보험회사를 상대하는 법, 적당한 가발을 찾을 수 있는 곳 등의 궁금증에 대답한다. 여자들의 태도가 수줍음에서 활기참으로 눈에 띄게 변해간다.

"여러분들이 저한테 도움이 정말 많이 됐어요. 제가 아는 사람 중에는 난소암 환자가 한 명도 없었거든요. 이제는 다음에 무슨 일이 닥치든 잘 해낼 수 있을 것 같은 기분이 들어요."

참석자 전원이 이구동성으로 확실하고 우렁차게 대답한다. "당연하죠."

———————

난소암이 '침묵의 살인자'라면, 그놈이 우리를 잡아먹기 전에 어떻게 찾아낼 수 있을까? 결정적인 증상은 전혀 없다. 따라서 붓기, 골반 통증, 복부 통증, 소화 불량, 갑자기 급하게 자주 찾아오는 요의尿意 등의 증상이 없는지 잘 살펴보는 수밖에 없다. 그래서 전국 난소암 연합National Ovarian Cancer Alliance과 미국 암 협회는 그런 증상들이 수많은 신체적 변화에 공통적으로 나타나는 현상이기는 하지만, 어떤 증상이든 한 달에 열 번 이상 나타나거나 몸이 평소와 너무 다르다면 의사를, 그중에서도 특히 산부인과 전문의를 만나는 것이 좋다고 말한다. 난소암이 아닌지 알아보라고 말한다.

컬럼비아 대학교 종양 전문 산부인과 과장 토머스 헤르초크 Thomas J. Herzog 박사는 〈뉴욕 타임스〉와의 인터뷰에서 이렇게 말했다. "여성들이 더 적극적으로 한발 앞서 이런 증상들을 찾아낸다면 우리 의사들도 더 이른 단계에 진단을 내릴 수 있을 것이다. 수많은 사람이 느끼는 별 특징 없는 증상들이지만 이런 증상들이 계속 나타나거나 상태가 악화된다면 전문의를 만날 필요가 있다."

그런데 의사의 관심을 끄는 것은 그 자체로 가장 혹독한 도전이 될 수도 있다.

과민반응이라고 해도 좋다. 하지만 난소암에 관해 더 많이 배워갈수록 나의 관심은 자연스럽게 내 배 쪽으로 옮겨갔다. 서너 가지 주요 증상이 계속 있었음에도 알아채지 못했다니 충격이었다.

2년 전 내 마음속 목소리가 매년 정기적으로 받는 피부 검사를 일단 취소하라고 외쳤다. 다행스럽게도 나는 그 목소리에 귀를 기울여 예약 날짜를 옮겼다. 이틀 뒤 흑색종 초기인 것으로 보이는 뭔가가 팔뚝 위쪽에 불룩 돋아났다. 화학요법도, 방사선 치료도 받을 필요는 없었지만, 그 뒤로 나는 현명한 내면의 속삭임에 매우 관심을 기울이게 되었다.

나를 담당하는 내과 의사는 내가 걱정거리를 이야기하는 동안 키보드만 두드리더니 곧 내 난소암 발병 위험은 더 높아지지 않았다고 딱 잘라 말한다.

"하지만 불임 치료를 받느라 내가 그 많은 약물을 투여받은 건 어떻게 생각하세요? 내가 임신한 적이 없다는 건 선생님도 아시잖아요."

그녀는 위험이 높아지지 않았다는 말을 되풀이하더니 절박요실금 치료 전문 물리치료사한테 가보라고 말한다.

나는 설득되지 않았지만 잔뜩 주눅이 든 채 진료실을 나온다. 이런 것도 화이트 코트 신드롬[20]이라고 해야 하나.

물리치료사는 내 증상에 차도가 없으니 산부인과 전문의와 상담해보는 게 좋겠다고 말한다.

6주 뒤 나는 내 병원 진료 이력과 약간의 용기로 무장한 채, 또다른 의사의 검사 테이블 앞에 앉아 있다. 검사 테이블 덮개와 똑같은 재질의 버석거리는 종이 조끼를 입은 채.

우리는 처음부터 의견이 갈린다. 나는 언제나 의사와의 만남을 녹음하는 일을 중요하게 여겨왔다. 특히 그게 나 자신이나 사랑하는 사람의 건강과 관련된 일이라면 더더욱. 의사들 대부분은

---

20   화이트 코트 신드롬(white coat syndrome) : 원래는 의사의 흰 가운만 보면 긴장해서 평소와 다른 검사 결과가 나오는 현상을 일컫는다. 여기에서는 의사 앞에서 자신의 생각을 제대로 표현하지 못하는 태도 정도의 뜻으로 쓰였다.

개의치 않는다. 심지어 그 대비책을 존중해주는 의사도 많다. 그러나 이 여자는 완강하다. 녹음은 안 된단다. 그 대신 진료가 끝난 뒤 내 차트를 인쇄해주겠다고 냉정하게 말한다.

그 진료를 녹음했다면 내가 어떻게 걱정을 털어놓았는지, 그 여자가 그 걱정거리를 얼마나 무시했는지 독자 여러분한테도 들려줄 수 있었을 텐데. 심지어 나는 그동안 수도 없이 지옥을 경험하게 만들어 준 생식기가 내 생명까지 좌우하게 된다면 얼마나 큰 좌절감을 느끼게 될지도 이야기했다.

우리가 정확하게 어떤 말을 주고받았는지는 기억나지 않지만 무시당하고 묵살 당하면서 느낀 그 기분은 지금도 생생하다. 마치, 레오나드 박사가 이야기했던 짜증 많은 중년 아줌마가 된 기분이었다. 나는 임신 경험이 없다는 사실에 집중하는 반면, 그녀는 우리 엄마나 여동생들이 유방암이나 난소암을 앓은 적이 있는지 계속 묻는다. 그러면서도 우리 친할머니가 유방암 말기였다는 사실에는 관심이 없는 것 같다. 그 여자가 BRCA 돌연변이 유전자 보유 가능성을 계산하고 있다는 건 나도 알지만 결국 내 인내심은 바닥난다. 진료실에서 나오자 간호사가 차트를 읽으며 진료 내용을 요약해준다. "유방암, 난소암 가족력으로 볼 때 기본적으로 환자분의 발병 확률은 기준선에 걸쳐 있어요. 매년 정기적으로 유방 조영술과 골반 내진을 받으셔야 합니다."

얼마 뒤 불현듯 아이 없는 여성이 난소암에 걸릴 위험성에 관한 한 내가 그 의사들보다 더 많이 알고 있다는 생각이 든다. 내 걱정거리들을 그렇게 경시하다니 나 자신한테 화가 난다. 그래서 그 걱정 거리들을 개인 병원을 운영하는 다른 의사한테 가져가기로 한다.

세 번째 의사는 내 말을 심각하게 듣는다. 아마도 이번에는 나 자신이 소심하게 굴지 않기 때문이리라. 나는 내 지식을 마음껏 자 랑하고 내 걱정거리들도 한껏 떠벌린다. 그런 다음 요컨대 감지 프 로그램을 원한다고 말한다. 난소와 나팔관 제거도 선택할 수 있는 지 논의하고 싶다고, 지독한 치밀 유방이니까 다음 유방 조영술을 3D 단층 촬영으로 받고 싶다고 말한다. 내 증상들을 토대로 의사 는 초음파 검사를 해야겠다고 말한다. 확신에 찬 목소리는 아니지 만 난 개의치 않는다. 우리는 그다음 주로 검사 날짜를 잡는다.

나는 검사 테이블 위로 올라간다. 이번에는 부드러운 재질 의 가운 차림이다. 내 오른쪽 팔꿈치 옆에 놓인, 비닐 커버가 씌워 진 봉이 달린 초음파 검사 기계가 눈에 들어온다. 의사를 기다리 고 있자니 온갖 기억이 흘러넘친다. 불임 치료 과정이며, 그 옛날 결혼 전에 나와 여동생이 '이탈리아 킹카'라고 불렀던 남자랑 했던 연애며. 연애가 꽤 길어지면서 그 남자가 자존심을 꺾었던 일을 떠올리니 기분이 좋아진다.

의사가 들어와 곧바로 자리에 앉더니 검사를 시작한다. 봉이 삽입되자 나는 숨을 내쉬고는 모니터에 집중한다. 그녀는 눈에 보 이는 것들을 설명한다. 자궁이 왼쪽 앞으로 치우쳐져 있다. 오른쪽 난소는 아몬드 크기다. 예전에는 살구 크기였을 거라고 의사가 말 한다. 괜찮아 보인단다. 왼쪽 난소도 마찬가지다. 자궁이 치우쳐져 있어서 방광에 압박을 가할 거라고, 특히 소변이 차 있을 때는 그 압박이 더 심하게 느껴질 거란다. 내가 갑자기 느끼는 요의가 그것 때문일 거라고. 난소나 나팔관이 붓거나 굵어진 기미는 전혀 보이지 않는다. 나는 다시 숨을 내쉰다.

의사를 세 번이나 바꿔가며 예약을 잡을 고집이나 시간 여유가 없는 여성들이 많다는 건 나도 안다. 또 여러 번의 진료와 초음파 검사에 들어간 3백 달러라는 비용을 지불할 여유가 있는 내가 얼마나 운이 좋은 사람인지도 잘 안다. 그리고 그 사실이 나는 걱정스럽다. 전국 난소암 연합, 미국 암 협회, 국제 암 학회가 검사할 필요가 있다고 동의한 증상들을 묵살하는 의사들은 나를 화나게 만든다. 나의 행복, 모든 여성의 행복과 관련된 문제이거늘. 의사는 돈을 받는 만큼 여성의 증상들을 정확하게 분석하고 위험성을 가늠해야 하는, 섬세하고 중요한 자리에 있는 사람이다. 그 결과를 감당해야 하는 것은 여성, 특히 아이 없는 여자들의 몫이지만.

초음파 검사는 (골반 내진, 일부 형태의 난소 종양만 분비하는 단백질을 잡아내는 CA-125[21] 혈액 검사와 함께) 의사가 암을 진단할 수 있는 몇 안 되는 수단 중 하나이며, 외과적 조직 검사는 진단

---

21 CA-125 : 암항원 125. 난소암 종양표지자의 하나다.

명을 확정하고 존재하는 암이 몇 기인지 결론 내릴 수 있는 유일한 수단이다.

조직 검사는 암세포가 발견되는지, 종양이 제거 가능한지 알아보기 위한 복부 예비 수술 중에, 그러니까 환자가 마취되어 있는 상황에 이루어지는 경우가 많다. 종양 용적 축소술이라고 불리는 수술을 받는 중에 난소, 나팔관, 자궁이 제거되는 경우도 있다. 암세포 주변의 조직도 검사 대상이며, 그 부분도 전이되었을 경우 제거된다. 따라서 환자는 자신의 몸에 암세포가 있는지 없는지도 확실하게 모르는 상태에서 이 일을 겪게 되며 의식을 회복한 뒤에야 상태가 어느 정도로 나쁜지, 어느 부위의 암이 얼마큼 진행되었는지 알게 된다. 이어지는 치료에는 화학요법이 포함된다. 가끔은 방사능 치료도 포함된다. 치료가 어떤 때는 어느 정도 회복된 뒤 진행되기도 하고, 어떤 때는 즉시 진행되기도 한다.

───────────

나와 유모 수전 지아노티는 레오나드 박사의 모임에서 만났고, 그 뒤로 만남이 이어졌다. 수전은 40대 중반에 자궁암 진단을 받았는데, 그 병 환자 중에서는 젊은 축에 속했다. 예쁘고 몸이 아담한 수전은 짧은 곱슬머리이다. 예전에는 긴 생머리였는데, 화학 치료 요법의 흔한 부작용으로 그렇게 된 것이다. "여름 동안 몸무게가 계속 줄었고 너무 피곤했어요. 맨 처음 나를 진료한 의사는 담낭암이라고 생각했지만 거기에는 아무 문제가 없었어요. 그런데 통증이 갈수록 심해졌어요. 결국은 응급실로 실려 갔고 마침내 암 덩어리를 찾아냈답니다. 병원 쪽에서는 나한테 의사 이름이 적힌 명함 두 장을 줬고, 나는 주차장에 주저앉아 의사들 사진을 보며 엉엉 울었어요. 48시간 뒤 수술대에 누웠고요. 얼마나 감당하기가 힘들던지.

회복기가 지나고 6주 뒤부터 화학요법을 시작했어요. 머리카락이 빠지기 시작하자 진짜 암 환자가 됐다는 게 실감 나더군요. 나를 바라보는 사람들 시선도 달라졌고요.

나는 독신이지만 40대가 된 뒤에도 몇 년 동안은 계속 임신을 꿈꿨어요. 나한테 아직 아이를 가질 가능성이 있을 줄 알았던 거예요. 암에 걸렸다는 말을 듣자, 얼른 암 덩어리를 떼 내어 버리고 싶었어요. 한쪽 난소에서만 암세포가 발견되었는데도 병원에서는 양쪽 난소를 모두 제거해 버렸답니다. 이제 선택의 여지가 없어진 거죠. 그게 감정적으로 가장 힘든 부분이에요. 친구들이나 가족은 이렇게 말해요. '그래도 넌 암에서 살아남았잖아.' 그래요. 하지만 그 때문에 중요한 뭔가를 잃은 것도 사실이에요. 난 항상 아이를 원했으니까요."

———————

임신을 하는 것보다 더 확실한 난소암 예방법은 없다. 하지만 가능성을 줄일 수 있는 방법들은 있다. 채소, 그중에서도 특히 브로콜리, 콜리플라워, 그리고 케일 같은 녹색 잎채소의 섭취량을 늘리는 것도 좋은 방법이다. 그럼 매일 먹으면 더 좋을까? 꼭 그렇지는 않다. 알코올이나 지방과 마찬가지다. 어쩌면 소량의 아스피린을 매일 복용하는 편이 더 나을지도 모른다. 가장 고무적인 발견은, 경구 피임약을 10년 이상 복용하면 여성 질환에 걸릴 확률이 반으로 줄어들 수 있다는 사실이다. 의사 카라 브릿Kara Britt과 로저 쇼트Roger Short는 영국의 의학 저널 〈란셋The Lancet〉에 수녀들이 예방 수단으로 경구 피임약을 복용한다고 기록했다. 아직까지는 바티칸이 그 예방책을 차마 축복하지는 못하고 있지만 말이다.

———————

의학박사 마저리 그린필드는 여러 대학 병원의 결합체인 클리블랜드 의료센터의 일반 산부인과 과장이자 케이스 웨스턴 리저브 대학교 의대 교수다. 그녀는 클리블랜드 낫맘 협회에서 〈널리파라 : 아이 없는 여성 & 당신의 건강〉이라는 제목의 워크숍을 이끌고 있다.

나는 회의실에 일찍 도착해, 물결치는 갈색 머리에 다정한 태도가 몸에 밴 중년 의사에게 자신을 소개한다. 내가 논맘들과 우리의 건강을 중점적으로 다룬 글을 찾아내는 일이 얼마나 힘든지 토로하자 그린필드 박사는 모임을 위해 준비해놓은 의학 자료들을 시간 내어 꼼꼼하게 읽어보라고 말한다. 박사는 널리파라에 관한 대부분의 의학 자료들이 아직 아기를 갖지 않은 여성, '출산 경험이 아직 없는'이라는 말로 설명할 수 있는 여성을 대상으로 하는 만큼, 연구 결과를 찾아내는 일이 지난한 것도 무리는 아니라고 말한다. 그동안의 내 연구 방식을 평가할 수 있는 기회라는 생각이 들자, 박사가 무엇을 찾아냈는지 몹시 듣고 싶어진다.

방이 여자들로 가득 차자 그린필드 박사는 암 통계를 다룬 슬라이드를 보여준다. 어떤 요인들이 난소암, 유방암, 자궁암의 발병 위험을 높이는지 하나하나 확인한 뒤 몇 가지 예방책을 일러준다.

박사는 나로서는 처음 듣는 자궁암과 관련된 몇 가지 이야기를 들려준다. 자궁암은 자궁내막암, 혹은 자궁 내 암이라고도 불린다. 평생 그런 병의 진단을 한 번이라도 받을 확률이 일반적으로 전체 여성 대비는 36분의 1이지만, 전체 논맘 대비는 18분의 1이다. 불임은 결정적인 위험 요소 중 하나이며, 특히 불임의 원인을 알 수 없거나 치료에 실패한 경우 위험성이 더 높다. 비만, 다낭성 난소증후군多囊性卵巢症候群이 있거나 폐경기 후 에스트로겐 대체 요법을 받고 있는 경우, 생식기계 암 가족력이 있는 경우도 그렇다. 난소암, 유방암과 마찬가지로 여성의 수명 위험성 역시 피임약 복용으로 낮출 수 있다.

비정상적인 출혈은 뭔가가 잘못되었음을, 대개는 혈액의 총량, 혹은 혈액 순환의 패턴에 변화가 생겼음을 알려주는 표시다. 폐경기가 지나면 자궁암 발병 위험이 최고치에 달하는데, 전체 자궁암 진단을 받은 환자 중 55세 이상이 75퍼센트를 차지할 정도다.

"폐경이 된 뒤 어떤 식으로든 평소와 다른 출혈이 보이면 반드시 검사를 받아야 합니다." 그린필드 박사가 강조한다.

자궁암은 대체로 유방암이나 난소암보다는 찾아내기가 훨씬 쉽고 5년 이상 생존율이 가장 높은 암으로 그 비율이 전체 환자 대비 82퍼센트에 이른다. 선택 가능한 치료법으로는 종양만 제거하는 수술, 증상에 따라 자궁, 자궁 경부, 질 일부까지 들어내는 수술, 화학요법 그리고/혹은 방사능 치료 등이 있다. 안전성을 고려해 폐경이 지난 여성의 경우 두 난소와 나팔관까지 제거하는 것도 가능하다.

그린필드 박사는 모든 생식기계 암의 예방법인 만큼 30세 이상 65세 미만의 여성은 모두 자궁경부암 검사를, 40세 이상의 여성은 유방 조영술, 유방 촉진 검사를 매년 받아야 한다고 말한다. 특히 아이가 없는 여성은 더더욱.

———

생식기의 일부를 제거하고 나면 생식기가 온전했을 때보다 자신이 훨씬 덜 여성스럽게 느껴질까?

제니 베이츠는 그렇지 않다. "난 여성으로서의 내 정체성을 강하게 느껴요. 물론 나한테는 중성적인 면도 있어요. 여성스러운 옷은 입지 않으니까요. 내가 여자라서 꼭 해야 하는 일은 전혀 없는 것 같아요. 마취에서 깼을 때부터 유방이 없다는 이유로 뭔가가 완전히 달라진 것처럼 느껴지진 않더라고요. 솔직히 말하면 대개는 유방이 없는 몸이 신체적으로 더 편하게 느껴져요. 난 그 유방을 써 본 적도 없거든요. 괜히 무게만 너무 나가서 내 자세만 망가뜨렸던 신체 부위인걸요.

게이, 레즈비언, 양성애자, 트랜스젠더 공동체 안에서는 남성과 여성을 규정하는 것은 무엇인가를 놓고 다양한 토론이 벌어져요. 성별이 뭐라고 딱 꼬집어 말하기 힘든 사람들로 구성된 공동체라 그렇겠죠. 우리는 중간에 끼어 있는 회색분자들이에요."

주디 토이펠은 난소와 유방을 모두 제거한 뒤 여성으로 사는 것에 관한 개인적인 개념이 바뀌었다고 생각한다. "수술이 내 성욕까지 제거한 것처럼 느껴져요. 어떤 신체 부위냐를 막론하고 무언가를 잃는 것은 힘든 일이잖아요. 욕망이 사라졌어요. 그래서 내 몸을 대하는 태도도 전반적으로 바뀌었답니다." 주디는 파리로 여행을 가면서 가슴에 보형물을 넣어보면 어떻겠느냐는 친구의 제안을 거부했다. "그렇게 한다고 뭐가 달라지는지 난 잘 모르겠어요. 무겁고 아프기만 한데. 아무튼, 나는 여기 포틀랜드에 있으나 파리에 있으나 똑같은 사람이에요."

———————

나는 우리 출산 경험이 없는 여자들이 엄마인 여자들보다 유방암, 난소암, 자궁암에 걸릴 비율이 더 높다는 사실에 계속 시달린다. 아무리 고개를 저어도 한 무리의 심사위원들이 한 명씩 돌아가면서 우리 논맘들에게 우리가 저지르지도 않은 어떤 범죄에 대해 유죄를 선고하고 스스로를 재생산하는 데 실패한 우리에게 딱 맞는 벌로 암을 판결하는 불쾌한 상상을 털어낼 수가 없다.

암컷 고양이나 개는 중성화 수술을 받지 않으면 유방암, 자궁암, 난소암에 더 잘 걸린다. 정말 슬픈 일이지만 그것이 중성화 수술을 하는 또 하나의 중요한 이유이기도 하다. 그러나 침팬지나 다른 영장류들은 인간과 유전자 구조가 98퍼센트 이상 같은데도 그런 암에 걸리지 않는다. 그 2퍼센트의 차이를 연구 중인 연구자들이 언젠가 여성 암의 원인과 치료법을 꼭 밝혀냈으면 하는 바람이다. 우리 여성들이 더 많이 암에 걸리는 이유가 유전적 요인 때문이라고 밝혀진다면, 눈동자가 파란색이거나 녹색인 것이 죄가 되지 않듯 우리 아이 없는 여자들도 공연히 죄책감을 느끼지 않게 될 것이다.

우리가 (유방암과 자궁암의 경우) 여성의 신체 부위를 사용하는 데 시간을 할애하지 않아서, 혹은 (난소암의 경우) 그 신체 부위가 잠시 쉴 수 있는 시간을 전혀 주지 않아서 그런 병에 걸린다는 사실보다 더 명확한 원인이 밝혀진다면, 지금보다 더 생리학적으로 위험을 줄여나갈 수 있을 것이다. 배란 억제가 이미 가능한 마당에, 아기를 갖지 않고도 임신과 모유 수유의 혜택을 누릴 수 있는 방법이 발견되지 말란 법도 없지 않은가?

암에 취약한 널리파라 여성들의 위험성을 줄이기 위한 연구에 비용이 더 투자되지 않으리라는 전망을 생각하면 간담이 서늘해진다. 차일드프리 여성들이 단지 암 발병 위험성을 줄이려고 아이를 갖겠다는 선택을 할 리도 만무하다. 무수한 차일드리스 여성들은 이미 시도했지만 실패한 사람들이다. 산부인과 전문의들은 우리가 전체 여성 인구의 상당 부분을 차지하고 있다는 사실을 이미 알고 있다. 전반적인 위험을 낮추는 것을 목표로 하는 연구라면 꽤 많은 논맘 여성들이 기꺼이 참여하지 않을까 생각한다. 현재에도 여성 인구의 큰 부분을 차지하고 있는 사람들로서 우리가 우리의 건강, 수명, 행복을 중점적으로 다루는 의학 연구에 많은 근거를 제공하고 있다는 것은 분명한 사실이다. 말하자면 우리는 우리 자신에게, 그리고 수녀들에게 큰 빚을 지고 있는 셈이다.

제8장
영혼의 이동

나는 내 영혼을 어떻게든 느껴보려고 애쓰는 중이에요.
애들이 엄마의 영혼을 먹고 자란다는데 나는 아이가 없으니까요.

우리 교회에는 규칙이 수도 없이 많지만
난 사실 그런 규칙 따위 신경도 쓰지 않아요.
내가 교회에서 찾는 것은 영성靈性,
그리고 사람들 안의 선량함이거든요.

내 생각에 영성과 종교는 일맥상통하는 것 같아요.
둘 중 하나만 갖는 것이 과연 가능할지 모르겠네요.

달 없는 밤에 별을 바라본다든가. 심각한 사고에서 살아남는다든가. 사랑하는 누군가를 잃는다든가, 그런 경험들은 우리가 영혼의 삶으로 직진할 수 있게 해주며 인간다움을 정의하는 데 도움을 준다. 그런 경험들은 또 기존에 구축된 신앙 체계나 개인의 영적 훈련을 동요시킬 수도 있다.

어떤 종교든 종교는 자손들의 신앙 유지에 의존해 교세를 확장한다. 그래서 전 세계 주요 종교 가운데 그 어떤 종교도 논맘들의 삶의 목표를 이야기하는 데 잉크를 할애하지 않는다. 나이나 상황 따위 아랑곳하지 않고, 논맘들의 척박함, 논맘들이 아이라는 선물을 키우게 될 잠재적 가능성을 말할 때만 빼고 말이다. 그래서 아이 없이 교회에서 자리를 찾는 것은 쉽지 않은 도전이 되기도 한다. 영혼의 영역과 기성 종교 내부의 구조를 탐험하는 것, 그리고 그 안에서 우리의 의미를 정의하는 것, 그것이 우리의 임무다.

그렇다면 종교와 영성의 차이는 무엇일까? 노인학자 존 스터키Jon C Stuckey는 이 두 가지를 다음과 같이 명확하게 구분한다.

종교 : 더 높은 힘이나 신에 관련된 행동, 혹은 성스러운 믿음으로 사람들을 이끌고 숭배하는 법을 구조적으로 제시하는 특정 교리 체계

영성 : 사람들의 삶에 목적과 의미를 부여하는 존재. 인간의 이해를 넘어서는 성스럽고 유의미한 총체와 사람들을 연결하는 믿음과 행동

신앙 체계와 행동은 원래 우리 가계의 기원에서 비롯돼 우리가 받아들이는 문화적 가치를 통해 구축된다. 그리고 우리가 생명 연속성 위에 놓여 있는 것들을 이해하고자 할 때 진화한다. 그런데 아이를 낳지 않는 행위는 그 진화에 큰 충격을 가한다.

———————

노스캐롤라이나 작은 마을의 유일한 유대인 가정에서 성장한 베스 로젠버그는 이름을 말할 때 마지막 이름, 즉 성을 말하는 일이 거의 없었다. 특히 6학년 때 같은 반 남학생 세 명한테 홀로코스트를 다시 시작하고 싶고, 그녀의 가족을 가장 먼저 죽이고 싶다는

말을 들은 뒤로는 더욱 그랬다.

베스는 열여덟 살에 독립한 뒤 바텐더, 웨이트리스로 일해 생계를 유지하면서 퇴근 후에는 거의 매일 밤 파티를 찾아다니며 살았다. 베스가 스물여섯 살이었을 때 가족이 그녀에게 이스라엘 행 비행기 표를 한 장 사줬다. "내가 쓰레기 같은 생활을 청산하고 대학에 진학하라는 계시를 들은 건 그때였어요. 난생처음으로 유대인이 되어서 유대인의 삶을 살아보고 싶었어요. 그 삶은 계속 서비스 업종에 종사하면서 한 주에 한 번 유대교 회랑에 가는 것과는 전혀 다른 삶인데 말이죠."

베스는 플로리다 대학교 유대인 연구 과정에 등록했고 서른 살이 되는 해 학사학위를 받았다. 그녀의 원래 목표는 유대인 연구로 대학원에 진학해 공부를 계속하는 것이었지만, 자신이 석사 과정에 반드시 포함되는 '글쓰기'에 젬병이라는 사실을 깨달았다.

하지만 가르치는 것은 좋았다. 그래서 노스캐롤라이나 주 샬럿 유대교 회당에 취직해 히브리인과 유대인 초등학생들을 가르쳤다. "우리의 핵심 커리큘럼은 예언과 관련된 것들이었고, 교육의 핵심 내용은 '티쿤 올람tikkum olam', 즉 '이 세상의 치유'였어요. 아이들에게 더 좋은 사람이 될 수 있는 연장을 쥐어주는 것 같아 기분이 좋았답니다. 내 유대교 신앙은 우리가 이 세상을 떠날 때 더 나은 세상을 남겨두고 가려면 지금 무엇을 해야 하는지, 어떻게 살아야 하는지 내게 알려줘요."

현재 마흔여덟 살인 베스는 언제나, 심지어는 파티마다 쫓아다니던 시절에도 자신이 언젠가는 결혼해 아이들을 낳으리라 생각했다. 하지만 그녀는 그런 적이 없다. 일단 학교 공부를 시작하자 엄마가 되고 싶은 충동이 시들해졌다. "늘 종일 일하고 학교에 다니고 하느라 할 일이 너무 많아서 그렇게 됐는지도 모르겠네요. 어쨌든 그때부터는 전혀 의심을 품지 않았어요. 게다가 석사학위를 따기 전까지 난 아이를 기르는 책임을 질 수 있을 만큼 성숙하지 못했답니다."

정통파 유대교에서는 아이를 낳는 것이 결혼의 목적이라고 베스는 설명한다. "난 정통파였던 적이 없어요. 난 내가 '불교 유대인Buddha Jew', 혹은 '주부'²²라고 부르는 부류이고 '개혁된 사원Reformed Temple'에 속해요. 불교에서는 환경과 자연의 대부분이 신이랍니다. 나에게 생명을 주는 모든 것은 지구의 일부이고요. 내가 아이를 낳지 않은 부분적인 이유는 우리가 지구를 파괴하고 있기 때문이에요.

내가 믿는 신앙의 교리는 타인을 돌보려면 자기 자신부터 잘 돌봐야 한다고 가르쳐요. 자신의 중심, 자신이 지금 어떻게 살고 있는지부터 시작하는 거예요. 난 늘 우리 조부모님과 부모님을 굉장히 많이 생각해요. 그래서 어린 나이에 깨달았어요. 그분들이 늙고 병들면 그분들을 돌보는 일을 내가 맡게 되리라는 것을요. 그게 지금 내게 일어나고 있는 일이고요. 나는 내 삶을 아이 한 명과

---

22   주부(Jubu) : 유대인으로 태어났지만 자라서 불교 수련을 받은 성인을 뜻한다.

보내는 것이 아니라 그분들과 보내고 싶어요. 그런 점에서 아이를 낳지 않은 일이 내 신앙을 어긴 일은 아닌 거예요."

베스는 학부 과정이 끝나기 직전 세상을 떠난 할아버지한테 사랑을 많이 받았다. 졸업 뒤 잠깐 요양원에서 일을 했는데, 그때 자신이 노인들을 돕는 일을 즐거워한다는 사실을 깨달았다. 그래서 노인병리 전문 사회복지학 석사학위를 따려고 학교로 돌아갔다.

베스는 2003년부터 샬럿에서 호스피스와 고통 완화 치료 전문 사회복지사로서 종일 일했다. 재작년까지는 회당 학교에서 아이들을 가르치는 일도 계속했다. 병원에서 풀타임으로 일하는 동시에 학기 중 기준 주당 약 열다섯 시간을 학교에 쏟아부었던 것이다. 지금도 그녀는 대체 교사가 필요할 때면 회당 학교에 나간다.

"내가 속한 공동체, 종교에서 난 어른보다 아이들이랑 더 많이 알고 지내요. 내 생각인데, 꽤 많은 부모가 내가 애 엄마인 줄 알거예요. 애들은 내가 애 엄마든 아니든 별 관심 없고요."

'욤 하쇼아Yom HaShoah', 즉 홀로코스트 추모일이 다가오면, 베스는 자신이 맡았던 3학년생들과 친구 타미가 가르치던 4학년생들을 모아 7학년생들의 성년식에서 '테필라tefilah', 즉 기도를 시켰던 일을 떠올리며 즐거워한다. 교실에 150여 명 아이의 노랫소리가 가득했었다. "우리는 뒤에 앉아서 이런 이야기를 했답니다. '우리 앞에서 노래하고 기도하는 저 많은 애들 좀 봐. 히틀러는 진 거야.'"

베스는 지난 몇 년 동안 다음 세대를 종교적으로 교육하느라 수백 시간을 헌신했지만 그동안 유대교 신앙에 종사하는 직업인은 0.2퍼센트밖에 증가하지 않았다. 미국은 자유라는 개념 위에 세워진 나라이고 지금까지 종교는 언제나 미국 문화의 중요한 요소였다. 오늘날 다른 신앙들은 상황이 어떨까?

2014년 퓨 리서치 센터는 종교적 풍경 연구Religious Landscape Study를 통해 미국인의 4분의 3이 스스로 특정 종교에 속해 있다고 말한다는 사실을 알아냈다. (그중 46퍼센트는 개신교, 21퍼센트는 가톨릭, 3퍼센트는 그 외 기독교, 6퍼센트는 비기독교였다.) 그런데 이 수치는 2007년 퓨 리서치 센터가 실시한 같은 연구와 비교해보면 기독교도의 비율이 거의 8퍼센트나 하락한 수치다. 이런 기독교적 독실함의 전국적 하락세는 특정 지리적 지역이나 인구학적 집합에 국한된 이야기가 아니다. 퓨 리서치는 "백인, 흑인, 라틴계를 막론하고 모든 인종이, 대졸이든 고졸이든 성인 모두가, 남성과 여성 모두가 똑같은 경향을 보인다"라고 보고했다.

(유대교, 이슬람교, 불교, 힌두교 등) 비기독교 신앙의 신자 수는 2007년 이후 약간 늘었다. 그러나 유의미한 다른 수치, 즉 거의 7퍼센트를 가져간 쪽은 자신을 어떤 종교에도 속하지 않는다고 규정하는 사람들, 자기가 어디에 속하는지 모르겠다고 대답한 사람들이었다. (이들의 수치는 연구 참여자 전체의 23퍼센트를 차지한다.)

미국인들이 어린 시절부터 다녔던 교회를 떠나고 있다. 특히 젊은 미국인들이 그렇다. 퓨 리서치 연구는 "그 어떤 다른 집단보

다도 개종을 통해 무교가 된 사람들이 압도적으로 큰 수치를 기록
했다. 미국 성인의 거의 5분의 1(18퍼센트)이 종교를 믿는 가정에
서 성장했지만 현재는 자신을 무교로 정의한다"라고 말한다.

　퓨 리서치 연구자들은 미국 성인 35,071명에게 전화 인터뷰를
진행해 그들의 종교적 정체성, 신앙, 교리 등에 관해 물었다. 데이
터는 50개 주에서 각각 수집되어 전체적으로 규합되었다. '부모'의
자격을 집에서 18세 미만의 자녀와 함께 생활하는 사람들로 규정하
기는 했지만, 어쨌든 부모 여부를 기준으로 데이터를 분석한 인구
학적 연구는 이것 하나뿐이다. 부모 여부와 관련해 흥미로운 사실
들이 몇 가지 있는데도 말이다. 미국 통계국이 종교 관련 정보를 수
집하지 않는다는 점을 고려하면, 퓨 리서치 연구에는 전국 젊은 가
정의 종교적 교리 및 신앙과 아이 없는 가정의 그것들을 비교하는
보기 드문 통찰이 담겨 있다.

　아이 없이 사는 성인들은 부모인 사람들보다 놀라움의 감정을
더 격하게 경험한다. 그리고 명상, 예배 참석, 영적 평화 감각의 추
구 같은 면에서는 거의 똑같다. 물론 신, 천국, 지옥을 믿고 종교를
매우 중요하게 생각하며 매일 기도하고 한 달에 한 번 이상 종교 경
전을 공부하는 것으로 말하면, 18세 미만의 자녀를 키우는 부모들
의 수가 집에 아이가 없는 사람들의 수보다 조금 더 많기는 하지만
말이다.

브렌다 니블록은 지금까지 성경을 열두 번쯤 읽었다.

기독교도로 다시 태어난 브렌다가 말한다. "태초에 주님께서 남자와 여자에게 자식을 낳고 번성하라고 말씀하신 것에는 아무런 오류가 없어요." 브렌다와 남편은 약간 남다른 인생을 살고 있다.

결혼 초기에는 그 부부도 아이를 낳는 것을 고려했었다. 심지어 마음껏 아이들이 뛰어놀을 수 있는 공간이 가득한, 대지 2만 평의 큰 집을 사기도 했다. 하지만 두 사람은 먼저 빚부터 다 갚고 싶었다.

브렌다는 회상한다. "그때 우리는 둘 다 일을 하고 있었고 그 일이 좋았어요." 브렌다는 성인 건강 교육에 종사했고 남편 톰은 엔지니어였다. "아이를 낳지 말자고 했던 것은 아녜요. 다만 적당한 때를 찾지 못한 거죠. 이기적으로 들리겠지만 난 정말로 내 경력을 포기하고 싶지 않았어요. 아이를 갖는다면, 적어도 애들이 학교에 갈 나이가 될 때까지는 일을 쉬게 되리라는 사실을 알고 있었으니까요. 내가 아는 여자 중에도 아이를 키우면 경력에 얼마나 큰 지장이 오는지 불평하는 여자들이 수두룩해요. '그런데 왜 굳이 애를 낳았을까?' 그럴 때면 이런 생각이 들더라고요."

브렌다는 열여덟 살에 다시 태어났다. "고등학생 때 술을 과하게 마시기 시작해 완전히 비뚤어진 길로 들어섰어요. 결국에는 내 인생에 큰 구멍이 생긴 것 같은 생각이 들 정도였죠. 그러다가 기독교 청소년 수련회에 갔는데 거기서 한 10대 소년이 하는 이야기를 들었어요. 술, 섹스, 파티로 자신의 모든 욕구를 채워보려고 안간힘을 써봤지만 아무래도 그 구멍을 채울 수가 없더래요. 나는 생각했어요. '저 소년도 내 또래 같아. 나한테 말을 하고 있잖아. 여기를 좀 다녀봐야겠다.' 그렇게 해서 그 주말에 나는 내 삶을 예수 그리스도께 의탁하게 되었답니다."

　현재 서른여섯 살인 브렌다, 그리고 그녀와 마찬가지로 다시 태어난 서른여덟 살의 남편은 교회와 공동체 양쪽에서 항상 일한다. 부부는 일찍 은퇴한 뒤로, 그게 누구든 휴식이 필요하거나 베이비시터를 쓸 여유가 없는 사람들에게 임시 돌봄 서비스를 제공한다. "우리는 주말이든, 저녁 시간이든, 낮 시간이든 언제든 일해요. 지금까지 계속 그랬어요." 물론 브렌다는 아이들이 옆에 있는 것이 어색하게 느껴진다는 사실을 빠르게 인정한다. "애들이 어떤 놀이, 어떤 이야기를 좋아하는지 잘 모르겠어요. 어떤 면에서는 나한테 무슨 문제가 있는 것처럼 느껴지지만 어떻게든 해나가고 있어요."

　보아하니 젊은 가족들은 브렌다의 어색함을 잘 모르는 것 같다. "두세 번인가, 아이를 키우는 부부가 부모한테 무슨 일이 생길 경우에 대비해 지정하는 아이들 보호자가 되어 줄 수 있느냐고 우리한테 물어본 적이 있어요. 아이 없는 사람들한테 자기 자식을 돌보아달라고 기꺼이 맡기다니 정말 영광스러웠어요. 우리에게 자식이 없다는 것을 이유로 정중하게 거절하기는 했지만요. 우리가 그러겠다고 말했다면 그 사람들한테도, 우리한테도 그건 부당한 일이 됐을 거예요."

　니블록 부부는 자기네 교회 신자들만 국한해서 가족들을 돕는 것이 아니다. 2년 전 부부는 새 차를 구입하려고 알아보는 중이었다. 자동차 영업사원은 정치적인 이유로 시리아에서 미국으로 망명한 무슬림이었다. 세 사람은 죽이 잘 맞았고, 부부는 젊은 무슬림 가족을 저녁 식사에 초대하고는 했다. 지금도 그들, 즉 니블록 부부, 시리아인 부부와 두 아이는 격월에 한 번씩 함께 저녁을 먹는다. 아이들 나이는 두 살, 네 살이다. 사실 브렌다와 그녀의 남편은 그 애들의 첫 번째 베이비시터였다.

"그 가족은 시리아에 있는 가족들과 너무 멀리 떨어져 있어서 주위에 애들을 아껴주고 부부를 격려해줄 사람이 정말로 아무도 없어요. 그 사람들은 우리에게도 특별한 존재랍니다. 지난가을 추수감사절에도 우리 집에 와서 함께 저녁을 먹었는데 부부가 그러더군요. 우리를 애들 조부모처럼 생각한다고요. 참 뿌듯했어요.

우리는 종교가 다르다는 이유로 우리 자신을 기독교도가 아닌 사람들과 구분하지 않아요. 물론 기독교도가 되는 일이 얼마나 가치 있는 일인지 사람들이 깨닫는다면 좋겠지만, 사람들한테 설교 따위도 전혀 하지 않아요. 그 부부가 우리 집에 오거나 우리가 그 집에 가면 부부는 언제나 우리한테 식전 감사기도를 해달라고 부탁해요. 우리가 기독교도인 것이 그 부부한테 걸림돌이 아니듯, 그들이 무슬림인 것도 우리한테 걸림돌이 아니에요."

니블록 부부는 워싱턴 주 서남부에 있는 '그리스도와 성경 중심 교회Christ-and Bible-centered Church of God'에 다닌다. "우리 교회는 동료의식이 강해서 다른 기독교도들과 많이 어울리라고 말해요. 그 과정에 어떤 활동을 하든 아무런 문제도 되지 않아요. 물론 온종일 성경책 사이에 코를 처박고 있지도 않고요. 우리는 현실 세상에서 실제로 살아가는 사람들이니까요."

현실 세상 속 충고 이야기를 하자면, 한 젊은 기독교도 여자가 엄마가 될 것인가 말 것인가 하는 문제를 놓고 조언을 구하기에 브렌다는 기도를 하라고, 주님의 말씀을 새겨들으라고, 아이가 있는 여자와 없는 여자 양쪽 모두와 대화해보라고 말했다. "나는 아이가 있는 여자는 누구든 정말로 축복받은 사람이라고 생각해요. 완전히 망가진 엄마만 아니라면요. 아이를 낳았다면 나도 그 축복을 누렸겠죠. 결정은 그 여자 몫이에요. 그 문제를 놓고 나도 기도하고 그 여자도 기도하고 있답니다."

브렌다는 자신의 선택에서 배운 것, 자신의 삶에서 펼치지 못한 것을 되새긴다. "아이를 낳지 않은 덕분에 나는 아이들이 누군가의 요구를 채워주는 존재가 아니라는 사실을 배웠어요. 난 결혼한 상태라서 행복해요. 톰은 나의 가장 좋은 친구지만, 나의 모든 요구에 딱 맞는 사람은 아니에요. 마찬가지로 아이들도 그럴 필요 없다고 생각해요. 내 요구를 채워주는 것은 내 삶 속에 있는 사물이나 사람이 아니에요. 내 요구를 채워주는 분은 예수 그리스도랍니다."

브렌다는 말을 잇는다. "아이를 낳지 않았다고 해서 많은 것을 잃었다고 느끼지 않아요. 가끔씩 가르치고 인도할 아이가 있으면 좋겠다는 생각을 하긴 해요. 하지만 내 신앙 속에도 아이들은 많고, 어떤 의미에서 볼 때 나는 실제로 그 아이들을 가르치고 인도해요.

그 애들이 바로 내가 인도하고 나와 함께 기도하고 함께 울고 함께 웃는 사람들이에요. 그건 내 집 대문 앞에서 그치는 관계가 아네요."

———————

베스와 브렌다는 둘 다 자신이 속한 종교 공동체 안에서 자기 역할을 잘 수행하고 있다. 두 사람 다 아이가 없다는 사실과 관련해 우려를 표하지는 않았지만, 어쩌면 그 사실이 가족을 우대하는 어떤 종교적 환경에서 그들이 그렇게 깊이 인정받고 있다고 느끼는 이유를 설명하는 데 도움이 될지도 모른다.

네브래스카 대학교 박사 줄리아 맥킬란Julia McQuillan은 차일드리스가 된 이유와 엄마가 되는 일의 중요성 사이의 관련성을 탐구하는 연구팀을 이끌었다. 전국 출산 장벽 조사 학회National Survey of Fertility Barriers의 데이터를 살펴보면 아이 없는 여성은 부모가 아닌 상태에 작용한 그들의 선택 의지 수준에 따라 네 개의 범주로 나뉜다. 자발적인 차일드프리, 생물학적 장벽에 의한 차일드프리, 상황적 장벽에 의한 차일드프리, 장벽은 없지만 아직 아이를 낳지 않은 차일드프리가 그것이다. 참가자들은 태도, 사고방식을 묻는 수십 개 문항에 대답했고, 그 대답에 따라 아이 없는 상태에 대한 우려, 엄마가 되는 일의 중요성의 정도가 갈렸다. 이 데이터를 분석한 결과 연구자들은 이런 사실을 발견했다. "자발적인 차일드프리 여성들은 아이 없는 상태를 별로 우려하지 않는 것으로 나타났다.

엄마가 되는 일 역시 별로 중요하게 여기지 않기 때문이다."

홍미로운 것은 자발적인 차일드프리 역시 아이를 낳는 것의 중요성과 관련된 사회적 메시지를 엄청나게 많이 받는데도 그들은 별로 그것을 신경 쓰지 않는다는 점이다. 자신의 선택에 만족하기 때문이다. 반면 차일드리스는 자신이 가질 수 없는 것을 원하고 자신에게 자녀가 없다는 사실을 가장 괴로워하는 것으로 나타났다. 맥킬란 교수는 말한다. "피임법과 불임 극복법이 다양해지면서 자녀 출산의 선택지가 많아진 것과 마찬가지로, 우리는 어떤 여성에게는 충격적인 것이 또 다른 여성에게는 안도감을 줄 수도 있다는 사실을 배워나가는 중이다."

자발적인 차일드프리들은 엄마가 되는 일을 개인적으로 별로 중요하게 여기지 않기 때문에 그들의 종교에서 중점적으로 다루는 출산이란 문제에 별로 개의치 않을지도 모른다. 그러나 어떤 여성들은 그 문제 때문에 젊어서부터 품어온 신앙과 복잡한 관계를 형성한다.

마리안 앨리슨은 가족이 흩어지면서 종교와 이별했다. 그런데 작년 쉰아홉 살의 나이에 신학대학을 졸업하고 성공회 신부 서품을 받았다. 우리가 만난 날 내 눈에 보이는 신앙의 표식은 짧고 어여쁜 사슬에 매달려 마리안의 목에 걸려 있는 작은 십자가뿐이다. 새끼손톱보다도 작은 그 십자가가 내 눈에는 십자가라기보다는 더하기

표시처럼 보인다.

마리안은 미시간 주 앤아버에서 오 남매 중 셋째로 태어나 자랐는데, 모두 연달아 태어난 터라 그 다섯 남매가 태어나는 데 7년도 채 걸리지 않았다. 마리안의 아버지는 미시간 대학교 영어 교수였고 어머니는 집에서 자녀를 키웠다. 마리안이 열네 살이던 1972년 크리스마스가 지나고 얼마 지나지 않아, 그 가족은 차를 몰고 애틀랜타에 사는 친척 집을 방문했다. 집으로 돌아오는 도중에 켄터키 북부에서 자동차 타이어가 터졌고 가족은 대형 화물차에 뭉개졌다.

그 충격으로 아버지가 즉사했고, 어머니와 막내 남동생은 병원으로 옮겨졌으나 몇 시간 뒤 사망했다. 마리안과 바로 아래 여동생은 가벼운 부상에서 벗어났지만, 손위 오빠와 언니는 상황이 많이 안 좋았다.

"오빠는 뇌진탕 증상과 두개골 골절이 있었어요. 언니는 머리를 다쳐서 몇 주 동안 의식불명이었고요. 현재 나와 여동생, 오빠 이렇게 우리 세 명은 후유증이 전혀 없지만, 언니 넬은 장기적인 뇌 손상으로 고생하고 있어요."

마리안의 몸에는 성직자의 피가 흐른다. 그녀의 조부모는 중국 선교사였고, 오빠는 랍비가 되었다. 사고가 나기 전 그 가족은 모두 성공회를 믿었다. "우리 부모님은 성당을 존중했고 신앙생활도 열심히 했지만 어떤 영적 육성을 위해 성당을 활용하지는 않았어요. 그 점을 생각하면 두 분이 성당 안에 어떤 공동체를 만들었는지 알 수 있어요."

사고로 막 고아가 되어 집으로 돌아온 아이들을 돌봐준 사람은 사촌언니 중 한 명이었다. 성당에서 그들을 보러 오는 사람은 아무도 없었고, 교구 또한 남매를 위해 아무것도 하지 않았다. 마리안은 아무도 자신을 찾지 않았기 때문에 성당에 가는 것을 그만두었다.

그녀는 묻는다. "우리 부모님이 돌아가셨을 때 성당은 어디 있었을까요?" 마리안은 어이없다는 표정으로, 어쩌면 사촌언니가 성당 사람들한테 찾아오지 말라고 말했는지도 모른다고 말한다. "주님 때문에 화가 났던 것 같지는 않아요. 지금 생각해봐도 그때 나는 주님이 일을 그따위로 처리하실 리 없다는 사실을 충분히 알 만큼 합리적인 아이였거든요."

비탄에 빠진 마리안은 자신만의 대처기제를 발전시켰다. "나 자신에게 의지하는 것, 그게 내 전략이었어요. 나는 몇 년 동안 계속될 극단적 독립, 극단적 자급자족이라는 여행을 시작했어요. 아니, 실은 수십 년 동안 계속됐네요.

내가 부모를 잃어야 할 운명이라면 완벽한 나이에 잃었다고 생각했어요. 마치 그런 일에 완벽한 나이가 있기라도 한 것처럼요. 난 이미 다 컸다고 생각했지만 실은 아직 부모님한테 반항 한 번 못 해본 나이였어요. 그런데도 세상 속으로 들어가 내 일을 스스로 마칠 준비가 되어 있었답니다. 부모가 필요하지 않은 이야기 속으로 끌려 들어간 거예요. 나한테는 모든 것을 하나로 묶는 데 그 이야기가 굉장히 중요했어요."

고등학교를 졸업한 뒤 마리안은 오하이오 주 오벌린 대학에 다녔다. 신입생 오리엔테이션에서 미래의 남편을 만났다. 그 역시 가족과 몇 년째 떨어져서 혼자 지내고 있었는데 그래서인지 마리 안보다 훨씬 내성적이고 다소 우울한 면이 있었다.

"굉장히 자립적이고 내 부족한 면을 완벽하게 채워주는 사람 이었어요. 우리는 〈박스카 칠드런〉[23] 시리즈에 나오는 아이들처 럼 서로 챙겨주며 고아가 된 그 상황을 함께 견뎠어요.

마리안과 남편은 몇 년 동안 주기적으로 가정을 꾸리는 문제 이야기를 했지만, 두 사람 다 그때마다 아직 준비가 되지 않은 것 처럼 느껴졌다. "지금 생각해보면, 충분히 안전하다고 느끼지 못하 는 것, 아이를 낳을 수 있을 만큼 안정적이라고 느끼지 못하는 것 도 사고의 부차적인 후유증이었어요. 난 아이를 가진다면 그때그 때 삶에 대처해야 하는 내 인생 이야기가 위험해지리라는 사실을 마음속으로 알고 있었던 것 같아요."

대학을 졸업한 뒤 남편이 계속 고전을 면치 못했던 것과 달리 마리안은 직장에서 승승장구했다. "우리는 결국 그 난국을 함께 이 겨내지 못했어요. 돌파하는 기술이 부족했던 거죠." 거의 20년을 함 께 산 뒤 마리안은 그토록 하고 싶지 않았던 이혼을 요구했다. "남 편은 영원히 나랑 함께 살 줄 알았을 거예요. 절대로 혼자는 되지 말 자는 것, 그게 우리의 합의사항이었으니까요. 나는 스스로 위기에

---

23 〈박스카 칠드런(The Boxcar Children)〉 : 미국의 동화작가이자 영어교사였던 거트루드 챈들러 워너(Gertrude Chandler Warner 1890-1979)가 창작한 시리즈 동화로 전체 19권으로 구성되어 있 다. 부모를 잃고 고아 신세가 된 네 남매가 할아버지 집을 떠나 숲을 헤매다가 박스로 된 차를 발견하고 거 기에서 살면서 자급자족으로 생계를 해결하는 과정에서 겪는 에피소드가 주된 줄거리다.

빠졌고 자급자족의 신화도 그렇게 부서져 버렸다는 사실을 깨달았어요. 그래서 그때부터 인류라는 무리와 어울리기 시작했어요."

마리안은 자신의 가치관 역시 변했다는 사실을 알아챘다. 영향력이 큰 홍보업계에서 일하는 동안 마리안은 자신이 일 자체보다 함께 일하는 사람들을 훨씬 더 많이 챙긴다는 사실을 깨달았다. 마리안은 그 상황을 무결점의 위기라고 표현한다. "일의 동력이 바닥나는 중이었고, 그곳에서는 더이상 하고 싶은 일도 없었어요." 마리안과 그녀의 고용주는 23년 만에 처음으로 의견 일치를 보았다. 그녀는 그렇게 회사를 그만두고 심리 치료를 시작했다.

마리안의 치료사는 치료의 일환으로 어떤 영적 수련을 해야 한다고 요구했다. "내가 할 줄 아는 유일한 영적 수련은 성당에 다시 나가는 것뿐이었어요. 그렇게 과거로 되돌아가는 여행이 시작됐어요. 그러자 내 감정을 더 잘 느낄 수 있게 되었답니다. 난 공감을 아주 잘하는 사람이에요. 특히 서비스 업종에서 일하고 있었기 때문에 나의 인간다운 면모를 찾게 된 거예요."

마리안은 몇 년 동안 영성, 봉사, 신앙과 관련된 수업을 받고 프로그램에 참여했다. 그러던 중 사회 정의에 관한 한 학회에 참석했다가 네 개 신학대학 연합체가 운영하는 문화 간 연구 대학원 과정이 있다는 사실을 알게 되었다. 그녀는 몇 개 과정에 등록했고 그 덕분에 영적 동료 그룹을 만났다. "그 그룹에 들어간 지 일 년 정도 지나자 어쩌면 내가 성스러운 계시를 받게 될지도 모른다는 생각이

들기 시작했어요. 나는 신부님을 찾아가 말했어요. '이제야 이해가 됩니다. 나는 이 일을 하려고 태어난 사람이에요.'" 그러고는 쉰다섯 살에 신학대학에 입학했다.

토착종교, 교회의 역사, 신학이론 같은 과목들을 4년 동안 공부한 뒤 마리안은 신학 석사학위를 받고 성공회 사제가 되었다. 현재 마리안은 시간을 쪼개어 교외 교구를 관리하는 동시에, 교회가 운영하는, 사회 취약계층을 돕는 사회봉사 기관의 담임 신부로 활동하고 있다.

"이렇게 말하면 이상하게 들리겠지만, 나는 상실의 한복판에 놓여 있는 사람들한테 마음이 쓰여요. 상실과 관련된 일들은 모두 역동적이거든요. 시간이 흐르면 상실과 나의 관계는 변하기 마련이고요. 그래서 어떤 때는 상실처럼 느껴지지만, 또 어떤 때는 그것이 구원처럼 느껴지기도 해요. 내 경우는 상실의 결과가 좋았던 편이고요.

20대의 내가 지금의 나와 똑같은 사람이었다면, 아마 아이를 낳았을 거예요. 아이를 낳지 않은 것은 내 상황에서 초래된 불가피한 상실이었어요. 애석하고 슬픈 일이지만 실수라고 생각하지는 않아요. 그저 내가 놓친 하나의 경험일 뿐이라고 생각하죠."

마리안은 말을 잇는다. "한계가 없다는 생각은 엄청난 환상이에요. 나는 아이 없는 여성을, 이미 한계를 인정하고 주님이 이번 생에 자신에게 주신 것들로 할 수 있는 최선을 다해 일하는 사람이라고 생각해요. 말하자면 자녀가 있는 여성과 똑같은 사람들인 거죠. 그저 어떤 선택을 했느냐가 다를 뿐. 사랑의 여러 정의 가운데 내가 가장 좋아하는 말은 '타인의 위대함을 위해 공간을 마련해두는 것'이라는 말이에요. 우리는 그런 식으로 아이 없는 여성을 사랑해야 해요. 그 여성들을 위해 공간을 마련해두어야 해요."

올봄 어머니날[24] 직전 토요일에 마리안은 난임, 불임, 유산, 낙태, 원치 않는 임신, 사산, 자식의 죽음 등 엄마가 되는 일과 관련해 일어날 수 있는 고통과 상실을 인정하는 특별한 저녁 행사를 개최할 예정이다. "희망과 의미를 찾아 나서는 거예요. 음악을 들으며 평안을 얻고 함께 기도도 드리고요."

———————

이런 진심 어린 봉사는 지난 몇십 년 동안 계속되어온, 교회 안에서 아이 없는 여성의 입지가 점점 좁아져 가는 추세를 뒤집는 데 도움이 될 수도 있다.

원가족과 함께 살고 있으면서 교회에 다니는 여성의 경우를 살펴보면, 끝까지 아이를 낳지 않을 여성과 언젠가 훗날 엄마가 될 여성의 비율은 비슷하다. 연구자 조이스 앱마Joyce C. Abma와 글래디스 마르티네스Gladys M. Martinez는 전국 가족 조사National Survey of Families and Household의 3회분 데이터를 분석한 결과 이런 결론에 도

24　어머니날(Mother's Day) : 미국은 어머니날과 아버지날이 따로 있다. 날짜가 정해져 있는 것이 아니라서 매년 바뀐다. 어머니날은 5월 둘째 일요일, 아버지날은 6월 셋째 일요일이다.

달했다. 20년이 넘는 동안 그들이 연구한 내용에 따르면 특정 종교와 무관하게 선택에 의한 차일드프리는 꾸준한 증가세를 보인 반면 비자발적 차일드리스는 같은 기간 동안 거의 같은 수치를 기록했다. 그러나 종교 예식에 전혀 참여하지 않는 사람의 비율을 보면 엄마인 사람들은 18퍼센트인 것에 비해 그 두 집합은 30퍼센트를 기록했다.

앱마와 마르티네스의 연구는 〈미국의 가족: 공공정책 저널 The Family in America: Journal of Public Policy〉에 실린 「무자식과 무교 Childless and Godless」라는 논문에 인용되었다. 그 책의 저자인 브라이스 크리스티안센Bryce J. Christiansen과 로버트 패터슨Robert W. Patterson은 "이 연구는 여러 현상 중에서도 불임이 무교를 초래한다는 사실을 잘 보여준다"라는 말로 연구 내용을 요약했다.

아이 없는 여성들이 꼬박꼬박 교회에 나갔다면 아이를 낳을 수 있었을 것이라는 주장은 터무니없는 소리다. 거기에는 변수가 너무 많아서 꼭 그렇게 보기는 힘들다. 교회에 다니지 않는 논맘의 거의 3분의 1에 이르는 여성들이 종교적 신념이 없거나 그런 활동을 하지 않아서 불임이란 결말에 이르렀다는 말인가?

크리스티안센과 패터슨은 또 종교와 관련된 그 연구 내용을 차일드리스의 높은 소득 수준과도 연관 짓는다. "자발적인 차일드리스 여성 대다수는 은행으로 가는 길을 찾고 있는 것 같지만, 그들 중 일부는 지금도 교회로 가는 길을 찾고 있다"라고 그들은 적었다.

교회로 가는 길을 찾아낸 일부 차일드리스의 수가 반가울 만큼 많지는 않지만, 우리도 길은 안다. 마치 아이를 낳는 일이 간단하고 명쾌한 선택지인 것처럼 아이를 낳지 않았다는 이유로 여성을 비난하는 것은 앞으로도 교인의 수가 계속 줄어들 조짐이며, 전 세계 대부분의 종교가 강조하는 관용에도 어긋나는 짓이다.

───────

다행스럽게도 신에게 이르는 길은 무수히 다양하다.

마흔네 살의 젠 호프만은 말한다. "난 그 시기를 삶 속의 의미 있는 뭔가를 깊이 열망하며 보냈어요. 사업체 운영도, 결혼도, 대금 지불도 모두 시능뿐이었죠. 내 삶 속에는 가려운 불만족이 있었어요." 그녀는 그 가려움을 긁으려고 8백 킬로미터가 넘는 거리를 걸었다. 그것도 두 번이나.

"가장 큰 의문은 '난 이 세상에 왜 왔을까?'였어요. 난 아이가 없으니까요. 나한테는 아이가 가슴 뛰는 존재, 귀엽고 반짝이는 두 눈으로 읽히지 않거든요. 난 내 자손을 내려다보면서 '이 아이가 나의 존재 이유야'라고 말할 수 있는 사람이 아니에요."

프랑스에서 시작해 스페인 북서부 산티아고 데 콤포스텔라 대성당에서 끝나는 산티아고 순례길은 피레네 산맥을 관통하며 구불구불 뻗어 있는 길로 대서양 해변과 가깝다. 영성을 추구하는 순례자들이 중세 이래 걸어온 수백 킬로미터의 그 길은 하나의 통로라기보다는 무수한 오솔길의 그물망에 가깝다. 젠은 2013년에 한 번,

그리고 2016년에 다시 한번 산티아고 순례길 전체를 다 걸었다. (장시간 걸어서 온 체력 저하와 탈수증세로 중이염에 걸려 버스를 타고 이동한 짧은 거리만 빼고 말이다.)

젠은 가톨릭 집안에서 성장해 노스이스턴 대학이라는 작은 학교에 다녔다. 대학 시절에는 성가대를 이끌고 무대 위에서 기타를 연주했으며 캠퍼스 선교사로 활동했다. 그녀의 체험활동 지도 고문이었던 수녀는 젠을 설득해 '주님께 바치는 삶'을 살게 하려고 애썼다. "별로 마음이 끌리지 않았어요." 젠은 회상한다.

대학교 3학년 때 젠이 친구들에게 자신이 레즈비언이라고 커밍아웃한 뒤 그녀와 성당과의 관계는 껄끄러워졌다. "성당에서 환영받지 못한다는 기분이 들었어요. 나의 성 정체성을 계속 비밀로 해야 했다는 생각이 들었어요. 왜냐하면 그 사람들은 그것을 영원히 인정하지도, 받아들이지도 못했을 테니까요. 젠의 예감은 옳았던 것으로 보인다. 젠이 졸업한 뒤 그 지도 고문이 젠의 친구 중 한 명을 게이라는 이유로 퇴학시킨 것을 보면.

산티아고 순례길 일주는 두 번 다 7주가 걸렸다. 그리고 그때마다 젠은 일을 중단했다. 가족이나 친구와 연락하는 일도 아내, 혹은 소수의 가까운 사람들에게 전화를 걸거나 메일을 보내는 것으로 제한했다. "내 모든 역할을 뒤에 남겨두고 떠나라고 스스로 허락한 거예요. 쓰고 있던 모자들을 모조리 벗어 던진, '진정한 나'는 어떤 사람인지 알아내려고요. 정말 무모한 일이었지만 어떤 것들이 내 책임인지 알고 싶었어요. 난 언제나 굉장히 타인 지향적인 사람이어서 사람들이 나한테 무엇을 기대하는지 알고 싶어 했고, 사람들이 내게 기대하는 것은 뭐든 했거든요."

젠은 왜 산티아고 순례길을 두 번이나 걸어야 할 것 같은 기분을 느꼈을까? 젠은 설명한다. "고대 산티아고 순례자들은 그 길의 반밖에 걷지 못한 것이었어요. 하지만 나는 출발점으로 다시 돌아옴으로써 그 길을 완주하는 경험을 해보고 싶었어요. 처음 스페인에 갔을 때는 거기에서 알게 된 사람이랑 집으로 함께 와야겠다는 생각을 하지 못해서 그녀를 거기 두고 왔어요. 그 뒤로 괜찮은 척 살아보려고, 아무것도 모르는 척 살아보려고 애썼지만 그럴 수가 없었어요.

그래서 다시 기회를 만들었고 그 결과 두 가지 일을 이룰 수 있었어요. 그 한 가지는 성령의 목소리가 어떻게 들리는지 관심을 기울이다가 그 목소리를 들을 수 있게 된 거였어요. 내 삶에는 너무나 분산되어 있고 너무나 작은 소음이 있었어요. 그런데 그 소리가 참으로 명확하게 들리는 순간이 찾아온 거예요. 나는 그 목소리를 들었어요. 그러자 시야가 트였죠. 나는 그 목소리를 믿었고, 그 목소리는 걷는 내내 들려왔어요. 또 한 가지는 길을 걷는 도중 만난 사람이었어요. 나를 위한 메시지를 갖고 있는 사람 말이에요. 순례자들은 그런 사람을 '순례길 천사'라고 부른답니다."

그녀가 그 성직자를 만난 것은 두 번째 순례길을 걸을 때, 산티아고에서 출발해 피레네 산맥을 지나 프랑스로 돌아오는 도중이었다. 젠은 작은 마을에서 길을 잃어서 순례길로 돌아가는 길을 찾는 중이었다. 어떤 모퉁이를 돌았는데 두 문이 활짝 열린 산타 마리아 성당이 보였다. 그녀는 성당 안으로 들어갔다.

"성당 안은 온통 깜깜했어요. 그런데 참으로 아름다운 음악이 흘러나오더군요. 나는 얼른 안으로 들어가 신도석에 무릎을 꿇고 기도문을 외웠어요. 자리에서 일어나 밖으로 나오려는데 문 앞에 성직자 한 명이 서 있는 거예요. 젊고 잘생긴 그 신부님은 활기가 넘쳤어요." 젠은 그에게 이번이 두 번째 순례길 일주라고 말했다. 그는 사연을 더 많이 알고 싶어 했다.

"신부님이 내게 결혼했느냐고 묻기에 난 그렇다고 대답했어요. 누구, 혹은 어떤 성별의 사람과 결혼했는지 자세한 이야기는 하지 않았고요. 그랬더니 아이가 있느냐고 묻더군요. 없다고 대답했죠.

그러자 신부님이 말했어요. '자매님을 축복하라고 제가 이리로 부름을 받은 것 같군요. 그래도 될까요?'

누가 축복을 마다하겠어요? 그래서 '그럼요'라고 대답했어요. 나는 고개를 숙였고 신부님은 내 이마에 한 손을 얹었어요. '이 순례자를 축복하소서. 이 영혼을 축복하소서. 주께서 자매님께 축복을 내려 많은 자녀를 주실 겁니다.' 신부님은 잠시 말을 멈추었다가 이렇게 덧붙였어요. '자녀를 안 주신다면, 자매님께 축복을 내려 수많은 영적 자녀를 주실 겁니다.'

그 말을 듣자 모든 머리카락이 쭈뼛 일어섰어요. 성당의 두 눈에 보여주려고 마음먹은 내 모습이 아니라 나의 진짜 모습 그대로를

266

인정받은 기분이었어요. 그 느낌이 어쩌나 강렬하던지. 신부님은 나를 한 번 포옹하고는 길까지 안내했답니다.

그게 '순례자 천사'를 만난 순간이었어요. 그 순간이 장차 내 모든 생명을 제공할 대상을 계속 찾아 나가는 기회가 되었답니다. 아이를 낳으면 엄마가 아이한테 모든 생명을, 그 아이가 잘 자랄 수 있게 모든 영혼을 주는 것처럼 말이에요. 내 다음 임무는 이 세상에 내가 창조할 것을 찾는 거구나. 그러면 나 자신을 스스로 정의하기까지 아직 여유가 있겠구나. 나는 그 말을 그런 뜻으로 받아들였어요."

현재 젠은 정기적으로 블로그에 영성에 관한 글을 올리고 책을 쓰는 중이다. "순례길 일주에서 영감을 얻기는 했지만, 그 책은 대부분 교회 벽 너머의 영적 변모에 관한 이야기랍니다. 지금 내가 알고 있는 것은 작가로서 내 역할이 영적 성장을 처음부터 기록하는 것이란 점이에요. 다른 사람들도 자신의 영적 성장 속으로 걸음을 내디딜 수 있도록요. 내 목적은 사람들이 자신의 목소리를 찾을 수 있게 돕는 거예요.

두 번째 순례길 일주를 마친 뒤로 나는 정말로 계속 내 힘 속으로 걸음을 내디디면서, 그 힘을 다른 사람들을 위해 쓰면서 살아왔어요. 우리 모두에게는 우리가 소유권을 주장한 적 없는 힘이 있답니다. 내가 깨달은 한 가지 사실은 소극적으로 움츠리고 있으면 정말로 세상에 아무 도움도 되지 않는 사람이 되고 만다는 거예요."

마치 순례자 천사의 또 다른 메시지를 받은 것처럼 젠의 통찰은 곧 옳은 것으로 드러났다. 2016년 대선 이후 젠은 추천할 만한 행동 지침 점검표를 만들어 몇몇 친구에게 이메일로 보내기 시작했다. 친구들은 그 점검표를 다른 친구들에게 전했다. 젠이 작성한 그 '양심적인 미국인이 되기 위한 주간 행동 점검표'는 바이러스처럼 퍼져 나갔고 현재 그녀의 블로그 구독자 수는 7만 명을 자랑한다.

"나는 내 책을 나의 영적 자녀라고 생각했어요. 물론 내 사촌의 자녀, 우리 오빠의 자녀, 내 친구의 자녀들도 영적 자녀고요. 그리고 그 구독자들 역시 자신의 목소리를 찾고 있다는 점에서 나의 영적 자녀랍니다. 구독자들도 나한테 그렇게 말해요. 기꺼이 자신의 진실을 공유해주고 어떤 방향으로 가야 할지 살짝이라도 알려주는 사람이 딱 한 명이라도 있으면, 사람들은 길을 잃었다는 기분을 덜 느끼면서 앞으로 나아갈 수 있어요. 그거면 된 것 아닐까요."

———

프란치스코 교황은 '영적 자녀'라는 젠의 개념에 눈살을 찌푸릴지도 모른다. 그리고 젠의 동성혼 역시 신성하게 봐줄 리 만무하다. 그러나 교황도 결혼한 사람들에게 아이들이 중요하다는 점은 분명히 밝혔다. 2014년 그는 오랜 세월 결혼생활을 유지해온 부부들을 축복하는 아침 미사를 봉헌하면서 자녀를 낳지 않는 결혼에 관한 자신의 견해를 밝혔다. 그는 서로에 대한 충실함, 인내심, 많은 자녀가 결혼을 성공적으로 이끈다고 말했다.

교황은 차일드리스와 차일드프리를 분명하게 구분했다. 아이를 낳는 데 실패한 부부들에게 이렇게 말했던 것이다. "예수님을 보고, 그리스도께서 자신의 교회를 향해 품었던 충실함을 본받으십시오."

그러나 차일드프리에 관해서는 다음과 같은 말을 남겼다. "아이를 원하지 않는 부부들, 비옥하지 못한 상태를 계속 유지하고 싶어 하는 배우자들, 이런 결혼의 결말은, 고독한 노년, 외로움의 씁쓸함을 느끼며 늙어가는 것입니다. 열매 맺지 않는 결혼이며, 예수께서 자신의 교회를 위해 했던 일을 하지 않는 결혼이기 때문입니다. 주님께서는 자신의 교회에 열매가 주렁주렁 매달리게 하셨습니다."

———————

70년 이상 가톨릭교도였던 바버라 한나는 말한다. "난 이 발언의 첫 부분이 좋아요. 생명을 줄 수 있는 방법은 많다는 내용을 굉장히 신학적인 방식으로 이야기하잖아요." 하지만 한나는 아이를 낳는 것에 반하는 선택을 한 부부들의 운명에 관해서는 부분적으로 동의하지 않는다. "어떤 사람들은 이기적인 이유에서 그런 결정을 내렸을수도 있지만, 자신이 누구인지, 아이들을 키우며 일하는 게 어떤 것인지 잘 알기 때문에 그런 결정을 내린 사람들도 있을 수 있으니까요. 교회는 아직 갈 길이 멀었어요.

종교는 공동체가 구성원의 영성을 풍요롭게 만들도록 도울 수 있고 또 도와야 해요. 영성이란 신에게, 타인에게, 자기 자신에게, 그리고 기도에 이르는 길이에요. 종교는 성장을 북돋워 줄 줄 알아야 해요.

대부분의 종교에서는 지금 점점 더 구조화되고 규칙이 점점 더 많아지는, 그런 일들이 일어나고 있어요. 맨 처음 종교가 만들어진 기본적인 이유를 잃어가고 있는 거죠. 심장보다 규칙이 더 중요해지고 있으니 말이에요."

바버라의 상황은 매우 독특하다. 그녀는 10대일 때부터 40대 초반까지 수녀였다. 가톨릭 수도회 산하 '겸손한 마리아 수녀회Humility of Mary' 소속의 수녀였다.

바버라는 자신도 그 용어를 때로 혼용하기는 하지만 '수녀'[25]를 뜻하는 영어 '넌nun'과 '시스터sister'에는 의미 차이가 있다고 말한다. '넌'은 격리된 생활을 한다. 즉 이 말은 그들이 대체로 수도원에 머물며 명상적이고 내면에 중점을 둔 삶을 살아간다는 뜻이다. 반면 '시스터'는 광범위한 공동체 활동에 적극적으로 참여한다. 바버라는 열여덟 살에 활동수녀회에 들어갔다. 현재 그녀는 70살이고 25년째 결혼생활을 하고 있다.

성인이 된 뒤 결혼하기 전까지 그녀는 자신의 삶을 주님과 아동 교육에 바쳤다. 바버라는 학창 시절 자신의 운명을 눈치챘다고

---

25   수녀 : 우리말로는 똑같은 명칭으로 부르지만 영어의 nun과 sister는 의미가 좀 다르다. nun은 세속과 격리된 수녀원에서 생활하면서 기도와 묵상에 집중하고, 정신적, 육체적 노동으로 생계를 유지하는 수녀로 관상수녀(觀想修女)라고도 부른다. 반면 sister는 교회와 세상 속에서 교육, 의료, 봉사, 선교 활동에 종사하는 수녀로 활동수녀(活動修女)라고도 부른다.

한다. "5학년 때 장래 희망을 그림으로 그렸던 일이 지금도 기억나요. 나는 수녀 그림을 그렸어요. 그러다가 고등학교 때 진로 지도 교사랑 개별 면담을 했는데 그분도 수녀님이었어요. 나는 수녀가 되고 싶다고 말했어요."

그리하여 바버라는 근처 수녀원으로 1일 체험학습을 가는 여고생 무리에 끼여 버스를 탔다. 펜실베이니아 주와 오하이오 주의 경계선에서 몇 킬로미터밖에 떨어져 있지 않은 겸손한 마리아 수녀회 수녀원이었다. 얼마 뒤 바버라는 30명의 1년 '지망생' 중 한 명이 되어 수녀원으로 들어가 수련과 교육을 받기 시작했다. 그리고 3년 뒤 서약했다.

"난 그렇게 선량하고 따뜻한 공동체의 일원이 됐어요. 천성적으로 베풀고 봉사하는 것을 잘했지만, 지금 생각해보면 내가 거기 들어간 이유는 안정성 때문이었던 것 같아요. 난 늘 불안감과 두려움을 느꼈거든요. 아무튼 난 그 교육 과정이 참 좋았어요. 임무를 맡는 것도 좋았고요. 교실 문을 닫으면 그 교실은 내 세상이었거든요."

하지만 주말만 되면 시련이 닥쳤다. "일요일에는 종종 우울한 기분에 빠지고는 했답니다. 지금 돌이켜보면, 일요일이 '가족의 날'이라서, 나도 가족을 원해서 그랬나 봐요. 그때는 그게 뭔지도 잘 몰랐는데 말이죠."

30대 후반쯤 바버라는 우울증이 너무 심해져서 상담 수녀에게 도움을 요청했다. "우리는 가족 문제와 나의 두려움에 관해서 많은 대화를 나누었어요. 상담 수녀님이 내게 묻더군요. 왜 공동체에 들어왔느냐고. 나는 그때마다 아무런 대답도 하지 않았어요. 그곳을 떠날 수밖에 없는 이유를 깨닫게 될까 봐 겁이 났거든요. 그건 나혼자 세상 밖으로 나와 스스로 고기를 낚아야 한다는 뜻이었으니까요." 바버라는 이미 영구 서원을 한 수녀였고, 그 서약을 깨고 싶지 않았다. 그저 상담을 계속할 뿐.

그러나 상담 수녀는 바버라가 고집을 부리고 있다는 사실을 알아챘고, 그녀에게 수녀원을 나가 이전에 한 번도 해본 적 없는 일 세 가지를 완료하기 전까지는 수녀원으로 돌아오지 말라고 지시했다. 바버라의 공동체에서는 수녀가 수녀원을 떠나 있으면, 계속 밖에서 살지, 아니면 종교 공동체로 돌아올지 대개 3년까지 매년 다시 결정할 수 있게 해준다.

"그래서 나는 그곳을 떠나 아파트를 얻고 직장을 구했어요." 바버라는 1년 뒤 밖에서 살기로 결정했다. "그때는 그게 나한테 옳은 결정이라는 걸 마음속으로 알겠더군요. 자유로운 느낌을 만끽하고 있었거든요." 바버라는 마흔한 살이었고 난생처음으로 혼자살고 있었다.

"여전히 가족을 꾸리고 싶었어요." 바버라는 별거 중인, 혹은 이혼한 사람들을 위한 교구 신자 단체에 들어갔다. "그때는 그렇게 생각했어요. '난 이 모임에 맞는 사람은 아니지만, 이것 말고 달리 뭘 하겠어?' 그러고는 모임에 나가서 내 상황을 설명했어요. 사회에 나와서도 내 생활은 별로 달라지지 않았다는 것, 그래서 모임에 참여하는 일이 내게는 큰 변화라는 것을요. 모임 회원들은 날 받아줬고요."

바버라는 데이트를 시작하면 단도직입적으로 자신이 찾는 것을 밝혔다. "남은 시간이 얼마 남지 않은 것처럼 느껴졌어요. 그래서 사람들한테 그렇게 그냥 말했어요. 3개월 동안 데이트를 해도 별 변화가 없으면 그 관계는 더이상 깊어지기도 힘들고 계속되기도 힘든 관계인 거잖아요. 그런 경우에는 그냥 헤어지고는 했답니다."

얼마 지나지 않아 바버라가 근무하는 학교에 새로 온 교사가 바버라에게 지인을 소개했다. 두 사람은 남자의 가족이 운영하는 약국에서 만나, 패스트푸드점에 앉아서 탄산음료를 마시고 뜨거운 퍼지를 얹은 아이스크림을 먹었다.

"우리는 공통된 취미가 몇 개 있었어요. 얼마나 젠틀한 남자인지. 좋은 의미로 쑥스러움도 많고 말이에요." 바버라는 보자마자 그 남자가 마음에 들었다.

"나이가 마흔 살이 넘었는데도 데이트를 몇 번 못 해봤대요. 그 사람이 주님에게 이렇게 말했다고 하더군요. '온 세상과 데이트하는 일은 저와 맞지 않으니 제게 누군가를 보내주셔야 합니다'라고요. 내 짐작에 그 기도가 응답을 받은 것 같아요."

다섯 달이 채 되지 않아 두 사람은 약혼했다. 그리고 다시 다섯 달 뒤 결혼했다. 바버라는 마흔네 살, 남편은 마흔세 살이었다. "그때도 난 여전히 아이를 원했어요. 그것도 아들 아홉을 낳고 싶었죠." 그녀는 곧 임신했지만 유산했다.

우리가 전화로 대화를 나누는 날, 바버라는 오늘이 메리 엘리자베스[26] 축일이며 자신의 유산 기념일이라고 말한다. "오늘 우리가 이런 대화를 하다니 너무 상징적인 것 같아요." 바버라는 22년 전 그날 그 예쁜 딸아이를 낳을 수 없다는 사실을 알았다고 한다. "우리는 그 애를 '메리 엘리자베스'라고 불러요. 생명은 생명이라고 믿으니까요. 어딘가에 그 애가 있든 없든, 우리는 지금도 그 애를 그렇게 부른답니다. 태어났다면 지금쯤 대학생이 되었겠네요. 그랬다면 나도 지금과는 달랐을 테고, 당신에게 이런 이야기를 털어놓고 있지 않았겠죠."

유산한 뒤 부부는 의사와 상담을 했고 아이를 입양하려고 했다. 그런데 서류를 모두 다 준비해놓고 나서 나이가 너무 많다는 말을 들었다. 그 상실감을 받아들이기까지 꽤 오랜 시간이 걸렸다.

"일요일에 성당이나 교회에 가면 한나[27]처럼 늙어서 임신에 성공한 성경 속 여자 이야기를 듣고 어쩌면 그럴 수도 있겠다고 생각들 하잖아요. 그런데 특정 나이가 지나고 나니 그럴 수도 있겠다는 생각이 더이상 들지 않더군요. 그런 일은 일어나지 않아요. 내 경우는 갑자기 불쑥 그렇게 된 것이 아니라 그저 점점 마음을 비우게 된 것뿐이지만요. 어쨌든 난 결국 애가 없다는 사실을 담담히 받아들일 수 있게 되었어요."

---

26 메리 엘리자베스 : 성녀 메리 엘리자베스 앤 베일리 시튼(Mary Elizabeth Ann Bayley Seton 1774-1821)을 말한다. 교황청의 인정을 받아 성인품에 오른(1975) 최초의 미국인으로 미국 자애 수녀회(American Sisters of Charity)의 창설자다. 축일은 1월 4일이다.

27 한나(Hannah) : 선지자 사무엘의 어머니다. 불임으로 고통받다가, 여러 자식을 주시면 그중 한 명을 바치는 것이 아니라 아들 한 명을 주시면 그 아들을 오롯이 주님께 받치겠다고 열심히 기도해 사무엘을 얻었다고 한다.

바버라는 요즘도 빠지지 않고 미사에 참석한다. 그러나 그녀가 가장 깊은 영적 유대감을 느끼는 곳은 네 여성으로 구성된 매우 친밀한 모임이다. 그중 두 명은 겸손한 마리아 수녀회의 전직 수녀이며 두 명은 현직 수녀.

한 달에 한 번씩 모이는 그 네 명은 요즘 에크하르트 톨레[28]의 책 『삶으로 다시 떠오르기』와 현재를 사는 것의 결과에 관해 토론 중이다. "정말 굉장한 도전이었어요. 평범한 교구 신자들이랑 읽고 이야기할 수 있는 그런 책들도 있잖아요. 그런데 이 책은 그렇지 않아요. 우리도 최근 모임에서 우리가 좀 더 젊었을 때 이런 내용을 알았다면 더 좋았겠다는 말만 했다니까요."

바버라는 그 모임의 막내다. "난 일흔 살이에요. 다른 세 분은 모두 올해 일흔일곱 살이고요. 그 나이에도 성장을 포기하지 않는 그분들을 옆에서 지켜보면 정말 흥미로워요. 그분들의 정신은 여전히 성장 중이고, 그분들은 계속 뭔가를 더 배우고 싶어 한답니다."

바버라는 그 모임이 주류 모임도 아니고 보수적인 모임도 아니라고 말한다. "우리 모임은 '깨달음과 의식이 있는 삶'을 이야기해요. 그런데 가끔 그런 생각이 들어요. 모임에 아이가 있는 회원이 한 명도 없으니, 그 덕분에 우리 모임이 방해받지 않으니 얼마나 다행스

---

28   에크하르트 톨레(Eckhart Tolle 1948-) : 독일 출신의 작가로 달라이 라마, 탁닛한과 함께 21세기 인류의 영적 스승으로 꼽힌다. 불우한 어린 시절, 극심한 우울증, 몇 번의 자살 시도 등을 겪으면서 깨달음을 얻었다고 한다. 불행의 원인인 '자신'이란 감옥에서 벗어나 지금 이 순간의 자유와 기쁨을 누리라는 메시지를 전한다, 특정한 종교나 사상 대신 자신의 속마음에 귀 기울이는 명상을 추구한다. 두 번째 저서인 『삶으로 다시 떠오르기』(류시화 역, 연금술사, 2013)는 미국에서만 5백만 부가 팔린 책으로 원제는 『새로운 지구: 삶의 목표를 일깨우는 것(A New Earth: Awakening to Your Life's Purpose)』이다.

러운 일인가, 그런 생각이요."

바버라는 잠시 말이 없더니 딴생각이 났는지 부모님 사진 한 장을 내민다. "이 사진을 찍을 무렵 우리 부모님은 지금의 나보다 연세가 많았어요. 그런데도 가족이 모이는 걸 좋아하셨어요. 앉아서 자식, 손자들을 지켜볼 수 있었다면 만족스럽게 환히 웃으셨을 텐데.

아이가 없는 우리는 환하게 웃는 일도, 사람들을 모으는 일도 쉽지 않아요. 하지만 우리한테도 그런 능력이 있다는 점은 분명히 할 필요가 있어요. 우리만의 모임 방식을 새로 만들어낼 필요도 있고요."

———————

마흔일곱 살의 메그 우다드는 10대 초반에 자신이 아이를 낳지 않으리라는 사실을 알게 되었다. 그래서 그 뒤로 수십 년 동안 아이 없이 영적으로 충족된 삶을 사는 방식을 발전시켜왔다.

메그는 열 살에 제1형 당뇨병 진단을 받았다. 매일 몸에 인슐린 주사를 직접 놓아온 것이 벌써 37년째다. 진단을 받고 1, 2년이 채 안 되어, 자녀 역시 당뇨병을 앓게 될지도 모른다는 두려움이나 위험 요소 없이 출산하는 일은 불가능하다는 사실을 깨달았다. 메그는 자신의 이런 질병 이력 때문에 아이를 낳지 않기로 결정했다.

메그는 15년 동안 결혼생활을 했고, 합의 이혼한 지 5년이 되었다. 전남편은 아이를 낳지 않겠다는 메그의 결정에 동의했었고,

가족 중 그 누구도 어떤 우려를 표한 적이 없었다. "난 그 결정이 전적으로 내 소관인 것 같았어요. 물론 그런 결정을 마음대로 내릴 수 없는 여자도 많다는 점은 인정할 수 있어요. 그런 여자들에게 자기 소관인 것은 이미 내려진 결정을 어떤 태도로 따를 것인가뿐이겠죠. 독특한 관점에 좌우되는 사람의 내면에는 굉장히 남다른 평화가 있는 것 같아요."

삼 남매 중 막내로 태어난 메그는 오리건 주 인구 610명의 작은 시골 마을에서 성장했다. 바하이Bahá'í교 집안에서 자랐고 최근 그 지역 바하이교 협회장으로 선출되었다. 바하이교는 하나의 신만이 존재하며 모든 종교는 그 유일신에서 비롯되었다고 믿는다. 마호메트, 조로아스터, 예수 그리스도, 아브라함, 부처 등은 모두 그 시대의 필요에 부응해 세상에 보내진 신의 전령이라는 것이다. 그들은 또 모든 인종은 동일한 인류의 일부이며 남자와 여성이 동등하다고 믿는다.

그 신앙에서 메그가 발견한 개인적으로 가장 의미 있는 교리는 진실의 독립적인 추구다. "그것이 나의 영적 본능을 이해하기 위한 내 여행의 첫발이었어요. 내가 누구인가, 다른 사람들이 내게 기대하는 나 가운데 진정한 내가 아닌 것은 무엇인가 등 내 정체성을 찾아 나가는 여행 말이에요. 그것은 말하자면 영적인 수준과 인간적 수준, 두 갈래로 동시에 나아가면서, 우리가 누구인지, 우리 삶에서 옳은 것은 무엇인지를 진실하고 솔직하게 마주하는 여행이랍니다."

메그는 20대 초반 그 교리를 심장에 담고 바하이교를 떠났다. 그녀는 회상한다. "그 종교가 정말로 나의 진리인지 모르겠더라고요. 그래서 내가 진심으로 알게 될 때까지 나는 바하이교도가 아니라고 전국 영성 협회에 편지를 썼어요." 메그는 20년을 떠돈 뒤에야 돌아와 그 신앙을 어떻게 적용할 것인지를 공부하는 몇몇 동아리에 참여했다. "이제 난 부인할 수가 없어요. 바하이교가 내게 진리라는 것을요."

공동체를 구축하는 것은 메그의 영적 수련에서 중요한 일부다. 메그는 수요일마다 아흔세 살 친구와 함께 다른 바하이교 신자들을 만난다. "내 생각에 가정방문은 아이 없는 사람들이 양육 대신에 할 수 있는 좋은 활동인 것 같아요. 하지만 페르시아 친구들의 영어 말하기 훈련을 도우면서 그 친구들한테 단순한 문장을 읽는 대신 자기 생각을 말할 기회를 줘보면, 내가 꿩 대신 닭 격으로 그 일을 하고 있다는 생각은 들지 않아요. 오히려 내가 꼭 해야 하는 일처럼 느껴진답니다."

───────────

예순여덟 살의 수전 해머는 종교를 지리적 우연으로 생겨난 결과라고 생각한다. "자카르타에서 태어났다면 난 무슬림이 되었을 거예요. 티베트에서 태어났다면 불교도가 되었을 테고, 인도에서 태어났다면 어디에서 태어났느냐에 따라 다를 수 있겠지만 아마 힌두교도가 되었겠죠. 꼭 기독교도여야 하며 예수를 개인적 구세주로 받아들여야지, 안 그러면 천국에 갈 수 없다니, 예수라는 이름을 한 번도 들어본 적 없는 사람들, 세계 비기독교권 지역에 살고 있는 사람들은 모조리 다 누락시킨다니, 대체 무슨 놈의 신이 그래요?"

장로교 집안에서 자란 수전은 주일학교에 다녔고 찬양대에서 노래를 불렀으며 열다섯 살에 교회 집사가 되었다. 그러나 그녀는 교회의 구조와 신앙에 의문을 품었다. "여자는 왜 교회 지도층이 될 수 없는지 궁금했어요. 상당히 온건한 개신교 내부에도 존재하는 그 성차별이 내 눈에는 괴상하게 보였어요."

수전은 사 남매 중 둘째이자 외동딸이다. 수전의 기억에 수전의 부모님은 아이를 낳으라는 압박을 가한 적이 없다. "부모님도 분명 내가 애를 낳기를 바라셨을 거예요. 하지만 그분들은 내 삶 속의 남자들을 언제나 의심의 눈초리로 바라보셨답니다. 내 인생에는 적당한 배우자감이 나타난 적이 전혀 없었다는 의견에 아마 그분들도 동의하실 거예요."

수전은 딱 한 번, 20대 때 점쟁이를 찾아간 적이 있다. "점을 그저 재미로 보는 건지, 정말로 뭔가를 알아내려고 보는 건지는 알 수 없었지만, 그 여자가 했던 말은 지금도 확실하게 기억나요. 내가 아홉 번째 삶을 살고 있다고 하더군요. 난 전생에 네 번은 여자, 네 번은 남자였대요. 그리고 자식이 무지무지 많았대요. 그 여자는 이렇게 말했어요. '아마 다시 애를 낳을 필요가 없을 거야. 넌 네 영혼이 성장하는 데 필요한 것이 무엇이냐에 따라 매 생애 다른 일을 하는 그런 사람이니까.'"

수전은 가임기 내내 애를 낳을지 말지 생각을 정하지 못했다. 법률가로서의 바쁜 직장 생활, 야외 스포츠, 모임, 친구, 가족만으로도 그녀의 삶은 이미 가득 차 있었기 때문이다. 아이를 낳을 가능성을 열어두기는 했지만, 그녀는 결국 차일드프리로 계속 살아가기로 선택했고 자신의 결정에 만족한다. 그녀는 남녀 조카들, 알고 지내는 젊은 친구들과 수많은 친교 관계를 즐겁게 유지하고 있고, 꼭 친자식이 필요하다고 느끼지 않는다.

수전은 중국, 아프리카, 남아메리카, 동남아시아 등 세계를 여행했다. 수전은 30대에 파트너 리를 만났는데, 그때 그는 수전이 속한 네팔 트레킹 팀의 인솔자였다. 그들은 그 뒤로 여러 번 트레킹 여행자 무리를 이끌고 히말라야에 올랐다. "그곳 사람들은 가진 게 거의 없는데도 너무나 행복해 보였어요. 그 점이 나를 사로잡았어요. 그렇게 가진 재물이 없는데도 그렇게 마음이 넓은 사람들이라니. 나는 다른 어떤 유형의 종교보다도 불교에 더 깊은 유대감을 느낀답니다. 결정적으로 삶 속에 존재하는 영혼을 느끼거든요."

수전은 작년에 어깨를 심하게 다치는 바람에, 치료하러, 그리고 정신과 상담을 받으러 몇 차례 병원에 간 일을 제외하면 거의 12개월 동안 집에 갇혀 지냈다.

"나는 작년을 '나의 치유의 해'라고 불러요. 1년 내내 가만히 누워서 하늘의 변화, 계절의 흐름, 달의 위치를 내내 지켜봤거든요. 한자리에서 세계를 공부한 거죠. 이런 게 노화를 위한 훈련인가 보다, 그런 생각이 들더군요.

태어나는 영혼들, 다양한 모습으로 환생하는 영혼들이 내 눈에는 보여요. 그런 건 가계나 혈통과는 아무런 상관이 없어요. 오히려 영혼이 세상 속으로 들어올 준비를 끝내는 때가 언제인지, 어떤 형태로 세상에 오는지와 관련이 있죠. 그래서 난 사실 자식을 소유물로 여기는 생물학 따위는 믿지 않아요.

　가지 않은 길은 어떤 모습일지 알 수 없어요. 요즘도 가까이 지내는 우리 부모님은 평생 자식들 때문에 굉장한 기쁨과 극심한 고통을 모두 겪으셨어요. 그분들이 그러더군요. 자식을 낳기로 선택하는 것은 미지의 길을 떠나는 거라고요. 어떤 이들은 목소리를 낮추어 자신의 선택을 후회한다고 말해요." 수전은 잠시 멈추었다가 말을 잇는다. "출산을 고려 중인 젊은 여자라면 이런 점을 알아야 해요. 난 미지의 길이 아닌, 빤한 길을 가는 것이 매우 행복해요."

　평생 걸어온 길을 되짚어보다 보면 우리의 영적 발전이라는 여행의 기록을 반추할 수 있다. 앤 웬홀드는 80여 년 동안 수많은 길을 걸어봤다.

　앤은 개신교 집안에서 태어났지만 어려서 가톨릭 학교에 다녔다. 어른이 되자 자신은 죄인이라느니, 예수 없는 삶은 희망 없는 삶이라느니 하는 말이 점점 듣기 싫어졌다. 단상 위에서 울려퍼지는 시끄러운 설교 소리에 점점 반감이 커졌다.

맨 처음 앤의 마음을 끈 것은 퀘이커교였다. 퀘이커교도들은 조용했기 때문이다. 그다음에는 더 조용했기 때문에 명상에 마음이 끌려서 불교를 공부했다. 또 그다음에는 미국 원주민 문화 속 위대한 정령들에 마음이 끌렸다. 현재 앤은 뉴저지의 한 지역 공동체에서 샤머니즘 북 연주 동아리를 이끌며, 노년으로 가는 길을 찾는 데 필요한 내면의 화살표와 창의성에 도달할 수 있게 사람들을 돕는 일을 하고 있다.

앤의 아버지는 실업자 신세일 때가 많았다. 그래서 앤의 어머니와 외할머니는 앤이 일곱 살 때 위탁아동들을 맡아서 돌보기로 결정했다. 그래도 먹을 음식은 넉넉하다면서. 시카고 근처 엘리베이터가 없는 건물 2층에 있던 앤의 집에는 최대 열네 명을 기록했을 만큼 늘 애들이 바글거렸고 앤의 유일한 친동기, 세 살짜리 남동생도 그중 한 명이었다. 앤은 기저귀 가는 법, 트림시키는 법, 아기 달래는 법을 순식간에 배웠다. "난 애를 원한 적이 없어요. 애를 돌본다는 것은 내 시간과 에너지를 빼앗긴다는 뜻이거든요. 돌이켜봐도 애가 있었다면 좋았겠다는 생각은 전혀 들지 않아요."

앤은 대학을 졸업한 뒤 동기와 결혼해 캘리포니아로 이사했다. 결혼한 지 세 달 만에 당뇨병이 있는 남편이 심각한 심근경색을 일으켰다. 의사들은 남편에게 3년에서 5년 정도가 남았다고 선고했다. 이듬해 남편은 시력을 잃었다. "그 사람은 맹도견이 필요했어요. 그래서 내가 맹도견이 되었답니다. 난 그이의 비서와 간호사도 됐어요. 그이가 죽을 때까지 가르치는 일을 계속하겠다고 고집을 부렸거든요. 내 결혼생활은 어릴 때 내가 늘 하던 뒷바라지와 다를 바가 없었어요. 그 사람 몸집이 더 크다는 점만 빼면요."

남편은 8년을 더 살았다. 앤은 서른세 살에 과부가 되었다. 26년 동안 매일 타인을 돌보는 삶을 살아온 것이다.

앤은 개인적 시련과 변화의 시기가 사람을 영적 영역으로 밀어 넣는 경우가 종종 있다고 생각한다. 혼돈이 과거의 조각들을 새로운 방식으로 결합해 우리의 삶을 뭔가 다른 것으로 바꿀 기회를 제공함으로써 평생 유지해온 체계를 흔들기도 한다고 생각한다. "하지만 기꺼이 시간을 투자하려는 사람, 그 혼돈을 뚫고 나가는 불편함을 견뎌내려는 사람은 거의 없어요. 내면의 동요는 그냥 무시해버리는 편이 훨씬 더 쉽거든요." 앤은 영혼의 부름에 귀 기울이는 사람들을 위해 자신이 어떤 역할을 해야 하는지 분명하게 알고 있다. "내가 이 세상에 존재하는 이유는 타인을 돕기 위해서예요. 내면의 자아와 소통하려는 사람이라면 그게 누구든 난 그 사람을 돕습니다."

앤은 70대 초반, '현명한 노화를 위한 센터Center for Conscious Eldering'가 운영하는 수련 공동체 두 곳에 머문 적이 있다. 그때 그녀는 자신이 인생의 과업을 찾았다는 사실을 깨달았다. 늙는 것과 현명한 연장자가 되는 것 사이의 차이를 탐구하는 사람들을 돕는 것이 그것이다. 앤은 현재 뉴멕시코 주, 브리티시컬럼비아 주, 뉴욕 주의 자연경관이 아름다운 벽지에서 한 주 동안 진행되는 집중 수련 과정의 공동 책임자이다.

"워크숍의 일부 참여자들은 내가 아침 일찍 깨어나 북을 쳐서 해돋이를 알린다는 걸 알아요. 그것은 자연에 경의를 표하는 나만의 방식이랍니다. 그 의식을 행하는 내 모습에 감동받는 사람이 있다면 그게 내가 남기는 유산이 되겠죠. 나는 우리가 상호교감을 통해 서로 주고받는 것을 유산으로 남기는 거예요."

앤은 자신이 선택한 아이들, 즉 자신이 가르치거나 멘토 역할을 해주거나 수년 동안 친구로 지내온 젊은 사람들한테 영적으로 더 강렬한 유대감을 느낀다. 유전자를 통해서도 그만큼 강렬한 유대감을 전달할 수 있을 것 같지는 않다. "나의 신앙 체계에는 여러 번의 전생이 존재할 수도 있다는 가능성이 포함되어 있어요. 현생에서 우리와 가깝게 지내는 사람들은, 아마도 차원이 더 큰, 그리고 한 번의 수명보다 훨씬 더 오래된 유전적 관계를 전생에 이미 우리와 맺은 사람들일 겁니다.

내 삶을 돌이켜보건대, 내가 지금껏 행한 모든 일, 큰길에서 벗어나 발을 들여놓은 심하게 구불구불한 모든 오솔길 덕분에 내가 지금 여기 있는 거예요. 나는 돌아보며 이렇게 말한답니다. 모든 것이 적절했다고. 모든 것이 그럴 만했다고."

혼돈과 개인적 시련이 영적 성장을 일으킬 수 있다면, 불임은 변모에 이르는 지난한 길로 우리를 이끈다. 하버드 의대 대학원의

한 연구팀이 무자식, 불임 때문에 엄청난 우울감에 시달리는 여성들의 영적, 심리적 행복을 연구했다. 시험관 시술을 받고 있는 2백 명에 달하는 여성이 우울증, 임신 문제, 영적 행복, 개인적 인구 통계 정보 등을 망라한 한 묶음의 설문에 답변을 완료했다. 하버드 의대 부설 병원 중 하나인 베스 이스라엘 디코네스 메디컬 센터Beth Israel Deaconess Medical Center의 앨리스 도마Alice D. Domar 박사와 동료들이 그 답변들을 분석했다.

그 여성들의 90퍼센트 이상이 종교 교파에서 평안을 찾는 것으로 나타났다. 그중 75퍼센트는 기독교도(기독교도의 51퍼센트는 가톨릭교도)다. 나머지 약 10퍼센트는 유대교, 기타 종교, 무교다. 종교가 있는 여성의 3분의 2는 정기적으로, 최소 한 달에 한 번 이상 종교의식에 참석하고, 약 4분의 1은 불임 치료를 시작한 뒤 종교 활동에 더 적극적으로 참여하게 되었다고 답변했다.

도마 박사는 "연구 결과 불임 여성의 경우, 영적 행복 수준이 높을수록 우울증 증상이 적게 나타나고 불임 치료 경험에서 비롯된 전반적인 우울감도 훨씬 더 적은 것으로 보고된다"라고 결론 내렸다. 그러나 연구팀은 모든 사람을 위한 영적 수련까지 제안하지는 않았다. 박사는 이렇게 말을 맺었던 것이다. "참을성의 정도와 상황에 따라서, 종교 문제는 치유법이 될 수도, 걸림돌이 될 수도 있다."

이렇게 모호하게 결론을 내린 까닭은 불임이 여성의 신앙 체계, 종교와 그 여성의 관계에 다양한 형태로 영향을 끼칠 수 있기 때문이다. 사람이 종교와 영성을 얼마나 다르게 인식하는지도 거기에 작용했을 것이다.

서리 대학교 '건강과 의료 과학 유럽 연구소European Institute of Health & Medical Science' 소속의 한 연구팀은 종교, 영성, 출산을 다룬 학술 논문들을 검토하면서 종교가 불임에 미치는 영향을 "잘못된 행동에 부여된 처벌, 인생의 더 높은 사명에 대비하는 사람들의 운명, 성장과 긍정적인 변화로 갈 수 있는 기회, 인간의 능력을 넘어서는 어떤 것, 신의 탓이 아닌 생물학적 오류" 등 다섯 가지 측면에서 바라본 한 연구를 인용했다.

그 문제를 다룬 또 다른 연구는 딜레마를 지적한다. 노스캐롤라이나 대학교 마거릿 샌델로프스키Margarete Sendelowski 박사는 "임신에 문제가 있는 여성은 한손으로는 육체를 비롯한 세속적 문제와 씨름해야 하고 다른 한 손으로는 계속해서 신, 신앙, 그리고 온갖 성스러운 우려들과 맞서야 한다"라고 말한다.

———————

한창 불임 치료를 받고 있던 때 나의 관심사는 더 실존적인 문제들과 관련된 신체적 경험과 감정적 경험을 조화시키는 것이었고 그러려고 애썼다.

어느 날 나는 동네를 산책하다가 집 근처에 있는 작은 교회를 발견했고, 댄을 꼬드겨 함께 일요일 예배에 참석했다. 임신에 성공하고자 하는 우리의 노력에 영적 무게를 더해줄지도 모르는, 내 젊은 날의 신앙심이 돌아오지 않을까 기대했기 때문이다.

성공회를 믿는 집안에서 자란 나와 내 여동생들은 몇 푼 안 되는 용돈을 잃을까 두려워 억지로 성당에 다녔다. 10대 시절에는 교구 청년 모임이 나의 사회 집단, 막 싹트기 시작한 정치의식의 원천이 되었다. 하지만 고등학교 졸업 뒤 집을 떠나면서 성당 다니는 일에 흥미를 잃었다.

다 자라 30대가 된 뒤 남편을 거느리고 교회에 다시 갔더니 기분이 괜찮았다. 교구 신자들과 담임 목사도 좋았다. 나는 중학교 때 외웠던 익숙한 기도문 억양 속으로, 어린이 찬양대에서 불렀던 찬송가 속으로 편안히 젖어 들었다.

월요일부터 금요일까지 다니는 직장에는 내가 엄마가 아니라는 사실에 신경을 쓰는 사람이 아무도 없었다. 하지만 교회에서는 내가 다른 여자들과 확연하게 다른 사람인 듯한 기분이었다. 신자의 구성은 말할 것도 없고 예배 중 말씀, 교구 신자들의 담소까지도 온통 가족으로 가득했다. 갓 결혼한 부부, 과부인 노부인들을 제외하면, 교회 신자 전체 중에서 우리 가족 사진의 등장인물이 가장 적었다.

나는 우리 아버지가 자살하고 난 뒤 얼마 되지 않아 교회 나가는 일을 다시 그만두었다.

아버지가 34년 동안 근무한 항공우주 산업체에서 은퇴한 직후였다. 아버지는 가족이 살던 집을 팔고 어머니와 함께 워싱턴 주 외딴 마을로 이사했다. 그때부터 술병이 아버지의 가장 친한 친구가 되었다. 늦은 밤, 나와 내 여동생들에게 걸려오는 전화는 점점 앞뒤가 맞지 않는 이야기와 질척대는 목소리로 가득해졌다. 아버지한테서 마지막으로 전화가 걸려왔을 때, 나는 댄에게 전화를 그냥 끊어버리라고 말했다. 몇 주 뒤 아버지는 바람 부는 절벽 위에 차를 세우고 권총으로 자신을 쏘았다. 우리 가족 중에 아버지가 권총을 소유하고 있다는 사실을 알고 있던 사람은 아무도 없었다.

그 뒤에도 교회에 다시 나가려고 애써봤지만, 그럴수록 방향 감각 없고 주눅 든 외부인, 물 위에 뜬 기름이 된 듯한 기분만 점점 더 심하게 느껴졌다. 자살, 가사假死 상태를 다룬 글 읽기, 자연 속에서 시간 보내기, 불임 전문 정신과 의사와의 상담 중 한 가지만 해도 교회에 가는 것보다는 마음이 더 편했다. 내 영혼은 깜깜한 밤 속에 깊이 잠겨 있었다.

누군가가 내게 삶과 죽음을 위한 여러 의식을 다룬 책 한 권을 주었다. 나는 치유를 위한 독립된 공간을 찾아낼 수 있기를 바라는 마음으로, 고등학교 시절 참석했던 청년회의가 열렸던 수련원에 전화를 걸었다. 그리하여 예배당 밑에 있는 독립된 방 하나를 구했다. 어둡고 단순하고 외부와 완전하게 격리된 방이었다.

나는 거기 있는 동안 시간의 대부분을 익숙한 오솔길을 멍하니 걸으면서, 낙엽을 발로 차면서 보냈다. 뭔가를 기록하고, 촛불을 켠 채, 아버지와 태어난 적 없는 내 아이를 애도하며 망자의 가면을 만들었다. 그곳, 안식처의 마룻바닥 들보 밑에서 나는 안식을 찾았고,

이미 나를 떠나간 듯한 종교를 놓아버렸다. 부활절과 성탄절에 가끔씩 가는 경우를 제외하면, 그 뒤 나는 교회로 영영 돌아가지 않았다.

하지만 인간이라는 단순한 존재보다 더 심오하고 더 웅장한 에너지가 세상에 있는 듯한 느낌은 버릴 수가 없었다. 삶의 경험이 성장과 통합의 잠재적 가능성을 계속 제공했기 때문에 내 영적 삶은 멈추지 않고 진화했다. 나는 진수성찬이 차려진 뷔페를 돌듯 다양한 영적 수련을 경험해보았다.

이제 나는 내 요가매트에서, 명상 의자에서, 자연과 공동체의 놀라움 속에서 자양분을 발견한다. 내 삶은 잃어버린 것, 갈수록 더 큰 문제인 것에서도 어떤 의미를 찾아낸다. 불임의 고통은 이제 찌르는 것처럼 아프지 않다. 그저 현재 나란 사람의 일부일 뿐.

차일드리스에 관한 맥킬란 박사의 연구 속 또 다른 발견은 내 개인적 경험과 일치한다. "한 해 한 해 나이를 먹어간다는 것은 엄마가 되는 일의 중요성이 그만큼 줄어간다는 뜻이다."

대인관계 전문 신경 생리학자, 서사 중심 노인학자, 그리고 그 밖의 다른 뇌 연구자들은 모두 입을 모아 말한다. 우리의 행복은 우리가 우리 자신과 타인에게 털어놓는 이야기에 달려 있다고. 최소한 일부라도 말이다. 우리가 이해하는 우리 삶의 상당 부분은 영적이고 종교적인 신앙과 수련에서 비롯될 수 있다. 그러나 그런 믿음

의 일부는 기성 종교나 사회 집단적 판단에 부합되지 않는다.

정상적이고 올바르고 선량한 가정을 중심으로 하는 주제는 아이 없는 사람들의 경우에 적용하면 타당한 점이 거의 없다. 그런데도 우리 중 다수는 성스러운 종교의 부름을 받고, 영적 정체성을 구축하는 데 평생을 보낸다. 나는 그 모든 정체성을, 특히 소외감을 느끼는 사람들의 정체성을 모두 포용할 수 있는 넉넉한 공간이 성스러운 종교의 영역 안에 있다면 참 좋겠다고 생각한다.

모든 사람의 삶에는 엉망이 되는 순간이 반드시 찾아오기 마련이고, 우리는 그런 때 우리 존재 자체의 목적과 의미를 찾으려 한다. 우리는 모두 시련의 시간을 항해하는 동안에는 안식의 원천을, 세속적인 것들을 견디는 동안에는 인정을, 우리의 필멸성을 생각하는 동안에는 평화를 누릴 자격이 충분한 사람들이다.

제9장

노년 고아

아무도 나를 돌봐주지 않는다는 사실을 알아요.

그래서 모든 일이 제대로 돌아가게 이미 조처해 두었답니다.

내가 나 자신을 위해 말할 수 없다면 누가 날 위해 말해주겠어요?

여동생이 한 명 있지만 그 애한테는 자신의 슬픔이 있어요.

간단히 말해서 다른 사람들은 전혀 믿지 않고요.

조카들한테 돈을 주는 문제는 이미 생각해봤어요.

그 애들은 내 유서에 들어갈 거예요.

우리 자신을 속이지 말자. 노년이 우리가 좋아하는 방향으로, 그리고 예산에 맞게 굴러갈 수 있도록 보장하는 계획을 확실하게 세우는 일은 아이 없는 사람들에게 더욱 필요한 일이다. 우리가 혹 망령이 나더라도 돌봐달라고 의지할 자손이 없다는 사실을 우리는 안다. 심지어는 언젠가 우리가 '노년 고아'라는 이름으로 불리게 될지도 모를 일이다.

수전 갈랜드Susan Garland는 〈키플링어〉에 게재된 글 「은퇴 보고서Retirement Report」에 다음과 같이 썼다. "노화가 진행 중인 어르신들은 온갖 종류의 불확실성에 직면해 있다. 그러나 늙은 차일드리스 독신자 혹은 부부는 다른 노인들이 대개 당연하게 여기는 대비책이 없다. 늙어가는 부모를 지켜보면서 건강관리, 주택 문제,

이동, 사회보장제도 등 복잡한 시스템을 운영하는 일을 도와줄 성인 자녀가 없는 것이다."

어쩌면 그런 계획을 세우는 일을 잠시 미뤄둘 수도 있겠지만, 그랬다가는 우리를 돌보는 일이 무신경한 친척, 지인, 혹은 잠재적 범죄자인 사회운동가의 손에 떨어질 수도 있다. 우리가 우리 문제를 스스로 처리할 수 없게 됐을 때 우리를 위한 결정을 그런 사람들에게 맡기게 될 수도 있다. 그리고 우리가 정말로 난관에 빠졌을 때 일면식도 없는 판사가 우리를 돌보는 일을 하라고 누군가를 지목하게 될 수도 있다. 그런 현실에 직면하고 싶은 사람은 없다. 그리고 우리 중에 살아 있으면서 이런 현실과 무관한 사람 역시 없다.

어떤 이들은 계획을 세우는 일을 피하고 미루면서, 자신에게 그런 날이 오리라는 사실을 계속 부인한다. 또 계획을 세우더라도 그것이 부분적인 계획에 불과하다면 혼돈의 결과를 초래할 위험도 있다.

———————

낭패다. 워싱턴 주 북서부의 작은 섬과 오스틴, 샌프란시스코, 포틀랜드 사이에서 전화 여러 통이 오간다.

아흔한 살의 이모젠 '텍스' 길링은 얼마 전 동틀 무렵 기절해 쓰러졌다. 그녀가 아니었다면 무인도였을 산후안 제도의 한 섬에 의식을 잃은 채 누워 있었던 것이다. 그녀가 얼마나 오랫동안 그러고 있었는지는 자신만 안다. 텍스는 정신이 돌아왔는데도 몸을 움직일 수가 없어서 극심한 고통에 빠져 있었다. 그렇게 몇 시간 동안이나 모로 누워 있다가, 몇 센티미터씩 마룻바닥을 기어서 전화기로 다가갔다. 도움을 청하는 전화를 걸려고.

한 무리의 응급 치료 전문가가 나타났다. 그중 다수는 이미 그녀가 아는 얼굴이었다. "그중 한 명이 참 마음에 들었어요. 그래서 마룻바닥에 그런 상태로 쓰러져 있기도 싫었고, 그 모습을 누군가에게 보이기도 싫었답니다. 그 아침에는 정말 꼴이 말이 아니었거든요. 사람들이 모두 집 안으로 들어왔고 나는 그들을 올려다보며 말했어요. '어머나, 다들 몰려올 줄이야. 이럴 줄 알았으면 머리라도 매만질걸.'"

텍스의 말에 따르면 의료진은 "날 일으켜 세운 뒤 씻겼어요. 그런 다음 단정하게 옷을 입혀 병원으로 데려갔답니다."

텍스는 귀금속 공예가로 지금도 여전히 자신의 긴 의자에 앉아서 새 작품을 제작하는 날이 많다. 텍스와 지도제작자인 남편 존은 1952년 텍사스에서 샌프란시스코로 이사 와 카스트로 지구 마켓대로 북쪽에 있던 큰 폐가를 사들였다. 그들은 몇 년에 걸쳐 예전의 영광을 되찾을 수 있게 집을 고쳤고, 예술과 일에도 열심히 매달렸다. 아이를 낳는 일은 그들의 계획에 없었다.

예술가 친구들이 길링 부부를 산후안 제도의 섬 하나로 초대했고 부부는 완만한 언덕들과 전원적인 해변 생활에 홀딱 반했다. 그래서 몇 번씩 제도를 다시 찾아와 땅을 구했고 1958년 마침내 꽤 넓은 땅을 매입했다. "우리의 첫 건설 프로젝트는 섬에서 가장 높은 자리에 있는 나무 밑에 평상을 놓는 거였어요. 우리는 그 작은 평상에 매트리스를 깔고 침낭에 들어가 잠을 잤답니다. 그러다가 그 평상을 확장해 야외 부엌을 만들었고요. 나는 야외에서 지낼 수 있어서 행복했어요."

1980년 남편 존이 다발성 골수종 진단을 받았다. "온몸, 온 뼈가 정말로 완전히 쑥 꺼지더군요. 끔찍해요. 정말 끔찍한 병이에요." 1982년 세상을 떠났을 때 존의 나이는 쉰여섯 살이었다.

존이 죽은 뒤에도 텍스는 그 섬에서 여름을 보냈다. 1990년대에는 겨울도 그 섬에서 보내고 싶어졌다. "그래서 이 근사한 오두막을 지었어요. 이 오두막에는 야외 샤워장도 있고 온수기도 있고 작은 가스난로도 있어요. 아주 좁은 오두막이지만 침대가 들어가고 난방도 되는 방과 목욕이 가능한 욕실도 있답니다." 몇 년 전 텍스는 여러 건축양식을 결합해 공간을 넓게 탁 튼 제대로 된 집을 지었다. 작은 오두막은 게스트하우스로 리모델링했다. 요즘도 텍스는 일 년에 몇 번씩 북쪽 섬에 와서 지내고, 그럴 때 텍스의 집은 유색인종인 현지인들과 육지에서 놀러 온 친구들로 늘 북적인다. 텍스는 이미 섬의 전설이다.

이번에는 쇄골이 골절됐다. 그래도 의식을 되찾았으니 다행이란다. 작년에는 골반 뼈가 골절됐고, 재작년에도 어딘가 다쳤었다. 텍스는 춘계 골절이 연중행사인 모양이라고 말한다. 녹내장이 있어서 앞도 거의 보이지 않는다. "난 눈이 굉장히 나빠요. 저기

화장실에 걸린 두루마리 휴지를 계속 쳐다보고 있으면 그게 아이스크림 덩어리처럼 보일 정도로요. 내가 가끔 이렇게 창의적인 생각을 한다니까요."

올가을 이후 텍스는 24시간 돌봄이 필요해졌다. 텍스의 이웃한 명이 텍사스에 있는 텍스의 조카한테 전화를 걸었다. 샌프란시스코에서 텍스의 동거인이라고 불리는 이웃이다. 그 이웃은 텍스 옆에 계속 붙어 있을 수가 없다. 출근을 해야 하기 때문이다. 그런 간단한 통보를 받고 달려올 수 있는 사람이 누가 있을까? 텍스의 의료 결정을 대리할 권한은 누구에게 있을까? 그건 아무도 모른다.

우연히도 내가 텍스의 동거인한테 전화를 걸었을 때 그는 이럴 수도 없고 저럴 수도 없는 난감한 상황에 빠져 있었다. 나는 말했다. "내가 갈 수 있어요." 나는 텍스의 인간관계 범주로 보면 몇 개의 원 밖에 있는 사람이지만, 내가 보기에 그 상황은 누군가의 결심이 필요한 위기 상황인 것 같았다. 나는 텍사스에 있는 텍스의 조카한테 전화를 걸었고, 그는 내가 하늘이 보내준 선물이라고 말했다. 나는 텍스에게는 도움이 필요하고 난 어디에서든 일할 수 있으니, 내가 가 있으면 조카, 동거인, 이웃이 장기적인 대비책을 마련할 시간을 벌 수 있을 것이라고 말했다. 다음 날 아침 나는 포틀랜드를 떠나 북쪽으로 향했다. 꼬박 하루가 걸려 해변에 도착한 뒤 연락선을 타고 텍스의 집으로 건너갔다.

여독으로 파김치가 된 상태로 텍스의 집 문을 노크한 뒤, 텍스가 분명 약물 투여로 잠을 자고 있을 텐데 그 잠에서 깨지 않았으면 좋겠다고 생각하면서 살며시 문을 연다. 그런데 내 눈에 들어온 텍스는 한쪽 팔에 붕대를 감은 채 주방 식탁에 턱을 괴고 앉아 있다. 시애틀에서 온 중년의 친구 두 명이 텍스의 두 번째 저녁을 차리는 중이다. "근데 여기 왜 오셨어요?" 모두 궁금해한다.

정말로 왜 왔을까? 그 방문객들은 자기들이 여기 올 계획이 오래전부터 잡혀 있었다고 말한다. 시기가 우연히 맞아떨어진 것뿐이라고. 텍스는 그들을 기다렸을까, 아니면 까맣게 잊었을까. 아무도 확실히 알 수 없는 일이다. 나는 멀리에서 온 그 사람들, 텍스가 아끼는 그 사람들이 텍스가 쓰러진 뒤로 그녀에게 직접 말을 걸지 않는다는 사실을 알게 된다. 이웃집 문을 통해 정보가 흘러들어오기 때문이리라. 그들은 텍스가 의사소통을 조금도 할 수 없는 상태인 줄 아는 듯하다. 텍스는 약간 골이 난 채 따로 혼자 앉아 있다. 우리는 식탁에 둘러앉아 더듬더듬 이 혼란스러운 상황을 되짚어본다. 나는 텍사스 조카가 곤란해서 왔다고, 이웃이 내가 와주길 원해서 왔다고 말한다. '흥', 텍스와 친구들은 가볍게 콧방귀를 뀐다. 다음 날 오후 월간 일정, 전화 연락망 이야기와 사과의 말이 오가는 가운데 나는 그 집을 나온다.

––––––––––

아이가 없어도 책임감이 강한 여성에게는 그녀의 행복에 관심 많은 친구, 가족, 이웃으로 구성된 지원군이 반드시 있기 마련이다.

그런 여성은 적절한 계획을 세우고 자신의 법적, 재정적 업무를 관리할 수 있게 서류 작업을 완료해놓는가 하면, 친구, 친척을 모아 팀을 꾸린다. 그녀의 문제가 무엇인지 잘 아는 전문가가 경우에 따라 그 팀에 있을 수도 있고 없을 수도 있다. 아무튼 그렇게 해서, 심지어 자신이 직접 할 수 없을 때조차 자신의 바람을 확실하게 실현할 수 있다. 그런 식으로 자신의 안전을 책임질 주거 형태를 선택하고, 언젠가 필요해질 돌봄의 강도 변화에 대비한다. 정기적으로 계획을 검토하고 자신의 상황 변화에 따라 그 계획을 수정한다. 번거로운 일이지만 그 누구도 그녀를 위해 그 일을 대신해주지 않는다.

주마다 필요한 서류는 천차만별이지만 기본적으로는 비슷하다.

1) 비관적인 상황, 생명이 위독한 상황에 놓일 경우 어떤 치료를 받고 싶은지, 스스로 의사 표현을 할 수 없을 때 누구를 대리인으로 세울지 (흔히 환자의 뜻에 따라 사전 의료 의향서, 존엄사 선택, 유서 등을 집행할 권한이 있는 '의료 대리인'이라고 부른다)에 관한 지시 사항.

2) 스스로 관리할 수 없을 때 자신의 자산과 재정 업무 관리를 맡기고 싶은 사람 지정. 몸을 움직이지 못해 발생한 병원비 지불도 여기 포함된다. (재정 대리인 지정)

3) 죽고 난 뒤 자신의 재산과 재정적 원천을 어떻게 분배할 것이며, 분배하는 그 일을 누구에게 맡길 것인가. (유언 집행자, 혹은 유산 신탁

관리인 지정)

그 섬세한 업무를 수행할 적임자를 말 많은 주변 사람 중에서 고르는 것만으로는 충분하지 않다. 우리가 곤경에 처했을 때 누구에게 연락할 것인지와 관련해 친한 친구들이나 친척들과의 관계 역시 확실히 정리해둘 필요가 있다. 독립심이 강한 성격이라면 이 일은 다소 괴로운 일이 될 수 있다.

———————

생활 지원 시설 건축가로 명성이 자자한 케런 브라운 윌슨 Keren Brown Wilson 박사는 독립성과 비독립성 간 결정적 절충안이 있다고 말한다. 그 절충안은 독립성의 상호 교환, 즉 서로가 서로를 의지하게 하는 것이다. 타인에게 기대는 것이 얼마나 중요한지 이야기할 때 그녀는 말을 얼버무리는 법이 없다. "사람들은 이렇게 생각해요. '난 전문직 여성이야. 모든 일은 내가 이미 다 처리해놨어. 그리고 난 스스로를 돌볼 수 있어'라고요. 하지만 난 스스로를 돌볼 수 있는 사람은 아무도 없다고 생각해요. 성별은 아무 상관없어요. 나이도 별 상관없고요. 그리고 그런 관계는 각자가 독립적 존재가 되어야 성립되는 것이랍니다."

웨스트버지니아 억양이 약간 남아 있는 윌슨 박사는 실용적이고 쉬운 말투로 자신이 확실히 아는 것들에 관해 말한다. 박사는 30대에 사회 정책 분야로 박사학위를 받았을 뿐 아니라, 노인들, 그중에서도 특히 생활 형편이 넉넉하지 못한 사람들의 생활 개선을 위해 남편과 함께 평생 헌신해왔다.

윌슨 박사는 자녀를 원했지만 낳지 못했다. "성인이 된 혈육이 없다면 어떤 준비를 해야 하는지 알아야 해요. 현실을 부정하는 건 바보 같은 짓이에요. 혈연 이상으로 오래 지속되는 인간관계를 구축하는 방법은 많아요. 다른 사람들과 연락하기 위해, 그 연락을 계속 유지하기 위해 할 수 있는 일은 무엇일까요?"

윌슨 박사는 또래뿐 아니라 모든 연령대의 사람들과 인간관계를 구축하는 것이 가능하다고 굳게 믿는 사람이다. "많은 젊은이에게도 연장자가 필요해요. 인간관계의 폭은 좀 넓혀도 괜찮아요. 그 방법은 우리 모두가 다 함께 찾아내야 하겠지만요. 독립적 존재가 된다는 것은 좋은 일이니까요."

──────────

작가이자 의사인 아툴 가완디Atul Gawande 1965-는 베스트셀러 저서 『어떻게 죽을 것인가Being Mortal』(김희정 역, 부키 출판사, 2015)에서 비독립성에 대한 우리 문화의 편견을 추적한다. "현대화는 노인을 가치 절하하지 않았다. 다만 가족을 가치 절하했을 뿐. 노인 존중 세태는 사라져버렸지만, 그렇다고 그것이 청년 존중 세태로 대체된 것은 아니다. 그것을 대체한 것은 독립성을 그 자체로 존중하는 세태다."

　이런 말을 하려니 좀 쑥스럽지만, '독립성을 그 자체로 존중하는 세태'의 정점에 서 있는 존재가 우리, 아이 없는 여자들 아닐까? 논맘들에게 아이가 없어서 좋은 점을 말해달라고 하면 첫 번째로 나오는 대답은 언제나 자유와 독립성이다. 그런데 그것이 우리의 미래 속 어떤 조짐이 될까? 상처, 질병, 장애 때문에 타인을 돌보아야 하는 처지가 아닌 경우, 우리는 누구를 언제, 어떻게 우리에게 의지하는 사람으로 인정할지 스스로 선택한다. 그런 점에서 우리가 타인에게 의지하는 사람이 된다고 생각하면 암울하다.

　죽음은 불가피한 것이다. 가완디는 "언제가 됐든 독립성이 불가능해지는 순간은 온다. 심각한 질병이나 노환은 일어나게 되어 있다. 어김없이 해가 지는 것과 마찬가지다"라고 말한다.

　그러므로 우리는 계획을 세우고 도움을 청하는 법을 배워야 한다. 우리 삶에 일어날 수모와 필연적인 종말에 대비해 계획을 세우지 않는 것은, 우리 자신을 스스로 공격하고 우리를 사랑하는 사람들에게 큰 혼란을 안겨줄 수 있는 엄청난 위험을 무릅쓰는 행위다. 연락하는 사람들과의 관계를 유지하고 의지할 수 있는 지원군의 원천을 찾아내는 일의 중요성은 나이가 들어갈수록 점점 더 커질 것이다. 특히 동년배들이 세상을 떠나갈 때는 더더욱.

　나는 이제 독립성과 노화는 좋은 동행인이 아니라고 생각한다. 그러나 우리 아이 없는 여성들도 부모인 다수의 사람보다 더 큰 시련이 될 하루하루의 삶을 서로 의지하며 함께 살아가는 법을 배우게 되리라 생각한다.

———————

다행스럽게도 상호 연결된 은퇴 생활을 위한 선택지의 범위는 아직 넓지 않다. 기껏해야 제자리에서 그냥 늙는 것, 친밀한 사람 여러 명과 보금자리를 공유하는 것, 다양한 수준의 개인적 돌봄 서비스를 갖춘 공동 주택을 개발하는 것 정도랄까. 이런 선택지들은 모두 (다른 사람들에게는 물론) 아이 없는 여성에게 보조적 도움을 제공할 수 있다. 그래서 그와 관련된 전문 용어도 많다.

'자연스럽게 형성되는 은퇴자 공동체Naturally Occurring Retirement Communities, NORCs'는 대개 아파트 건물 여러 채 내 거주 단위로 구성된다. 그런 공동체 안에는 우연히든, 가족이 근처 부동산을 일부러 매입해서든 수많은 노인이 살고 있다. 일부 공동체는 공동체 보조금이나 지방 정부의 예산으로 운영되는 서비스를 갖추고 있다. 비영리 공동체 서비스 시스템 중 하나인 '마을에서 마을The Village to Village' 연결망은 특정 영역 안에서 독립적으로 살아가는 노인들을 지원한다. 참여자들은 연간 이용료 대신 동료, 공동체 자원봉사자들로 구성된 팀에 가입해, 자신의 전문 분야를 살려 운송, 주택 관리, 사회 활동 등 의료 외 지원 활동에 손을 보탠다.

1999년에 설립된 보스턴 지역 비콘힐 빌리지Beacon Hill Village는 그런 공동체의 첫 번째 사례다. 현재는 전국에서 190개가 넘는 마을이 운영 중이며 150여 개 마을이 입주를 앞두고 있다. 그런 유형의 마을에 입주자가 어찌나 빨리 늘고 있는지, '마을 운동The Village Movement'이라는 말이 생겨날 정도다.

입주자들의 공통된 정체성을 중심으로 다양한 퇴직자 공동체들이 조직되고 있다. 예컨대 종교적 신앙, 노동조합 동료 의식, 성 정체성 등을 중심으로 사람들이 모이는 것이다. 생활공간은 매입하거나 임대하거나 비영리단체로부터 지원받는다. 나이 든 수녀나 전직 노동조합원을 위한 퇴직자 시설이 그 대표적인 예이다. 노화 대비 돌봄 서비스는 제공되는 경우도 있고 그렇지 않은 경우도 있다.

집단 돌봄 공동체 생활은 개별적인 살림 공간을 제공한다. 아파트든 오두막집이든 거주자는 집을 소유할 수도 있고 임대할 수도 있다. 전문적으로 관리되는 서비스에는 식당 시설, 사회 활동, 가사 도우미가 포함될 수 있고, 개개인별로 매일 건강을 관리해주는 활동이 추가된 지원 활동이 포함되는 경우도 있다. 가장 종합적인 선택지는 계속 관리를 제공하는 은퇴자 공동체이다. 그런 공동체는 독립적인 생활공간에서부터 숙련된 간호사 배치에 이르기까지 모든 선택사항을 다 제공하며 때로는 기억력 관리도 해준다. 입주자는 목돈의 집값과 매달 나가는 서비스 요금을 부담하는 대신, 평생 살 수 있는 공간을 보장받는다. 그런 보장을 받으려면 수많은 논맘에게 익숙한 독립성은 어느 정도 훼손되기 마련이다. 예컨대, 독립된 생활공간에 자신만의 주방이 있다 하더라도 대부분의 경우 공동체 식당에 최소한의 식사비용은 지불해야 하는 식으로 말이다.

케런 브라운 윌슨은 집단 돌봄 생활 지지자다. 그런 생활 시스템이 시작되는 데 그녀가 지대한 역할을 했기 때문이다.

윌슨이 열아홉 살 대학생이던 때, 윌슨의 어머니는 심신을 약화시키는 뇌졸중에 걸렸다. 어머니는 정신은 온전했지만 신체적으로는 완벽하게 타인에게 의지할 수밖에 없었다. 자녀가 들 수 있는 수발 이상의 간호가 필요했기 때문에 요양원에서 10년을 더 살고 세상을 떠났다. 윌슨은 그 생각만 하면 가슴이 아팠다. 윌슨이 박사과정을 시작했을 때 어머니는 더 좋은 생활방식을 찾으라고 애원했다. 그 탄원에서 영감을 받은 윌슨은 노인학과 생활 지원 시스템을 전공했다.

1983년 윌슨과 남편은 오리건 주 캔비에 단순한 거주 시설을 지었다. 집처럼 잠기는 문과 개별 부엌이 갖추어진 독립된 방들로 이루어진 시설이었다. "그건 일종의 실험이었어요. 많은 사람이 그 시설이 제대로 돌아가지 못할 것이라 예상했어요. 너무 작은 동네에 있었고, 시설도 그다지 훌륭하지 못했으니까요. 하지만 내게는 그 건물이 언제나 첫 아이 같을 거예요. 생활 지원 시설이 어떤 모습으로 만들어질 수 있는지, 또 어때야 하는지에 관한 내 생각을 잘 보여주는, 생활 지원 시설의 한 본보기이기도 하고요." 윌슨과 남편은 계속해서 시설을 지었고, 현재는 2백 개가 넘는 노인 생활 지원 시설을 관리하고 있다.

이제 일흔 살이 거의 다 된 윌슨은 자기 자신의 미래를 대비하고 있다. "혼자 남겨지면 나를 돌보는 일을 도와줄 사람들이 주위에 북적대는 곳으로 이사 갈 거예요. 돌봐줄 가족이 아무도 없으니까요. 선택지가 이렇게나 많은데 그중 하나를 고려하지 않는 건 어리석은 짓이에요. 그런 결정을 내릴 수 있을 만큼 그 분야에 지식이 많다는 점에서 난 행운아예요."

윌슨은 이미 두세 개 정도의 후보 공동체를 뽑아 놓았다. 모두 기본적인 평가 시스템을 갖추고 있어서 자신에게 도움이 될 만한 곳들이다. "나는 어떤 결정을 내릴 때 감각적 평가가 꼭 필요하다고 굳게 믿는 사람이에요. 그런 결정을 내릴 때는 직접 가서 보고 듣고 냄새도 맡아봐야 해요. 눈으로 보는 것은 대부분 사람이겠지만요. 어떤 유형의 장소가 자신에게 잘 맞는지 자신만큼 잘 아는 사람은 없잖아요."

그녀는 또 선택지를 검증하는 자신만의 방식을 무료로 공유한다. 그녀는 제안한다. "공동체로 들어가야 하는 상황이 오기 전부터, 자원봉사자로서 그 공동체를 방문한다든가 하는 식으로 인간관계를 먼저 구축하세요. 취직하려고 입사 원서만 제출해도, 대부분의 사람은 그 회사에 관해 사전 조사를 해보지 않나요?"

———

그러나 한결같이 '노인의 집'이라고 불리는 곳에서 살겠다고 결정하는 것은 자신의 나약함을 인정하는 것이나 마찬가지다. 원래 살던 집에서 늙고 싶다면, 그때가 오기 전에 집을 노화 친화적으로 바꾸는 일, 그러니까 경사로나 벽 손잡이를 설치하거나 휠체어가 드나들 수 있을 만큼 넉넉하게 문 너비를 넓히는 일을 확실하게 끝내두는 것이 좋다. 또 의지할 만한 친구들, 동네 이웃으로 구성된 훌륭한 인간관계망을 구축해두어야 하고, 도움이 필요할 때 즉시 전화 걸 수 있는 다양한 지원 서비스 같은 곳과도 연락망을 만들어 놓아야 한다. 제자리에서 늙는 것은 여러 측면에서 독립성을 그대로 유지할 수 있는 가장 확실한 방법이다. 그러나 언젠가는 결국 생활 지원 시설을 마련하거나 돌봄 시설로 이사해야 하는 경우가 생길 수도 있다.

또 다른 방법은 철저하게 우리 같은 사람들로만 구성된 공동체를 만드는 것이다.

어린 시절부터 예순 살이 넘을 때까지 한집에서 살아온 제인 던우디는 마침내 그 집을 처분했다. 그러고는 자신이 평생 '집'이라고 불러온 장소에서 3마일(약 5킬로미터) 정도 떨어진 곳에 0.5에이커(약 6백 평)가 넘는 대지를 장만해 3천 제곱피트(약 85평) 건물을 짓고 있다. 간병인이 휠체어를 밀고 타도 공간이 남을 정도로 큰 승강기가 완비된 그 건물에 지하 미술 작업실, 브랜드 비데를 갖춘 화장실 두 개를 만드는 중이다. "비데가 있으면 세척, 건조가

가능하잖아요. 노인들은 요로감염증에 자주 걸리니까 비데를 쓰는 게 좋아요. 요로감염증이 심해지면 하룻밤에도 치매에 걸린 노인 몰골이 되거든요."

제인이 이런 건물을 감당할 수 있는 한 가지 이유는 평생 돈을 저축해왔기 때문이다. 그녀가 건축 비용이 별로 비싸지 않은 오하이오 주 데이턴에 살고 있는 것도 한 가지 이유다. 제인은 101세인 어머니를 다음 생일 전에 이곳으로 모셔오고 싶어서 시공사를 재촉한다. "우리 엄마는 백 살이 넘으셨어요. 할머니는 아흔네 살에 돌아가셨고요. 그러니까 노화가 뭔지 내가 충분히 잘 알 수 있을 정도로 오래 사신 집안 어른이 두 분이나 계신 거예요."

현실성이 제인의 계획에 끼어든다. "생활 지원 시설에 가지 않고 최대한 오래 살 수 있는 집을 갖고 싶었어요. 그래서 새집에 침실 세 개를 만들었어요. 친구 두 명과 함께 살거나, 필요해질 경우 친구 한 명, 간병인 한 명이 함께 살 수 있도록요. 그럼 함께 늘어갈 수 있잖아요. 난 농담으로 친구한테 이런 말을 한 적이 있답니다. '우리 부모님만큼 늙으면 난 아마 치매 노인이 될 거야. 정신이 나가서 어떤 일을 해야 하는지 모르겠지. 넌 몸이 불편해지겠지만 우린 괜찮을 거야. 네가 똑바른 정신으로 내 몸한테 어떤 일을 하라고 일러주면 되니까.'"

경제학도 그녀의 계획에 끼어든다. "난 엄마한테 매년 돈이 얼마씩 들어가는지 알아요. 정말 어마어마해요. 우리 세대가 그 나이가 되면 비용이 그거 두 배로 많이 들 거예요. 새집을 짓는 데 들어간 돈은 사실 요양원에서 몇 년 동안 사는 데 들어가는 비용 정도밖에 안 돼요."

나는 그녀가 남는 방에 들일 대기자 명단을 이미 만들었을 거라고 생각한다. 그 집에 들어올 친구가 누구일지, 그녀가 그걸 어떻게 결정할지 궁금하다. 제인은 걱정하지 않는다. "나는 내 모임에 속해 있는 친구들 모두를 정말로 사랑하고 아낀답니다. 그중 누가 들어와도 함께 늙어가기 딱 좋은 동반자가 될 거예요. 얼마 전 기혼인 내 친구가 그러는데 그 친구 남편이 이렇게 말했대요. '당신보다 내가 먼저 죽으면 아마 제인이 당신을 거둬줄 거야.'"

짐작하겠지만 제인은 서류 작업도 이미 끝내놓은 상태다. "내 서류와 엄마 서류, 두 가지 다 확실하게 해두었어요. 한 사람당 각기 다른 법률 대리인 세 명씩과 의료 결정을 내릴 대리인 세 명씩도 결정해두었고요. 함께 일을 하면 좋은 사업 파트너가 되겠다 싶었던 친한 친구가 한 명 있어요. 그런데 그 친구는 설사 그래야 하는 순간이 오더라도 생명 유지 장치를 감히 뗄 수 있는 위인이 못 돼요. 그래서 그 친구는 내 의료 대리인으로 삼고 싶지 않았어요. 그 친구한테는 너무 어려운 일일 테니까요.

내 생명 장치를 뗄 수 있는 사람이 의료 결정 임무를 맡았어요. 그 사람한테 자신의 기분을 알려주는 게 중요해요. '이러이러한 경우에는 내 생명 장치를 잠시 그대로 유지해줬으면 좋겠다'는 식으로요. 이렇게 솔직하게 토론을 해야 그 사람들이 내가 원하는 게 뭔지 알 수 있어요.

친구들한테 그런 일을 해달라고 부탁하는 일이 별로 어렵지는 않았어요. 나는 운이 좋아서 아이 없는 친구가 많거든요. 우리는 서로가 서로를 의지해야 한다는 걸 잘 알아요. 결국은 모든 일이 전적으로 믿을 수 있는 친구가 있느냐 없느냐에 달린 거예요."

제인은 또한 장차 자신을 돌봐줄 수 있는 사람이 누가 있는지도 생각 중이다. 여자가 장수한 집안 내력을 고려해 결국 제인도 자신의 계획에 젊은 사람을 포함시키고 싶은 것이다. "내게는 나와 자기 자식들을 공유해온 멋진 친구들이 있어요. 나는 그 친구들한테 이렇게 말해요. '내가 계속 지켜봤는데, 이 젊은 아가씨랑은 알고 지내면 좋을 것 같아. 흠, 아마도.'" 여기서 제인은 웃음을 터뜨린다. "친구 애들한테는 그냥 툭 까놓고 물어요. '네가 날 좀 보살펴주겠니?'라고요. 친구들과 나는 아주 가까운 사이라서, 애들 부모는 이렇게 말한답니다. '물론, 그럴 거야.'"

제인은 자신의 계획에서 몇 가지 일이 걱정스럽다. 집 건축을 시작하기 전 그녀는 자신이 먼저 죽을 경우 쫓겨날지도 모르는 미래의 동거인 친구가 걱정돼 변호사를 찾아갔다. 변호사는 제인을 안심시켰다. 그녀가 죽은 뒤 그 집을 자선단체에 기부하기로 해도 거주자가 살아 있는 동안에는 그 절차가 진행되지 않도록 유서에 추가 조항을 넣을 수 있단다. 제인은 또 평생 독신으로 살아온 여성으로서, 가족이란 무엇인가에 관한 정부의 정의 변화도 주시하고 있다. "나는 미래의 시 조례가 걱정돼요. 혈연관계가 없는 사람이랑 함께 살고 있는 사람만 넘쳐나게 될 수도 있으니까요. 세상에 잔뜩 남을, 공동체에 살고 있는 늙은 여자들한테 어떤 곤란한 일이 닥쳐올지 누가 알겠어요?"

누가 어떤 미래 계획을 세우든, 그 모든 계획을 무력화할 수 있는 패가 있으니 바로 치매다. "아이를 낳지 않기로 결정하거나 아이를 낳을 수 없다는 사실을 깨달은 바로 그날부터 여자들은 스스로를 책임질 수 있는 방법을 찾기 시작해요. 내가 가장 두려운 것은 치매라는 패예요. 아무리 계획을 잘 세워도 치매는 정말로 그 모든 것을 싹 뒤엎을 수 있거든요. 치매에 걸리면 당장 스스로를 통제하지 못하게 되니까요."

———————

알츠하이머 협회Alzheimer's Association에 따르면 2016년 현재 치매에 걸린 채 살아가고 있는 미국인은 5백만 명 이상이다. 그리고 그들 중 3분의 2가 여성이다. 예방법도 치료법도 없는 치매는 현재 미국인의 주요 사망원인 가운데 6위를 차지하고 있다. 매년 유방암과 전립선암으로 사망하는 환자를 합친 수보다 훨씬 많은 사람이 치매에 걸린다. 다른 주요 사망원인이 감소하고 있는 반면, 치매 환자의 수는 지난 10년 동안 70퍼센트나 증가했다. 의학적 해결책을 찾아내지 못한다면 장차 그 수는 기하급수적으로 증가할 것이다. 자녀가 없는 치매 환자의 장래는 지독하게 암울할 수 있다. 치매를 다룬 책과 논문들 모두 가족 구성원이 해야 할 일,

사랑하는 가족을 돌보는 법에 대해서만 말하고 있기 때문이다. 치매에 걸리면 스스로를 돌볼 수 없게 된다. 누군가에게 의지하게 된다는 이야기다. 그렇다면 그 일을 누가 맡을 것인가?

———————

스스로를 나오미 그레고리라고 부르는 한 여성이 자신의 미래 건강관리에 필요한 사항들을 헤아려보다가 자신에게 도움이 필요하다는 사실을 알게 되었다. 그래서 자신의 상황을 한 웹사이트에 공유했는데, 아이러니하게도 그 웹사이트 이름이 〈엄마를 위한 자리A Place for Mom〉이다. 그녀는 이런 글을 올렸다. "난 일흔한 살 독신 여성이고 가족도, 친척도 없어요. 그런데 어떤 재정적 결정을 내려야 하는 상황이에요. 누구랑 이야기하면 좋을까요? 언제 시설로 이사를 가야 할까요? 앞으로 돈이 얼마나 필요할지 어떻게 계산하나요?" 그 글에 아무도 댓글을 달지 않았다. 자기 엄마가 알츠하이머로 죽었다는 말은 꺼내지도 않았는데 말이다.

나오미는 알록달록한 밝은 색 옷차림에, 머리에 스카프를 두르고 멋진 귀걸이를 달고 있다. 그녀는 외동딸이었고 아이들을 좋아하지 않았다. 딱 한 번 어머니가 나오미를 맹공격한 적이 있는데 그 이유는 손자를 너무나 간절히 원했기 때문이다. 나오미는 말한다. "그런 일은 일어나지 않았어요. 내 두 번의 결혼이 모두 엉망이었다는 사실은 엄마도 알고 있었고요."

전직 대학 총장이자 아이 없는 과부인 이모 한 명이 사우스캐롤라이나 주 그린빌에서 혼자 살고 있었다. 그 이모가 끔찍한 두 가지병, 즉 유방암과 근위축성측색경화증이라고도 불리는 루게릭병 진단을 동시에 받았을 때 나오미는 이모를 간호하러 갔다. 그곳에 오래 머물지는 않았다. 암에 걸린 유방을 절제하고 얼마 지나지 않아이모가 병원에서 사망했기 때문이다. "정신은 여전히 멀쩡한데 근육이 말을 듣지 않는 것이 이모한테 얼마나 말도 안 되는 일이었는지알겠더군요. 이모는 계속 모르핀을 맞았고 잠만 자고 싶어 했어요."

그때 나오미는 쉰다섯 살이었다. 이모의 장례식이 끝난 뒤 그녀는 로스앤젤레스 엄마 집 근처로 이사했다. 엄마가 최근에 이상행동을 보이기 시작했기 때문이다. 엄마는 곧 알츠하이머 진단을받았다. 의사는 엄마가 더이상 혼자 살 수 없을 거라고 말했다. 나오미의 삶 양쪽 끝에 어머니의 사형선고와 이모의 사형선고가 나란히 놓여 있었다.

"내 명의로 된 방 두 개짜리 콘도가 있어서 엄마를 모셔왔어요. 엄마는 아래층 안방에서 지냈고 텔레비전만 봤답니다. 난 운이 좋았던 거예요. 엄마는 돌아다니지도 않고 불도 지르지 않고 운전도하지 않았으니까요."

그 무렵 나오미는 자신이 좋아하는 일, 제2국어로서 영어를 가르치는 일을 파트타임으로 하고 있었다. 그녀는 가족 모두가 알고있는 친구, 전문 간병인인 친구와 일정을 맞추어 자신이 일하는 동안집에 와서 어머니를 돌보게 했다. 그러나 간병 비용이 자신의 수입과 비슷해서 나오미는 곧 스스로 종일 어머니를 돌보기로 결정했다.

나오미는 회상한다. "모든 일을 나 혼자 다 해내려고 애썼어요. 하루 24시간 내내, 한 주 7일 내내 알츠하이머 환자와 함께 지내다니. 그건 그 사람을 계속 지켜봐야 한다는 뜻이에요. 뭔가 건강을 해치는 짓을 하지 않는지 확인하려고 방에 CCTV를 설치해야 한다는 뜻이에요."

그렇게 3년이 흘렀다. 나오미는 '바퀴 달린 식사'[29]의 도움을 받았고 간병인 수업을 여러 개 들었다. 그녀는 회상한다. "나는 나한테 도움이 필요하다는 사실을 깨닫는 순간을 향해 다가가고 있었던 거예요. 호스피스 간호사 한 명이 간호대학에 재학 중인 젊은 아가씨를 소개해줬어요." 나오미는 그녀를 목요일에 고용했는데, 토요일에 어머니가 세상을 떠났다.

"엄마를 돌본 일, 그게 내 평생 제일 잘한 일이에요. 그때까지 수많은 일을 해왔지만 그건 모두 나 자신과 관련된 일들이었거든요. 엄마를 돌본 것은 은혜를 갚는 나만의 방식이었어요. 나는 그때 가장 필요한 일을 했고, 그 사실이 정말 자랑스러워요."

현재 나오미는 자신의 노화에 대비해 무슨 일을 해야 하는지 계획을 세우는 중이다. "그래서 나는 나 자신이나 다른 사람들한테 큰 지장을 주지 않고도 계획을 세울 수 있어요."

---

29 바퀴 달린 식사(Meals on Wheels) : 노인, 환자들에게 반조리 음식을 배달해주는 서비스이다.

어머니가 알츠하이머를 앓는 바람에 나오미는 기본적인 인지학습을 마쳤다. 그 뒤 UCLA 행동치료 모임에 가입했고, 60세 이상의 참여자들과 한 달에 두 번씩 만난다. 그중 전문 치료사가 있어서 새로운 부양 체계를 구축하는 법, 죽음, 고립, 장기적 의료관리결정 등에 대비하는 법 같은 주제들을 토론하는 것이 가능하다. 모임에 참여한 덕분에 나오미는 모든 사람에게 스트레스가 되는 문제가 있다는 사실을 인정하게 되었다. "인생은 한 편의 드라마예요. 매일 말도 안 되는 일이 여전히 벌어지잖아요. 인터넷 공급자가 하나 남은 당신의 신경을 건드리는데도 그 회사 인터넷을 내년에도 쓸지 말지 계산을 해야 한다든가. 매일의 삶은 해프닝이고, 우리한테는 결정해야 할 문제들이 넘쳐나요."

나오미는 지금 살고 있는 집을 사랑한다. 그래서 활기를 계속 유지하려고 애쓴다. "난 해변을 떠나 길을 건너는 중이에요. 아주 안전하게요. 나이가 들면 공동체가 굉장히 중요해지잖아요. 오늘 아침에는 친구들이랑 함께 산책을 했어요. 그런 다음 집에 와서 점심을 먹고 일부러 다시 외출했어요. 다시 집으로 돌아오면, 남은 저녁 시간은 잠자리에 들 시간을 기다리며 보내요.

이동 수단을 보유하고 있고 나에게 이렇게 말하는 누군가가 있는 공동체가 존재하면 좋겠어요. '아직도 혈기가 넘치시네. 이분을 얼른 생활 지원 시설로 모셔야겠어.' 그런데 그런 곳에 들어갈 때가 되었다는 건 어떻게 알까요?"

'노년 생활 관리 매니저aging life care manager'가 딱 나오미가 찾고 있는 것일지도 모른다. 예전에는 '노인 관리 매니저geriatric care manager'라고 불렸던 이 전문가들은 노인, 그들의 가족, 친구들과 함께 일하면서 노화 과정을 감독한다. 정해진 교육을 다 받고 자격증 취득 과정을 마친 그들은 회계사, 재무 기획사들과 매우 비슷한 일을 한다. 다만 노화의 과정을 중점적으로 다룬다는 점이 다를 뿐.

『노년 관리 101: 말년의 인생 계획, 관리, 행복으로 가는 실용 가이드Eldercare 101: A Practical Guide to Later Life Planning, Care, and Wellbeing』라는 책의 저자 매리 조 사아베드라Mary Jo Saavedra는 노년 생활 관리 매니저다. 그녀는 고객이 나이를 먹고 다양한 삶의 전환을 겪어오면서 중요하게 여기게 된 것에 초점을 맞추어 고객과 그 가족을 위한 인생을 설계한다.

사아베드라는 전반적인 평가를 내린 뒤 자신이 '노년의 행복을 떠받치는 여섯 개의 기둥'이라고 부르는 것들, 즉 의료, 법률, 재정, 대인관계, 거주환경, 영성을 하나씩 검토한다. 고객과의 대화를 통해 여섯 개의 기둥을 각각 어디에 세울지 결정하고 무엇이 빠졌는지 판단한 뒤 간극을 메우기 위한 계획을 세워나간다. 때로 그 과정에는 변호사, 의료 전문가, 재정 고문한테 조언을 구하는 과정이 포함된다. 때로 그 과정은 가정환경을 개선하는 일, 혹은 고객에게 딱 어울리는 돌봄 공동체를 찾아내는 일 위주로 전개된다. 계획이 실행되기 시작하면 그녀는 고객을 지원하고, 필요한 경우 의사, 변호사, 가족, 금융 회사와 함께 노인을 변호한다. 고객의 희망과 요구가 실현되는 과정 전체를 감독하는 것이다.

첫 번째 평가는 두 시간이 걸린다. "종종 고객이 다른 사람들에게 말하기 불편해하는 주제에 관해 깊은 대화를 나누기 위해 편안한 분위기를 조성해요. 나는 고객이 어떤 행동을 하는 이유, 그 행동의 의미와 의도를 알고 싶어 하는 파트너예요. 모든 계획은 언제나 거기서부터 시작한답니다." 평가를 마치면 사아베드라는 개인의 상황과 요구에 딱 맞는 보고서를 이해하기 쉽게 써서 준비하는데 거기에는 자원 식별 기호와 상세한 사업 계획이 포함된다. 많은 전문가와 마찬가지로 사아베드라는 시간 수당을 받는다. 관리 매니저에게 지급되는 돈은 노인 의료보험이나 민간 의료보험에서 지급되지 않는 경우가 많다. 정책에 의존하는 장기 관리 보험은 관리 매니저 비용을 지급하기도 한다.

"내가 가장 강조하는 말은 자신의 인생에서 중대한 결정을 다른 사람이 내리게 내버려 두지 말라는 거예요. 그래서 계획 단계에서 이루어지는 일은 모두 고객이 늙어가는 동안 고객의 행복을 감독하게 될 사람들을 하나의 팀으로 묶어, 그 사람들한테 자신이 원하는 바를 분명하게 알려주는 작업이라고 보면 돼요. 노인 전문 변호사가 고객의 유서 그리고/혹은 신탁을 정리하고 의료 대리 업무나 생명 종식 지시사항을 결정할 사람을 지정하는 것과 비슷해요. 고객이 저축한 돈이 어느 은행에 있는지, 고객이 그 돈을 어떻게 관리하길 바라는지를 잘 알고 있는 재정 전문가랑 비슷하기도 하고요.

계획 단계에서는 돌봄 관리가 필요해질 때에 대비해 인간관계 망을 구축해요. 매우 민감한 주제를 토론하는 만큼, 매니저와 고객 도 급속도로 친해진답니다."

고객은 절실한 도움이 필요해지기 전에 자신의 노년 생활 관리 매니저와 친분을 쌓아놓는 것이 이상적이다. 그러나 안타깝게도 사 아베드라가 만나는 사람들 대부분은 이미 위기 상황에 놓여 있다.

"의사가 나한테 전화를 걸어서 말해요. 알츠하이머 협회에서, 혹은 변호사나 회계사나 고객 친구가 나에게 연락해 고객 이야기 를 할 거라고요. 사람들 대부분은 실제로 필요해지기 전까지는 내 역할이 뭔지 몰라요."

사아베드라는 위기 상황 속에서도 마치 고객을 가르치듯 자신 의 일을 해나간다. "여러 선택지를 설명할 때 가장 중요한 것은 친 절하지만 매우 분명하고 간결하게 그 내용을 설명하는 거예요. 일 단 여러 선택지와 위험요소를 이해하고 나면 고객은 자신에게 가 장 이로운 결정을 내리고 타인으로 하여금 자신에게 불리한 결정 을 내리게 하는 일을 피하려 할 가능성이 커요."

사아베드라는 관리 매니저로서 노인의 권리와 요구를 대변한 다. 설사 친구나 가족 같은 타인이 그 비용을 지불하더라도 마찬가지 다. "어르신의 선택과 권리가 항상 최우선이에요. 우리가 선봉에서 어르신이 받을 수 있는 최고의 서비스, 어르신이 바라는 것을 지키는 거예요. 그분들의 삶의 질, 그것을 인지하는 방식이, 그분들이 장차 잘 살아갈 수 있을지를 보여주는 가장 중요한 요소랍니다."

노년 생활 관리 매니저는 또 사람들 대부분이 필요해지기 전까지는 알아야 할 이유가 없는 규정, 법률, 세세한 정책 등도 잘 알고 있다. 관리 매니저가 고객과 같은 주에 거주하는 것이 최상의 조건인 이유다. 사아베드라는 말한다. "노년 생활 관리 매니저는 현장 점검도 할 수 있어요. 관리 업무가 잘 돌아가고 있는지 확인해야 하니까요. 그리고 계획은 고객의 요구에 맞게 계속 수정된답니다."

관리 매니저의 역할은 영적, 심리적 영역까지 확장될 수 있다. 사아베드라는 영적 기둥을 "세상에 자신이 존재하는 의미와 의도, 자신이 기쁨을 느끼는 것, 성취감을 느끼는 것, 이 세상을 떠나는 날 자신에게 의미를 부여하는 것"이라고 정의한다.

"고객이 어떤 이유로 침대에 갇혀 지내거나 휠체어 신세를 져야 하는 형편이라고, 혹은 치매 같은 문제로 인지 능력이 떨어졌다고 쳐봅시다. 우리의 목표는 신체나 정신이 불완전해진 고객에게 기쁨이나 의미를 느끼게 해줄 것이 무엇인지 알아내 일상생활과 통합하는 거예요. 그렇게 하면 편안함과 익숙함을 느낄 수 있거든요."

사아베드라가 고객 삶의 질에 영향을 끼칠 수 있는 한 가지 방법은 적당한 생활환경에 온 관심을 집중시키는 것이다. 고객이 정원 가꾸기를 좋아하고 자연 속에서 지낼 때 평화와 의미를 찾을 수 있는 사람이라면 사아베드라는 원예 활동 프로그램이 없는 도시 환경은 알아보지 않는다. 고객이 많은 사람한테 둘러싸여 지내는 것,

즉 사교 활동에 전혀 관심이 없다면 사아베드라는 네다섯 명의 거주자로 구성되는 소규모 지원 시설을 중점적으로 알아본다. 말하자면 각 고객의 상황에 맞게 장단점을 고려한다는 이야기다.

사아베드라는 말한다. "우리는 이 일을 혼자 감당할 엄두를 내지 않아요. 우리도 다들 도움이 필요하답니다. 가족이나 공동체의 일원이든 사회 관계망의 일원이든 전문적으로 서비스를 제공하는 업체든, 인생에서 타인에게 의존해야 하는 시점은 언제나 찾아오기 마련이잖아요. 그러니까 우리 모두는 이 다양하고 복잡한 인생이란 오솔길을 함께 걷는 동행자인 셈이에요. 베이비붐 시대에 태어난 사람 8,700만 명이 매일 만 명꼴로 은퇴하는 상황에서 우리는 어떻게 그들 모두를 부양할 수 있으며 어떻게 그 일들을 계속 개인적으로 처리할 수 있을까요? 우리 모두는 그 과정에 놓여 있어요. 모범답안은 존재하지 않고요."

───────────

장차 관리받을 계획을 세우는 일은 감정적으로나 재정적으로나 벅찬 일일 수 있다. 〈월스트리트 저널Wall Street Journal〉에 따르면 요양원이나 기억 관리 시설에 1년 동안 들어가는 평균 비용은 2015년 현재 91,250달러다. 24시간 내내, 일주일 내내 운영하는 돌봄 시설의 연간 비용은 17만 달러가 훨씬 넘는다. 치매 진단을 받고 나면 대개 4년에서 8년 정도 더 살고, 그중에는 20년을 더 사는 환자도 있다. 파산하지 않고 그 관리 비용을 지불하는 일은 시련이 될 수 있다. 특히 보유한 평균 재산이 171,135달러인 65세 이상의 미국인의 경우 더욱 그렇다. 이 평균 재산에서 가장 큰 금액을 차지하는 요소는 주택 자산이므로, 1년 관리 비용만 감당하려고 해도 그 집을 팔아야 할 것이다.

장기 관리 보험이 하나의 선택지가 될 수 있지만 보험료가 비싸다. 가입 당시 나이가 많을수록 보험료는 더 비싸다. 게다가 어떤 종류의 보험에 가입할지 계산하다 보면 세부사항의 수렁에 빠지게 된다. 매일의 이윤은 얼마인지, 인플레이션 대책은 갖추어져 있는지, 가정 내 요양 보험료가 지급되는지 등등 따져볼 게 너무 많아서, 고객이 어떤 보험으로 결정을 내리든 고객 옆에 서서 선택사항을 설명하는 설계사만 이익을 얻게 된다. 연령이 높을수록 보험료가 증가하는 만큼 소비자는 정작 필요한 나이에 도달했을 때 받아야 하는 혜택을 줄임으로써 보험료를 절감하는 선택을 권유받을 수 있다.

그다음엔 나이를 먹어가는 사람에게는, 특히 치매 증상이 있는 사람에게는 복잡하기 짝이 없는 보험 증서 관리라는 시련이 발생한다. 우리 어머니는 60대 중반에 장기 관리 보험에 가입해 거의 20년 동안 매달 보험료를 꼬박꼬박 납입했다. 어머니는 2년 전 심장 수술을 받았는데 그 뒤로 심장을 치료하면서 치매 증상이 악화되었다. 그런데 듣자 하니 어머니의 아흔한 살 남편이 어머니가 월납 장기 보험에 가입한 사실을 까맣게 잊은 모양이었다. 양부는 보험회사로부터 그 어떤 설명도 들은 기억이 없다는데, 어머니의 보험은 해지되어 있었다. 딸들이 그 문제에 팔 걷고 나선 뒤에야 주 보험 위원회의 명령으로 보험 계약이 회복되었다. 보험회사는 반발했지만 결국은 지고 말았다. 만약 자녀가 없었다면 어머니는 어떻게 자신의 이익을 지켰을까?

———————

수전 로스는 40대 중반에 그녀를 고용했던 공무원한테서 장기 관리 보험에 가입하라는 권유를 받았다. 그래서 고액 건강 보험에 가입했다. 매일 최고 배당금이 붙고 인플레이션이 발생해도 변동금리가 적용되는 상품으로 매달 납입해야 하는 보험금이 약 45달러였다. "자녀가 없다는 사실이 가입 동기였고, 그 긴 세월 매달 꼬박꼬박 돈을 집어넣었어요. 그 보험은 어떤 마음의 평화를 느끼게 해줘요."

수전은 부자와는 거리가 먼 사람이다. 한 해 한 해 시간이 흐를수록 보험금이 야금야금 올랐지만 수전은 전액 납입했다. 수전이 예순여섯 살이었던 작년 보험사는 보험료를 85퍼센트 인상해 월 250달러를 부과했다. 그녀의 짐작대로라면 올해 보험료는 350달러에서 375달러 정도까지 또 인상될 것이다. 그러나 그 나이에 아무 조건 없이 보험을 새로 가입하려면 (그녀가 예전에 가입한 보험과 보장 내용이 같은 보험이 지금까지 있다고 치더라도) 매달 더 많은 보험료를 내야 할 것이다. "그래서 돈이 얼마가 들어가든 신경 쓰지 않기로 결심했어요. 난 내 장기 관리 보험을 계속 유지할 거예요.

내가 일하고 있는 완화의학, 호스피스, 임종 분야에서는 지금도 모든 비용을 일수日數로 청구해요. 그래서 단호하게 그런 결심을 한 거예요. 난 저소득층을 위한 국영 요양원이나 열악한 환경에서 기력을 잃어가는 환자들을 수도 없이 봤거든요."

수전은 중년이 지나 사회복지사가 되었다. 몇 년 동안 보츠와나와 케냐의 평화봉사단 단원으로 일하다가 사랑하는 어머니를 간호하려고 예순 살이 거의 다 되어서야 클리블랜드로 돌아왔다. 때는 2007년이었고 대침체가 막 시작되고 있었다. 어머니가 돌아가시고 나면 자신에게 일자리가 필요하리란 사실을 알았지만 평생 그녀에게 딱 맞았던 행정 분야 일자리는 이제 없었다. 그래서 케이스 웨스턴 리저브 대학교 노화 전문 사회복지 석사 프로그램에 등록했다. 어머니는 수전이 2년간의 석사과정을 마친 직후인 2013년 아흔세 살의 나이로 세상을 떠났다. "학교에 매달려야지, 엄마한테 매달려야지, 내 평생 그렇게 녹초가 된 건 그때가 처음이었어요."

수전은 남부의 보수적인 가톨릭 집안에서 삼 남매 중 첫째로 태어나 자랐다. 아래로 14개월 어린 여동생과 다섯 살 어린 남동생이 있었다. 버지니아 주에서 성장하는 동안 수전은 늘 독립적이었고 자신은 좋은 엄마가 될 수 없을 것 같았다. 1970년대 전개된 인구 제로성장 운동도 그녀에게 큰 영향을 끼쳤다. "그것은 의식적인 동시에 무의식적인 결정이었어요. 나는 콩가루 집안, 알코올 중독 등으로 비참한 어린 시절을 보냈어요. 내가 정말 사랑했던 우리 엄마도 참으로 불행한 결혼생활을 했고요. 지금도 생생하게 기억나는데 내 잠재의식에는 애를 낳지 않겠다는 생각이 늘 깔려 있었어요."

그런데 수전은 아이를 원하는 남자와 결혼했다. "나중에야 깨달았어요. 내가 그 사람의 애를 원하지 않는다는 것을요. 그 사람은 덩치 큰 애였거든요." 두 사람은 5년 뒤 이혼했다. 지금으로부터 30년 전 이야기다.

요즘 수전은 장래 생각을 많이 한다. "난 어머니를 돌보려고 직장을 떠났어요. 그런데 나는 누가 돌봐줄까요? 나는 처음부터 끝까지 모든 것을 혼자 책임져야 하는 사람이에요." 그녀는 어머니가 죽어가는 동안 의료 결정 사전 지침서와 유서를 둘 다 작성해두었다. 갱신이 필요할 때다.

"인생의 이 시기, 마지막 남은 3분의 1이란 시간에 관해 오랫동안 생각해왔어요. 이 시기에는 상실, 그리고 예상치 못한 비극적 참사와 마주해야 할 때가 정말 많은데, 대개는 의학적 측면의 문제예요."

수전은 자녀 없는 대학교수인 친한 친구가 죽음을 맞이하는 방식을 보고 영감을 많이 얻었다. 그는 에이즈에 걸려 2001년 세상을 떠났는데 병세가 악화되는 동안 자신만의 지원 시스템을 만들어냈다. "그 친구는 일부러 각각 다른 기술을 보유한 사람들을 골랐어요. 자신의 유언 집행자로 사업 파트너를 지정했고, 굉장히 꼼꼼하고 정확한 한 여자한테는 온갖 서류와 서신을 모두 관리하는 일을 맡겼답니다."

병이 진행되자 그는 자신의 모든 간병인과 매주 한 번씩 회의를 했다. 식단을 짜고 음식을 하는 사람, 내복약을 챙기는 등 약물 치료를 돕는 사람, 이동 수단을 제공하는 사람 등이 그 회의에 참석했다. "그 사람들 사이에는 친분이 있었고 대부분 서로 아는 사이였는데, 그 일을 겪으면서 훨씬 더 친해졌어요. 모두 그 친구를 돌보는 것을 영광스럽게 생각하더군요. 간병을 중심으로 모여 시너지 효과를 내는 그 모임을 주관하는 사람은 그 친구 자신이었어요."

수전은 대학원에 다니는 동안 죽음의 과정과 죽음에 관한 수업을 들으면서 자신의 장례식을 직접 계획했다. "정말 내 계획대로 된다면 얼마나 좋을까 생각했어요. 나한테는 친구가 여러 명 있는데, 그들 모두 내게 특별한 의미가 있는 각기 다른 곳에 살아요. 난 그 친구들이 한자리에 모이는 광경을 보고 싶지 않아요. 내가 재 형태가 되어 그 친구들을 찾아갈 수 있으니까요. 그중 한 친구는 나와 함께 보츠와나에서 평화봉사단으로 일했어요. 내 유해의 일부가 보츠와나 초베강에 뿌려지면 좋을 것 같아요. 그럼 잠베지강으로 흘러들어 빅토리아 폭포 위를 지날 수 있을 테니까. 나한테는 그곳이 영적 장소요, 내 인생에서 가장 의미가 큰 곳이에요. 그래서 그 친구가 나를 그곳으로 데려가는 여행을 할 수 있게 돈을 남긴다는 말을 유서에 넣었어요. 친구는 1초의 망설임도 없이 그곳을 향해 떠나겠죠."

수전은 그 아름다운 광경을 자신의 눈에 담을 수 있기를, 자신과 자신이 사랑하는 사람들에게 의미 있는 추억을 만들 수 있기를 희망한다. "한평생 계획을 세우는 일, 뭔가를 돌보는 일을 중심으로 회전했어요. 나의 일부는 내 죽음을 계획하는 일 따위 꼭 해야 하냐고 물어요. 하지만 아무래도 누군가 다른 사람한테 맡길 수는 없는 일이겠죠?"

————————

물론 수전은 그렇게 할 수 있겠지만, 장례 의식에 참여하려고 직장을 발로 걷어차는 것의 진짜 의미를 우리는 모두 안다. 그랬다가는 판사 앞으로 끌려갈지도 모른다. 수전은 대부분의 사람보다 훨씬 앞서 있다. 딱 맞는 계획이 있고 장기 관리 보험에 가입되어 있기 때문이다. 그녀에게는 문서로 남길까 고려 중인 다른 욕망도 있다. 대부분의 사람은 그렇지 않다. 우리는 그런 일들을 나중으로 미루지만, 일부는 그때까지 살 수 없을 것이다.

카렌 스타인메츠는 의사한테 말기 암이란 소리를 듣고 사흘 뒤 신변을 정리하려고 변호사 사무실로 갔다. "사흘밖에 안 됐는데. 그럴 수 있다는 게 믿겨요?" 카렌의 여동생 크리스틴은 경악했다. 그로부터 1년 반이 지난 2013년 카렌은 쉰다섯 살의 나이로 세상을 떠났다. 크리스틴은 상심에 빠진 상태에서 자신이 언니의 재산 신탁 관리인으로 지정됐다는 사실을 알게 되었다.

"난 전혀 몰랐어요. 언니가 죽기 전 함께 세세하게 많은 이야기를 나누었지만, 언니는 내가 그 역할을 하게 될 거라고 말한 적이 없거든요. 그래서 형부 피터가 할 거라고 짐작했죠."

크리스틴과 카렌은 둘 다 배우자 자녀의 새엄마이기는 했지만 친자식은 없었다. 그들의 오빠는 입양한 아들을 키우고 있었다. "난 야망이 컸고 동물을 좋아했어요. 그래서 아이를 원한 적은 없지만, 새엄마 역할을 받아들였고 최선을 다했어요. 언니는 의붓자식들의 유일한 엄마라 더 그랬고요." 6년 전 크리스틴의 17년 결혼생활은 이혼으로 끝났다. 의붓자식들과 연락은 거의 하지 않지만, 전남편과 주기적으로 나누는 대화를 통해 그들이 어떻게 살고 있는지 대체로 다 듣고 있다.

크리스틴이 관리하는 재산은 이제 하나가 아니라 셋이다. 언니, 삼촌, 숙모의 재산을 관리하는 데다 정정한 여든세 살 어머니의 업무까지 관리한다. 언니와 삼촌은 2013년에, 숙모는 그다음 해에 세상을 떠났다. 게다가 크리스틴은 언니가 자신에게 유증한 재산을 자신의 재산과 합치려고 서류를 정리하는 일도 하고 있다.

"난 만능박사, 탁월한 관리자예요." 크리스틴이 자신의 능력을 어떻게 평가하는지, 언니가 왜 그녀에게 그 일을 맡겼는지 잘 알 수 있는 표현이다. 크리스틴은 어린 나이에 첫 사업을 시작했다. "난 일곱 살부터 계속 장신구를 만들었어요. 아홉 살 때 작은 벨벳 판을 구해 거기에 내가 만든 장식을 핀으로 고정한 뒤, 내가 자란 캘리포니아 스톡턴에 있는 미용실 두세 곳에 택배로 그걸 팔았어요." 그렇게 성공해 번 돈을 다시 다양한 기업 운영에 투자했다. 업무 기획, 영업, 판매, 전략, 작업, 컨설팅 등의 일을 하는 여러 기업을 운영하는 동안에도 장신구는 계속 만들었다. "난 안 해본 일이 없어요. 말하자 면 다용도 인간이랍니다."

카렌이 생전 그렇게 부지런을 떨었는데도 그녀가 죽은 뒤 몇 가 지 문제가 발생했다. 예컨대 그녀의 퇴직연금 계좌는 카렌이 명의를 후임 수령인 이름으로 바꿔놓지 않아서 공증을 통과해야 했다. 크리 스틴은 악몽 같은 일이었다고 회상한다. 샌 마티오에 매각 예정인 집도 한 채 있었다. 그녀는 잘나가는 부동산 업자를 고용해 그 집을 손본 뒤 후끈 달아오른 베이 에이리어 부동산 시장에서 후딱 팔아치 웠다. 카렌이 원한 대로 그 일은 크리스틴과 오빠가 함께 진행했다.

크리스틴의 능력은 삼촌의 죽음으로 다시 한 번 시험대에 올랐 다. 크리스틴의 할머니 집에서 살고 있던 삼촌은 카렌이 죽고 몇 달 뒤 세상을 떠났고, 삼촌의 부인, 그러니까 숙모도 곧 그 뒤를 따랐다. 그런데 그들이 유서에 재산 관리자로 지명해놓은 사람들은 모두 오 래전 죽은 사람들이었다. 상황을 정리할 누군가가 필요했고, 크리스 틴이 팔을 걷어붙였다.

"나는 그분들이 모든 재산을 기부하려고 했던 사실을 알고 있 었지만 가족들 반응은 제각각이었어요. 그분들은 자녀가 없었고, 자기들 돈으로 뭘 하든 그건 그분들 선택인데 말이죠. 나한테 가장 큰 문제는 가족 물건에 접근하는 것이었답니다."

법원이 신탁 책임자로 크리스틴을 지명한 뒤, 그녀는 거의 천장 까지 쌓여 있는 할머니의 물건 더미 속에서 허우적댔다. 삼촌과 숙모는 둘 다 물건을 쌓아놓길 좋아하는 사람들이었다. 모든 것이 엉망진 창이었지만 크리스틴은 당황하지 않았다. "난 꼼꼼 끝판왕이에요. 단서를 찾아내는 걸 즐기고요. 그래서 그 모든 상자를 다 열어봤어요."

크리스틴은 보물과 쓰레기를 분류했고 찾아낸 은행 잔고와 중개수수료 금액을 취합했다. 대부분 비어 있는 수천 개의 사탕 상자 속에서 1800년대에 발행된 1달러짜리 은화도 여러 개 발견했다. 신문지 더미 속에 박혀 있는 상자에서는 멋진 장신구 몇 점을 찾아냈다. 크리스틴의 기억에 따르면 그것들은 증조할머니의 물건이었다. 회중시계 몇 개, 전쟁 중에 할머니가 할아버지에게 써 보낸 편지와 할아버지의 답장이 차곡차곡 꽂혀 있는 파일 스무 권도 있었다. 그중에서 크리스틴의 마음에 가장 든 물건은 인간의 해골 두 점이었다.

크리스틴은 집을 비우고, 언니의 집을 매매한 그 부동산 중개업자를 다시 고용했다. 기부 절차가 진행 중이었기 때문에 할머니의 옛집은 손대지 않고 그대로 팔았다. 변호사는 골치가 아프다고 말했다. "삼촌과 숙모는 1998년 이후 유서를 갱신하지 않았어요. 그분들이 사망하기 15년 전 작성한 게 마지막이었던 거예요. 그분들은 샌프란시스코 부동산의 가치를 전혀 몰랐을 거예요. 살아 계셨다면 일을 다르게 처리했을지 누가 알겠냐만, 어쨌든 그분들은 결과적으로 수백만 달러를 기부금으로 남기게 되었어요."

숙모의 친정 가족이 살던 주택이 몇 블록 떨어진 동네에서 크리스틴의 관심을 기다리고 있다. 그 집이 크리스틴의 다음 과제다.

크리스틴은 다른 사람의 재산을 정리하는 데는 재능이 있는지 모르지만, 정작 자신의 재산을 정리하면서는 골머리를 앓고 있다. "자녀가 없으면, 재산을 누구한테 맡겨야 할지 애매해요." 얼마가 남든, 크리스틴은 그중 일부를 자선단체, 마음이 쓰이는 곳 몇 군데에 남기고 싶다. 그래서 확실하게 돈을 잘 관리해 자신이 원하는 곳에 전달해줄 사람이 없는지 열심히 알아보고 있다. 또 조카한테도 돈을 좀 남길까 생각 중이다. "하지만 그 애는 자기 엄마, 아빠, 할머니 재산을 모두 물려받을 거예요. 게다가 지금 하는 일도 잘되고 있어서 돈이 더 필요하지는 않아요." 친구들, 가족, 지난 3년 반동안 자신과 함께 살아온 래리도 그녀의 상속인 명단에 올라 있다.

"아이가 없을 경우 가장 큰 문제는 이 모든 일을 누구한테 부탁하느냐는 거예요. 그럴 능력이 있을까? 시간이 있을까? 이런 일을 잘 알까? 그런 의문이 들거든요." 은행이나 신탁회사를 선택하려는 생각은 접었다. "언니가 살아 있었으면 말할 것 없이 나도 언니를 지정했을 거예요. 언니를 전적으로 믿었으니까요." 자녀를 키우며 풀타임으로 일하는 35년 지기가 한 명 있다. 크리스틴은 궁금하다. "그 친구한테 폐가 되지는 않을까요? 내가 그 친구를 기본 대리인으로 결정했거든요."

친구에게 물어보는 일도 그 과정의 일부였다. "난 이렇게 말했어요. '널 내 신탁 관리인으로 지정할까 생각 중이야. 어떤 일을 해야 하는지 알려줄게. 너도 알다시피 넌 시간 수당을 청구할 수 있어. 구체적으로 무슨 일을 하는지는 알 필요 없고. 변호사가 하나하나 알려줄 테니까. 일이 엄청 많을 테니까 그 일을 할 사람들을 고용해도 돼." 친구는 동의했다.

래리는 크리스틴의 의료 결정 대리인이다. "내가 뭘 원하는지 그 사람이 알아요. 물론 일부 결정을 바꿀지도 몰라요. 매년, 혹은 격년으로 모든 사안을 검토하는 것도 좋은 생각이겠죠. 상황은 변하기 마련이니까요.

이 일의 적임자로 내가 지정해야 하는 사람은 바로 나예요. 난 그 방법을 알거든요."

55세 이상 65세 미만 미국인의 절반 이상은 유서가 없다. 45세 이상 55세 미만 미국 여성의 3분의 2는 유서가 없다. 심지어 유명 가수인 에이미 와인하우스Amy Winehouse 1983-2011와 빌리 홀리데이 Billie Holiday 1915-1959도 유서는 없었다. 미국인 전체의 단 26퍼센트만이 의료 결정 지침서를 작성한다. 우리는 우리의 필멸성을 부인하고 있는 것이다.

여든두 살의 노인 앤 웬홀드는 말한다. "우리 사회에는 노화 이야기를 전혀 하지 않는 분위기가 만연해 있어요. 그런 이야기를 농담거리로 삼고 한물간 것을 기리는 생일 축하 카드는 서로 주고받지만요. 난 그런 태도를 나무라는 게 아녜요. 그저 사람들로 하여금 노화를 마음 깊이 멀리하게 만드는 방어기제 이야기를 하고 있는 것뿐이에요."

앤은 뉴저지 주 테너플라이의 한 아파트에서 혼자 살고 있다. 종종 만나는 사람 몇 명이 인근에 살고 있긴 하지만 말이다. 아무도 그런 말을 하지는 않지만, 앤은 자신이 언젠가 쓰러질 수도 있다는 사실을 알고 있다. "이제 신경 써서 비상벨 목걸이를 걸고 다녀요. 평생 유지되어온 균형 감각이 느껴지지 않을 때가 많거든요. 이제는 예전과 똑같은 방식으로 내 몸에 의지해 균형을 잡을 수가 없어요."

앤의 남동생 가족이 미네소타 주에 살고 있어서 앤은 그쪽으로 이사를 가면 어떨까 여러 번 생각해봤다. "물리적으로는 날 잘 돌봐주려고 동생 식구들이 최선을 다하리라는 거 알아요. 감정적, 영적으로는 어렵겠지만요. 죽을 때 내 주위에 사람이 있느냐 없느냐는 나한테 아무런 의미도 없어요. 난 실제 죽음의 순간에 내 영혼이 날 통제할 수 있길 원해요. 그래서 외면적 지원에 의지하기보다는 내면적 지원을 더 챙기려는 거예요."

내가 현실적인 계획 이야기를 꺼낼 때마다 앤은 그 주제를 에둘러 피한다. "연명치료 거부 확인서는 썼어요. 그게 내가 원하는 거예요. 나는 부상, 사고, 질병 때문에 의식이 전혀 없어서 나도 모르는 새에 내가 선택하지 않은 뭔가가 진행되는 상황을 상상하는 게 힘들어요. 그런 상황이 오면 모든 것이 내 손을 떠나리라는 걸 잘 아니까요." 수전에게는 남동생을 중심으로 작성해놓은 유서가 있다. 그녀는 의료 결정 대리인 지정에 관심이 있다고 말한다. 물질적 가치는 무시하는 편이지만 자신의 영적 측면을 반영하는 소유물들을 아낀다. "내가 가고 나서 누가 우리 집을 치우러 오든 그 사람은 거기서 보는 모든 물건에게 환영 인사를 받게 될 겁니다. 그 물건들에 집착하는 건 아니지만요.

온당한 범위 안에서 세울 수 있는 계획을 세울 거예요. 내가 어떤 계획을 세우든 똑같이 될 리 없으니 그럴 때면 웃어넘겨야겠죠. 언제나 뭔가 다른 것이 뒤통수 쪽으로 살금살금 다가와 날 놀라움에 사로잡히게 만들고는 하니까요. 그래서 든 생각인데 장기적인 계획이 나한테는 별 소용없는 것 같아요."

———————

늘 꼼꼼하게 계획을 세우는 사람인 내게는 재정 관리 대리인, 유서, 심지어 신탁회사도 있다. 그런데 결혼생활이 어그러져서 그 모든 것을 바꿀 수밖에 없게 됐다. 나는 새 의료 결정 대리인을 서류에 써넣었고, 이혼한 여자 친구 두 명이 어느 날 밤 증인이 되어 주었다. 그들은 나의 선견지명에 박수를 보냈다. 이제 내가 할 수 없을 때 내 일을 처리하는 일은 여동생들이 맡게 되었다. 그 애들이 나보다 오래 살았으면 좋겠다.

내가 할 일은 그 애들한테 내가 무엇을 원하는지 말하는 것이다. 다행스럽게도 도움을 받을 수 있었다. 2010년 출범한 비영리 사이트 〈대화 계획The Conversation Project〉은 사람들이 말년의 인생 관리와 관련된 자신의 바람을 모두 이야기할 수 있는 길로 안내한다.

2013년 이 사이트가 실시한 설문조사에 따르면 논맘의 90퍼센트가 말년의 인생 관리에 관해 사랑하는 이들과 대화하는 것이 중요하다고 답했지만, 불과 27퍼센트만이 실제로 그런 대화를 나눈 적이 있는 것으로 밝혀졌다. 그래서 〈대화 계획〉은 그 과정을 익힐수 있도록 목적에 맞고 친절하고 쓰기 쉬운 온라인 초보자 키트를 개발했다. 그 키트는 예컨대 "인생 말년에 나에게 가장 중요한 것은 무엇인가?"와 같은 광범위한 질문 채우기로 시작한다. 이어서 "인생 말년에 위협이 되는 상황과 관련된 정보를 얼마나 많이 얻기를 바라는가, 집과 병원 중 어느 곳에서 생을 마감하고 싶은가, 자신의 건강에 관해 사랑하는 이들에게 얼마나 알리고 싶은가"와 같은 중요한 특정 요소들을 알아보는 내용이 하나하나 이어진다. 그모든 정보가 그 사이트 안에 깔끔하게 잘 정리되어 있다.

나는 내가 죽을 때 누가 내 손을 잡아줄지 몇 년 동안 그 생각에 빠져 지냈다. 내가 아는 바로는 나만 그런 것이 아니다. 나와 대화를 나누었던 아이 없는 여성들의 가장 흔한 걱정이 바로 그것이다. 어쩌면 그 대답으로 딱 한 사람을 지목할 수 없는 경우가 많아서 그럴 수도 있다. 어쩌면 누군가에게 임종을 지켜달라고 부탁하기가 겁이 나서 그럴 수도 있다. 어쩌면 혼자 죽게 될까 봐 무서워서 그럴 수도 있다. 그런데 〈대화 계획〉 덕분에 우리도 계획을 세울 수 있게, 대화를 나눌 수 있게 되었고, 그리하여 모든 바람이 원하는 대로 진행되었다.

이제는 내가 죽을 때 누가 내 손을 잡아줄지 걱정하지 않는다.

물론 세울 계획은 여전히 남아 있지만, 인생 마지막 날에 대한 내 생각이 금세 바뀌었기 때문이다. 이제 나는 걱정스러운 것이 아니라 누가 내 옆에 있게 될지 몹시 궁금하다. 오랫동안 알고 지낸 사람 중 한 명일 수도 있지만, 내가 알아보지도 못하는 그런 얼굴일 수도 있다. 나는 사랑하는 존재가 곁에 다가오는 것을 느끼고 두 눈을 번쩍 떠 그들의 얼굴을 또렷하게 바라보는 내 모습을 상상한다. 난 이렇게 말할 것이다. "어머나, 이런. 그게 바로 너로구나."

제10장

우리가 떠날 때
뒤에 남기는 것

내가 정말로 이 세상에 기여했는지 궁금증 따위는 품지 않을래요.
어차피 사람의 유산은 대개 자녀들을 통해 전해지는 것 같던데요.

나는 우리 가족 구성원 중 마지막 남은 사람이에요.
우리 가족이 쓰던 은 식기와 도자기 식기,
그 많은 낡은 크리스마스 장식으로 내가 뭘 해야 할까요?

내 유산은 현재에, 여기에 있어요.
나는 나를 멘토로 여겼던 친구들이 이제는 반대로
다른 누군가의 멘토가 되어줬으면 좋겠어요.

혜성 꼬리처럼 우리의 존재 꼬리가 희미해져도 우리가 무엇을 갖고 있었는지, 우리가 어떤 사람이었는지 그 흔적은 계속 남는다. 우리가 축적한 모든 것들에 어떤 일이 일어날까? 더욱이 우리의 유전자 계보가 끝나는 상황에서 우리 삶은 무슨 의미가 있을까?

―――――――

2013년 〈타임 매거진Time Magazine〉은 표백한 듯 눈부신 해변 모래밭에 나른하게 누워 있는 한 커플의 이야기를 표지 기사로 실었다. 그들의 팔은 뒤엉킨 채 늘어져 있었고, 아름다운 얼굴에는 만족스러운 미소가 떠올라 있었다. 표제는 "차일드프리 인생. 모든 것을 다 갖는 순간, 그것은 자녀가 없음을 뜻한다"였다.

그 기사는 자유롭고 홀가분하되 꼭 필요한 사람으로서 살아온 우리의 세월을 다루고 있었다. 마치 아이 없는 인생도 확실히 존재할 수 있다는 듯, 우리가 누림 직한 온갖 유형의 재화와 경험을 그럴듯하게 선전하고 있었다. 그러나 그 멋진 커플이, 혹은 아이 없는 우리가 실제로 필멸과 마주하게 되면 어떤 일이 벌어질까?

———————

무수한 연구 밑에는 우리 아이 없는 여자들에 관한 일들을 설명하는 데 도움이 되는 데이터 광맥이 묻혀 있다. 그 데이터들은 예컨대 소득과 재산 정도 같은 것을 자녀가 있을 때와 없을 때를 비교해 보여준다. '미국인의 건강과 은퇴'를 연구하는 연구자들은 격년 단위로 2만 명이 넘는 부부와 독신자를 인터뷰해 건강, 소득, 보유 재산과 관련된 데이터를 수집한다. 랜드 센터[30]에서 노화 연구를 총괄하는 마이클 허드Micheal Hurd는 1996년부터 2004년까지 수집된 데이터를 활용해, 자녀 없는 사람들이 자녀 있는 사람들보다 평균 소득과 보유 재산이 훨씬 더 많다는 사실을 알아냈다. 평균 소득의 차이가 부부는 약 4천 달러, 독신자는 1만 달러 이상이었다. 보유 재산으로

30　랜드(Research And Development, RAND)센터 : 1948년 미국에 설립된 세계적인 규모의 비영리 기관이다. 초기에는 미 육군에서 요구하는 정보를 제공하는 역할을 했으나, 시대가 변하면서 단체의 성격도 바뀌어 현재는 과학, 의학, 경제 관련 데이터를 수집, 분석한다.

보면 그 차이는 더 커진다. 평균 보유 재산의 경우, 자녀 없는 사람들이 자녀 있는 사람들보다 부부는 15퍼센트, 독신자는 17퍼센트 더 많았다. 부모인 사람들이 재산을 대부분 자녀에게 물려준다는 것은 누구나 안다. 그들 재산의 약 90퍼센트가 그 자녀에게 상속된다.

그렇다면 자녀 없는 사람 소유의 재산과 재정적 원천은 누구에게 이득일까? 친척? 친구? 공동체? 우리가 남기고 떠나는 것이 과연 물질적 가치뿐일까?

그것은 우리가 살아온 삶의 목적과 관련된 존재론적 질문이기도 하다. 우리의 인생이 남들과 달랐다면, 우리가 더이상 지구 위를 걸어 다닐 수 없게 되었을 때 그 다름은 어떤 모습을 하게 될까? 우리는 어떻게 기억되길 바라는가? 누구에게 기억되길 바라는가?

기억과 의미는 양으로 표시할 수 없다. 그리고 우리의 유전적 계보는 우리의 죽음과 함께 끝난다.

크리스틴 스타인메츠는 할머니 집에 쌓여 있는 모든 물건에 손을 댔다. 법원이 지정한 신탁 책임자로서 크리스틴에게는 가족 소유물 가운데 어떤 것을 보관하고 어떤 것을 다음 세대에 물려줄지 판단할 책임이 있었다. 그녀는 거대한 묶음의 편지들을 샅샅이 읽고 중요한 가족 정보가 담긴 몇 가지 문서만을 골라냈다. 나머지 편지들은 모두 쓰레기통으로 들어갔다. "감상에 빠지지 않으려고

애써야 했어요. 그 모든 물건을 내 집으로 옮겨올 수는 없잖아요."

그랬는데도 크리스틴의 집 지하실에는 지금 상자 더미가 쌓여 있다. 그 상자들은 증조할머니의 도자기 식기, 어머니의 은 장신구 등 온갖 보물들로 가득 차 있다. 골동품 상인들조차 가져가지 않을 물건들이다. 그들은 그녀에게 요즘 젊은이들은 세트 물건을 찾지 않는다고 말했다. 인간의 해골과 삼촌의 유리 비커들은 벼룩시장에서 팔렸다. 쓸 만한 가구는 중고 거래 시장에서 무료 나눔으로 처분했다. 그녀의 조카, 즉 오빠가 입양한 아들이 와서 아버지의 군복, 키우던 개 이름표, 메달 몇 개를 챙겨갔다.

크리스틴은 말한다. "나는 마지막 스타인메츠 가족이에요. 누군가는 내 뒤를 이어 이 물건들을 모두 치워야 하겠죠."

크리스틴은 신문지 더미 속에 박혀 있던 작은 보석 상자를 보관하고 있다. 이름의 머리글자가 새겨져 있는 물건은 어떤 것도 버릴 수가 없었다. 너무나 친근하고 개인적인 느낌을 주는 물건들이었으니까. 그렇게 해서 그녀는 열 개가량의 다이아몬드 반지를 갖게 됐다. 다이아몬드 자체의 품질은 별로 고급은 아니지만 세공은 아름답게 된 반지들이다. 그녀는 장신구 제작자여서 좋은 점은 그 작은 보석들을 새로운 용도에 맞게 훨씬 더 현대적인 디자인의 장신구 안에 집어넣을 수 있다는 사실이라고 말한다.

인간은 물질적 소유에 안달할 수 있고 돈에는 여러 삶을 바꿀 힘이 있다. 우리는 돈의 일부를 형제자매, 조카들에게 남길 수 있다. 또 우리가 아끼는 사람들을 돕도록 돈의 일부를 단체에 남길 수도 있다.

노화와 아이 없는 현실이 만나는 교차로에 앉아 있는 우리는 인구학적으로 볼 때 돈을 기부하는 비율이 가장 높다. 한 연구에 따르면 50세 이상의 아이 없는 미국인은 재산 기부 계획을 세우는 빈도가 (자녀 있는 사람보다) 네 배 더 높다고 한다. 또 다른 연구는 1996년부터 2006년까지 55세 이상 64세 이하 사람들의 기부가 최고점을 찍은 것은 모두 차일드리스들 덕분이라고 말한다. 우리는 자선단체들의 장래를 좌우하는 주요 인물들이며 우리가 남긴 선물은 기부자 추천 기금, 장학금, 가족 재단, 땅 보존, 건물 건축 등 무수히 다양한 형태로 변형될 수 있다. 돈이 어떻게 쓰이느냐, 그것은 우리의 특권일 수 있다.

———————

어느 비 내리는 봄날 오후, 논맘 아홉 명이 오리건 공동체 재단The Oregon Community Foundation, OCF회의 테이블 주변에 모여 앉았다. 나는 기쁜 마음으로 그 모임을 공동 주최했다. 대부분 55세에서 75세 사이로 보이는 그 여성들은 옷차림으로 보나 태도로 보나 딱히 화려하지는 않았다. 일부는 기혼이었고 일부는 독신이었다. 그들 가운데 절반 정도는 과거 다양한 능력으로 어린이들과 함께 일해온 사람들이었고 세 명은 사회복지사로 일하다가 은퇴한 사람이었다. 그들 각자는 OCF와 이미 관계를 맺었지만 모두 초면이었다. 말하자면 공동체 기부에 헌신한다는 것이 유일한 공통점인 사람들이었다.

OCF는 공동체 재단 중 하나다. 전 세계 1700개 공동체 재단 가운데 절반 이상이 북아메리카에 있다. 그들의 공통된 과제는 주어진 지리적 조건에서 삶의 질을 향상시키는 것이다. 공동체 재단에 참여하는 사람은 세금 감면을 받을 수 있고, 재단은 참여자의 기금을 관리하기 위해 매년 적정 관리비를 책정한다.

기부자는 재단 직원들과 함께 다양한 기부 선택지를 논의한다. 그러면 직원들은 기부자가 그 돈을 어디에 쓰기를 바라는지 특이사항을 담은 합의서를 작성한다. 제 기능을 수행하지 못하는 비영리단체를 지원하는 사태를 막기 위한 안전장치로 OCF는 기부 계약을 체결하기에 앞서 비영리 자선단체로 허가받은 사실을 확인해준다. 기부자들의 돈은 한곳에 모여 한꺼번에 투자된다. 16억 달러 이상의 기금을 보유한 OCF는 미국 내에서 여덟 번째로 규모가 큰 기금을 운용하는 공동체 재단으로서 2015년에만 총계 1억3백만 달러의 생활보조금과 장학금을 지급했다.

당연하게도 그 여자들은 그 나이 보통 여자들보다 재정적으로 더 여유가 있다. 그들 대부분은 이미 '기부자 추천 기금donor-advised fund'이라고 알려진 것을 OCF와 함께 조성해둔 상황이다. 그 말은 자신의 기금을 시작하기 위해 이미 최소 2만5천 달러를, 일부는 그보다 훨씬 더 많은 금액을 기부했다는 뜻이다. 그 기부금에는 자선 기부금 자격이 부여된다. 그래야 그 돈을 기부한 해 세금 계산에 그 내역이 반영되기 때문이다. 그런 다음 기부자는 매년 자신의 기금 중 몇 퍼센트를 자신의 마음이 쓰이는 일을 중점적으로 돌보는 비영리단체로 보낼지 제안한다. (그 비율은 대개 4.5퍼센트에서 5퍼센트 정도다.) 기금 이름은 기부자가 마음대로 붙일 수 있다. 일부는 자기 가족의 성을 쓰고, 또 일부는 더 편안한 서술적 표현이나 문장을 쓴다.

많은 기부자가 기부 계약을 체결하기 이전과 이후에 자신의 돈이 흘러 들어갈 단체를 방문하고 싶어 한다. 재단 직원은 기부자에게 단체의 효율성과 재정건전성 변화를 고지한다. 기부자는 자신의 사후 그 기금이 어떻게 쓰여야 하는지 지시한다. 또한 기금 운용을 감독할 사람을 따로 지정할 수도 있고, (교육이나 환경처럼) 자신이 관심 있는 특정 분야나 단체를 명시해 그곳을 지속적으로 지원할 수도 있다. OCF는 2015년 이 기부자 추천 기금에서 오리건 주 전역의 비영리단체에 3천4백만 달러를 지원했다.

그 모임에 참석한 한 여자는 '커뮤니티 101'이라는 이름의 고등학교 프로그램에 5천 달러를 기부했다. 그 프로그램은 청소년들에게 자선활동에 관해 가르친다. 학생들은 단체들을 검색해 재정 상태를 파악하고 자선기금을 운영하는 사람들을 각각 인터뷰하는 방법을 배운 뒤 몇 달러씩 기부금을 지역 비영리단체에 기부할지 결정한다. 그녀는 이렇게 말했다. "난 그 애들이 수표를 발행하려고 연 행사에 참석했어요. 청소년들이 자기 집 뒷마당에서 도움이 필요한 사람들과 만나는 광경이 보기 좋더라고요."

또 한 여자는 익명으로 기부하는 것을 선택했다. 그녀는 자신의 돈 일부를 사용하게 될 사람들과 기쁜 소식을 나누는, 눈에 보이지 않는 천사가 된 듯한 기분이 든다고 말했다. 그 모임에 참석한 사람들은 자신의 기금으로 예술, 동물권, 환경 교육, 문맹 퇴치 프로그램, 직업 훈련 같은 곳을 지원하라고 지시했다. 그들은 자신들의 금전적 선물이 세상에 끼치는 영향을 보고 있으면 아직 살아 있다는 사실에 감사하게 된다고 입을 모았다. 자신들이 세상을 떠난 뒤에도 그 영향력이 계속되리라는 사실을 알기에 자부심도 넘쳐흘렀다.

그들 대부분은 자기 재산 일부의 수령인으로 이미 OCF를 지정했다. 한 여자가 지적했듯 "돈이 별로 필요하지 않은 친척한테 재산을 남길 때보다 OCF를 통해 그 돈을 기부할 때 우리의 영향력은 더 커지는 것"이다. 테이블을 둘러싸고 앉아 있는 여자들 모두가 고개를 끄덕였다. 한 명이 이렇게 덧붙였다. "내가 죽고 나면 내가 아끼는 사람들은 나를 기억할 정도의 재산은 받겠지만, 그들 인생을 바꿀 수 있을 정도의 재산은 받지 못할 거예요. 그 돈은 공동체로 갈 테니까요."

돈을 실명과 익명 중 어느 쪽으로 기부할 것인가는 각자의 기질과 목표에 따라 달라진다. 우리는 모교 장학 기금을 조성해 애착이 가는 학문을 전공하는 젊은이들을 지원하는 방식으로 학교에 우리 이름이 붙은 유산을 남긴다. 어쩌면 우리는 돈을 기부한다는 사실에 관해 공적 인정보다는 사적 인정을 받기를 원하는 그런 사람들인지도 모른다. 어쨌든 한마디로 말해서, 우리의 기부는 세상을 바꾼다.

　　베를린 자유대학교 사회학과 교수이자 사회학과 산하 존 F 케네디 북아메리카 연구 학회 회장인 프랭크 아들로프Frank Adloff 박사는 자녀가 없는 경우 개인적 자선기금을 조성할 확률이 세 배 더 높다는 사실을 알아냈다. 아들로프는 그 이유를 이렇게 설명한다. "자녀가 없는 사람들은 기금 조성에 마음이 끌린다. 그것이 자신의 이름이 계속 살아남을 수 있는 확실한 방법이자 유산을 체계화할 수 있는 한 가지 방식이기 때문이다. 자녀 없는 기부자들은 '후대에 전달할 물품' 목록을 짜는 일이 유의미할 정도로 훨씬 더 많다. 그것이 개인적 자선기금을 조성하는 주요 동기요인이다."

　　텍사스 테크 대학교에서 개인 재무 계획을 가르치는 러셀 제임스 3세Russell N. James Ⅲ 교수는 1992년부터 2012년 사이 미국인의 유산 기부 의향을 인구학적으로 분석한 뒤 이렇게 결론 내렸다. "개인의 자산계획에 유산 기부 의향을 포함시키는 가장 강력한 단 하나의 인구학적 예측 변수는 '자녀 없음'이다." 그 기간 55세 이상 무자녀 기혼 부부의 경우 약 절반 정도가 유산 수령인으로 자선 단체를 지정했다.

이탈리아 연구자 마르코 알베르티니Marco Albertini와 마르틴 콜리Martin Kohli는 자녀 없는 노인의 수 증가가 "자선 기부의 소중한 원천이다. 실제로 자녀 없는 기부자들은 재산을 흥청망청 다 써버리거나 친척한테 상속하는 대신 자선기금을 조성함으로써 포스트 가족 중심 시민 참여 사회라는 세상의 개척자가 되어가고 있다"라고 지적했다.

뉴욕 기반 재단 센터New York-based Foundation Center에 따르면, 2013년 현재 미국에는 8만7천 개 이상의 기금이 존재하며 그 총액은 8천억 달러가 넘는다. 연간 기부액은 약 5백5십억 달러로 상속금액과 거의 맞먹는 규모다. 그것은 엄청난 금액의 돈이며, 그 돈을 자선사업에 쓰는 방식은 무수히 많다. 일부 사람들은 살아 있는 동안 선행을 베풀고, 일부 사람들은 자신이 세상을 떠난 뒤 돈이 지급되도록 설정한다. 나는 차일드리스들이 '개척자'라고 불리는 것이 좋다. 자선사업에 관해 말하자면, 우리가 세상을 바꾸고 있는 것이다.

———————

그렇다면 아이 없는 여자는 언젠가 세상을 바꿀 원천을 어떻게 축적할 수 있을까? 평생 데이턴에서만 살아온 제인 던우디는 이렇게 조언한다. "나이가 아주 젊을 때부터 저축을 시작해야 해요. 그것은 실제로 자신을 위한 건물을 쌓아 올리기 시작하는 일이랍니다. 자녀를 대학에 보내고 싶어 하는 사람들한테는 불가능한 일이겠지만요.

난 이제 그 사실을 알 만큼 돈을 모았고 위험성이 낮은 주식도 사두었으니 별일 없을 거예요."

제인은 자신이 남기고 떠날 재정적 유산에 담겨 있는, 일생을 뛰어넘는 가능성을 생각하는 중이다. 그것은 자신을 돌보기 위해 따로 챙겨두는 돈의 액수를 줄이면 어떨까 생각 중이라는 뜻이다. 일부 친구들은 여행도 좀 다니면서 돈을 다 써버리라고 제안한다. 제인은 친구들과 다른 전략을 세운다. 이미 101세인 엄마와 함께 장차 자신이 110살이 될 때까지, 그러니까 앞으로 남은 45년의 세월을 살아갈 수 있을 만큼 돈을 충분히 마련해 놓았는지 알고 싶기 때문이다.

최근 어느 날 아침 직장에 있었는데, 학장 비서가 막 도착했다.

"고속도로에서 던우디 씨를 보고 놀라서 하마터면 대형 사고가 날 뻔했어요."

"난 고속도로 안 탔는데 날 봤다고요?" 제인이 대답했다.

"던우디 씨가 고속도로 옥외 광고판에 있더라고요."

제인은 한 가지 일이 떠올라 빙그레 웃었다. "재단 쪽에서 '당신도 데이턴 재단에 당신 이름의 기금을 만들 수 있다.' 광고에 내 얼굴을 넣은 모양이네요. 난 그 광고판 한 번도 못 봤어요. 일부러 계속 고속도로를 피해 다녔거든요."

제인과 그녀의 엄마는 제인이 죽은 뒤 얼마가 남든 그 돈이 모두 가족 기금으로 들어가도록 이미 계약을 마친 상태다. "그 유산, 그 금전적 유산을 위해서 늘 돈을 아껴요. 지금 내가 써버리지 않은 돈이 데이턴 공동체, 내 마음이 쓰이는 곳으로 가리라는 생각을 하면 기분이 좋아요. 당장은 돈 한 푼 안 들이고도 기금을 만들 수 있어요. 재밌죠."

제인에게는 예술이 중요하다. 교회와 대학교에서 제인이 하는 일도 예술 쪽 일이다. 학사 학위도 순수 미술로 땄고, 여가 시간에는 그림을 그리고 조각을 하며 사진을 찍는다. 오빠가 죽은 뒤로 제인은 '오빠 상자'라는 제목의 작품들을 만들기 시작했다. "일종의 조각품이에요. 겉면은 단순한 회색으로 칠해져 있지만, 안은 과거와 불편한 신체적 장애를 외면하는 사람들을 상징하는 색색의 조각들과 투명한 물질로 채워져 있어요." 작품의 크기는 한 변의 길이가 단 몇 센티미터인 것부터 180센티미터가 넘는 것까지 매우 다양하다. 제인은 지금까지 수백 개의 상자를 만들었고, 제인의 마음이 다소 불편하기는 했지만, 모두 금방 팔렸다. "난 그 작품을 파는 것이 편치 않았어요. 꼭 오빠를 팔아버리는 것 같았거든요. 하지만 아흔여덟 살이 되어 상자 백만 개랑 함께 집에서 발견되기는 싫었어요. 마치 고양이 여남은 마리랑 발견되는 노파처럼 말이죠. 그래서 딱 여섯 개만 남겨놨어요."

제인은 자신의 작품 중 일부가 자신보다 오래 살아남길 희망한다. "골동품 순회 전시회 같은 곳에 전시될지도 모르잖아요." 그녀는 불쑥 아나운서 목소리를 흉내 내며 말한다. "이것은 그 옛날 21세기에 제인 던우디라는 예술가가 제작한 작품입니다." 그러고는 다시 본인 목소리로 돌아와 말을 잇는다. "그럴 리야 없겠지만, 누군가가 소중한 작은 상자, 그림, 사진 한 장을 보면서 이렇게 말할 거 아네요. 'J. A. 던우디란 이름이 새겨져 있는데, 이 사람은 어떤 사람이었을까?' 영영 나를 찾아내지 못할 수도 있지만, 미스터리는 또 그 자체로 재미있잖아요."

제인은 자신의 기금과 함께 가족의 이름이 계속 보존되는 것역시 마음에 든다. "예술 단체들로 그 돈이 매년 흘러 들어가면 단체 사람들이 '예전에 던우디란 사람이 살았다'고 말하겠죠. 그래서난 정말로 돈을 계속 저축하고 싶어요. 그 돈이 모여 어떤 예술 단체에 매년 의미심장한 영향을 끼치기에 충분할 만큼 탄탄한 기금이 될 테니까요. 그리고 교회에도 계속 나가고 다른 일들도 모두오래 하고 싶어요.

내가 다음 세대를 위해 뭔가를 하고 있다고 생각하면 뿌듯해요. 자녀가 있는 사람들이 후대를 위해 여러 일을 하듯, 나도 하는 일이있으니까요."

———

뎁 피셔는 다음 세대의 교육을 돕는 한 가지 방법을 찾아냈다. 몇 년 전 크리스마스에 저녁을 먹고 나서 뎁은 배우자 폴, 폴의 장성한 세 자녀, 그들의 배우자들과 함께 테이블에 앉아 대화를 나누는 중이었다. 그 무렵 학교 보건교사로 일하고 있던, 폴의 두 딸 중 한 명이의료 대리 결정 지침이란 주제를 꺼냈다. 그들은 결국 자신이 어느 정도까지 연명치료 개입을 원하는지 이야기를 나누었다. 모두 그 대화에 깊이 집중하는 모습을 보고 뎁은 한 가지 생각을 떠올렸다.

그보다 몇 년 전 뎁은 찰스 슈왑Charles Schwab 증권사를 통해 기부자 추천 기금을 마련했다. 자격증 있는 재무 설계사인 뎁은 자신이 봉급을 받는 동안 기금을 마련하면 세금 혜택이 커지리라는 것을 알고 있었다. 또 은퇴해 자신의 업무를 동료들에게 넘기더라도 자신이 비영리단체들에 기부를 계속하게 되리라는 것 역시 알고 있었다. "난 기부 기금이라는 개념이 마음에 들었어요. 세월이 흘러 내 수입이 변해도 자선 기부를 계속할 수 있게끔 원천이 될 돈을 양동이 하나 가득 모아두는 거잖아요. 최근 몇 년이 내 평생 가장 많은 돈을 벌어들인 해였고 나는 자선 기부로 들어갈 그 기금을 더 많이 넣고 싶었어요. 그 기부금을 어떤 식으로 쓰고 싶은지는 아직 잘 모르겠지만요."

크리스마스 대화가 있고 얼마 뒤 뎁은 폴과 그의 자녀들에게 자신이 연간 수입 중 일부를 기부하는 몇몇 단체를 지원하는 데 관심이 있느냐고 물었다. "그 애들은 이 세계를 진심으로 걱정하는 참착한 애들이에요. 나도 물론 그 애들 나이 때 살림살이가 얼마나 빠듯한지는 알아요. 하지만 세상에는 앞장서서 멋진 일들을 해내는 사람들이 있잖아요. 우리는 약간의 돈으로 그 사람들을 지원할 수 있고요. 애들은 그 생각이 마음에 들었는지, '좋아요, 좋아요, 좋아요. 우리도 서명할게요' 이러더군요."

이제 뎁은 일 년에 두 번씩 기부 가능한 기금 총액을 아이들에게 말해주고, 기금 입금 마감일도 알려준다. 뎁은 자신들이 어떤 점을 고려해야 하는지 개요를 설명한다. 예컨대, 지원하는 곳이 비과세 비영리단체인지, 그 단체의 활동이 자신들에게 무슨 의미가 있는지, 그녀를 제외한 다른 가족들은 왜 그 단체에 관심이 있는지 등을 말이다. 그 모임은 기금이 진화하도록 설계되었고 그들은 매번 조금씩 내용을 수정한다. "난 그 애들이 한두 번 모이고 나면 이렇게 말할 줄 알았어요. '시간이 없어요. 관심도 별로 없고요.'"

폴의 자녀들은 그런 말을 하기는커녕 매년 두 번씩 전원 다 모임에 참석한다. 뎁은 깜짝 놀랐다. "심지어 이번에는 꼬마 아가씨 엘리자베스까지 와서 자기가 지원하는 단체에 관심이 아주 많다고 말하더군요. 세상을 바라보는 자기 가족의 방식에 그 애도 동참하게 된 거예요. 이 일로 그 애들은 좋은 단체란 어떤 곳인가 줄곧 지켜볼 줄 아는 눈을 갖추게 되었답니다."

초기에 일어난 변화 가운데 하나는, 누가 뎁과 함께 어떤 단체가 괜찮은지 자세히 살펴보고 추천할지, '가족 담당자' 역할을 정하는 것이었다. 그들은 매년 돌아가며 그 역할을 맡는다. 뎁은 재정, 강령, 수입원 등을 들여다보며 추천받은 각 단체의 상황을 샅샅이 파악한다. 뎁과 가족 담당자는 일관된 기준에 따라 기록들을 비교해, 지원금을 수령할 단체와 지원할 금액을 제안한다. "내가 최고 권력자예요. 그래서 최종 결정은 내가 내려요."

우리는 기부금 총액이 얼마나 되는지는 이야기하지 않는다.

최소 기부금은 250달러이고, 하나의 단체에 한 번 기부하는 금액은 대부분 1천 달러다. 그 가족이 선택해 몇 년 동안 지원해온 비영리단체들은 망명자에게 법적 도움을 제공하거나 출소자들의 생활을 지원하거나 여성과 어린이를 위한 프로그램을 진행하거나 환경 보호와 의료 봉사에 앞장서는 일을 하는 단체들이다.

"지금까지 불미스러운 일은 한 번도 없었어요. 하지만 모두의 관심사 사이에서 균형을 잡아야 하는 미묘한 상황은 몇 번 있었답니다. 가족 몇 명의 마음에 드는 소규모 지역 단체가 몇 곳 있었는데, 그런 곳은 이미 다른 사람들한테 지원을 많이 받고 있더라고요. 가끔은 나 혼자 기부를 하기도 하는데 그럴 때도 모두한테 그 내용을 말해줘요. 내가 어떤 단체에 왜 기부를 하는지 다들 굉장히 관심이 많아 보여서요.

우리는 손자들이 요즘 어떻게 지내는지, 직장에 무슨 일이 있는지, 어디로 휴가로 갈 계획인지 그런 사소한 것들보다 서로에 관해 더 많은 것을 알아가는 중이에요. 공통점이 있다는 건 정말 멋진 일 같아요. 공통점을 찾는 것이 얼마나 쉽고 간단하고 재미있는 일인지 일단 이해하기만 하면 돼요."

뎁은 자기 유산 이야기가 나오자, 자신은 개인적으로 대단한 사람이 아니라며 몸을 낮춘다. "나는 70억 명 인간 중 한 명이에요. 사람은 누구나 왔다가 가요. 나 역시 죽으면 흙으로 돌아가겠죠. 돈은 돈일 뿐이고요. 이 원대한 전체 세상 속에 내가 남기는 아주 작은 흔적이 정말로 세상에 큰 변화를 일으키지는 못할 거예요."

언젠가 누군가가 그녀에게 숲속에 등산로를 닦는 일에 얼마나 많은 시간과 돈을 쏟아붓고 있는지 이야기한 적이 있다. 이제 자신들은 수많은 사람이 이용할 수 있는 유산을 갖게 되었다면서. "나한테 유산이란 흔적을 남기는 거예요. 그게 아이든 건물이든 회사든 간에 말이에요. 굳이 내 이름이 붙은 뭔가를 남길 필요는 없어요. 난 미미한 내 시간, 재능, 내가 소중히 여기는 것들이 남겨질 더 큰 세상이란 직물 속 한 가닥 실이 될 테니까요. 많은 사람이 이렇게 말하겠죠. '당신과 함께 당신 이름도 죽을 텐데요.' 그게 무슨 상관이래요? '피셔'라는 이름은 세상천지에 널렸는데.

난 내가 기억될 거라고 생각하지 않아요. 그건 정원에 핀 장미랑 비슷한 거예요. 장미는 자라서 성숙하고 꽃을 피워요. 잠깐은 화려함을 뽐내지만 이내 죽어서 흙으로 돌아가잖아요. 누군가는 그 장미를 아주 잠깐 기억할지 모르지만 그게 어디 오래 가나요."

텍스 길링의 자선 계획에서는 부동산이 매우 큰 부분을 차지한다. 샌프란시스코에 있는 1870년대에 건축된 텍스의 집은 그 블록에 세워진 최초의 건물로, 도시 전체의 80퍼센트가 파괴된 1906년 지진과 화재 속에서도 살아남았다. "우리가 그 집을 산 1952년, 그 집은 위기에 봉착했어요. 건물 조사관이 그 건물을 허물어야 한다고 고집을 부렸거든요. '이건 그냥 별 특징 없는 물건

을 계속 살려두는 것'이라는 말을 계속하더군요."

그러나 텍스와 오래전 작고한 남편은 마침내 건물 조사관을 이기며 건물을 조금씩 수리했고, 물건을 둘 곳을 찾는 친구들에게 아름다운 물건들을 기부받았다. 독립된 그 집 서재에는 미국 원주민이 만든 바구니와 세공품, 여러 개의 서랍이 매듭으로 가득 찬 해군 제독의 궤가 있다. 건축된 시대에 걸맞게 집의 가구는 모두 빅토리아 시대 물건이다.

아흔한 살의 텍스는 말한다. "난 그 집을 오클랜드 박물관에 기증했어요. 그 건물이 어떤 종류든 흥미로운 공예 작품을 보관하고 있는 유일한 박물관이었기 때문이에요. 내가 그 집을 기증하는 바람에 박물관에서는 공예와 장식 예술을 담당하는 큐레이터를 새로 채용했어요." 몇 년 전 오클랜드 박물관에서 일하던 큐레이터가 워싱턴에 있는 스미스소니언 미술관으로 이직한 뒤로 박물관은 공예품 매입을 중단했었다. 텍스는 새 큐레이터가 1980년대부터 지금까지 창작된 공예품들을 매입함으로써 그 틈을 메워 주리라 생각한다.

부동산으로 말하자면 텍스와 남편 존은 1958년 산후안 제도 한 섬의 땅을 매입했다. 텍스는 그 땅 덕분에 혈연보다 더 원대한 대의에 도달할 운명이었다. 그들이 그 땅을 매입했을 때 그 땅 전체는 아래쪽 폐쇄된 사유지에 둘러싸여 있었다. 오래 자라 우뚝우뚝 선 소나무들이 거의 파도가 밀려 들어오는 곳까지 암초 해변을 뒤덮고 있었다. 작은 열쇠 구멍 모양의 만은 해적선을 숨기면 완벽할 듯싶었다.

섬의 부동산 세법이 경작 가능한 땅의 면적이 아니라 해안가 둘레 길이를 기준으로 세금을 부과하는 것으로 바뀌는 바람에 가난한 지주가 생겨났고, 그들은 재산의 일부, 혹은 전부를 처분할 수밖에 없었다. 그 덕분에 텍스와 존은 세 구획의 토지를 구입할 수 있었다. 텍스는 회상한다. "처음에는 우리 땅이 다른 사람들 소유의 땅에 완전히 둘러싸여 있었어요. 우리는 해변에서 숲을 관통해 백 년 이상 사용되어온 이 아름다운 산책로로 들어오곤 했어요. 나중에 존의 포인트라고 불리게 된 땅을 사고 우리는 이렇게 말했답니다. '바로 이거지.'" 그들이 첫 여름에 만든 잠자는 평상과 야외 부엌은 지금도 방문객들이 이용한다.

텍스가 그 땅을 소유하고 있던 55년이 넘는 세월 동안 땅값은 치솟았고 여행객도 급증했다. 현지인들은 섬의 생활환경이 파괴될까 봐 걱정스러웠다. 그래서 1990년 카운티 유권자들은 산후안 제도 전역의 특별한 장소들을 보존하기 위해 토지 은행 기금을 조성하는 부동산 보유세를 승인했다. 현재 여덟 개의 섬 5천 에이커(약 20.23제곱킬로미터) 이상의 땅이 보호구역으로 지정되어 있고 텍스의 땅도 거기 포함된다.

텍스의 이야기에 따르면 텍스의 땅 바로 옆, 7에이커(약 28,328제곱미터, 혹은 8,570평)의 땅을 소유하고 있던 시애틀 개발자는 사유지 내 나무를 절반 이상 밀어버리고 만 바로 위에 6,500제곱피트(약 183평) 저택을 지을 계획이었다. 그다음에 무슨 일이 일어나든 텍스는 그 중심에 서 있을 수밖에 없었다. "난 산후안 보존 신탁회사랑 거래를 했어요. 회사가 그 땅의 일부를 매입해주면 그 다음 퍼즐 조각은 내가 맞추겠다고요."

섬 현지인들이 그 땅의 매매가인 122만5천 달러의 거의 절반을 모았고 공공기관들이 나머지 금액을 지불했다. 신탁회사는 그 개발자에게서 땅을 매입하는 데 성공했다. 마침내 텍스는 거기에 면적 3에이커(약 12,140제곱미터, 혹은 3,670평)의 자기 땅 두 구획을 합쳐 보호구역으로 지정받았고, 그렇게 만을 둘러싼 말편자 모양의 땅을 효율적으로 보호하는 일을 완수할 수 있었다.

보호구역 지정은 텍스의 땅이 영원히 지금과 똑같은 모습으로 유지될 것임을 보장한다. 텍스는 땅문서를 보관하고 감면된 부동산세를 납부하며 죽고 나면 상속인에게 소유권을 이전할 수 있다. 그러나 그러기에 앞서 그 땅의 소유권을 이전받을 현지의 상속인들은, 자신의 땅이 보호구역과 영원히 딱 붙어 있게 된 사실에 경의를 표해야 한다. "내가 돈을 충분히 남겨 놓고 갈 수 있으면 좋겠어요. 그 돈의 이자로 세금과 유지비를 충당할 수 있을 만큼요. 그러면 우리 조카손자들이 언제든 오고 싶을 때 놀러 올 수 있을 것 아녜요." 텍스의 친척들은 두 살만 넘으면 그 뒤로 텍스를 만나러 계속 섬을 찾아온다.

텍스의 섬 사진이 박힌 1950년대 엽서와 최근에 찍은 사진을 비교해보면, 다른 점이라고는 나무들 굵기가 조금 굵어졌다는 것, 텍스의 집이 마치 프레임 밖으로 나갈 듯 아득한 한쪽 옆으로 밀려

났다는 것뿐이다. 그 섬은 언제까지나 지금과 똑같은 모습일 것이다. 그럴 수 있게 된 것은 부분적으로 텍스의 넉넉한 마음 덕택이다.

———————

텍스는 건설의 미래를 막아선 반면 셰릴 카턴과 그녀의 남편은 학생들을 위해 공간을 혁신하는 일에 투자했다. 셰릴은 지금의 매사추세츠 대학교 로웰 캠퍼스UMass Lowell의 전신 로웰 이공과 대학Lowell Technological Institute에서 학부 과정을 밟던 시절 도서관을 사랑했다. 그녀는 3백 명 신입생 중 단 다섯 명뿐이던 여학생 중 한 명이었기 때문에 테스토스테론의 파도로부터 피신해 있을 공간이 필요했다. 공대 학생이긴 했지만 독특한 분야에 관심이 많았다. "공부에 정말로 싫증이 나면 의학 서적이 꽂혀 있는 서가로 가서 피부 질환 관련 서적을 찾아보고는 했어요. 내가 가장 즐겨 보던 책은 피부 질환 책이었어요."

2학년 때 셰릴은 도서관에서 남편 폴을 만났다. 폴은 4학년이었다. 셰릴은 수줍은 듯 말한다. "도서관은 대학의 심장이자 영혼이잖아요."

몇 년 전 모교에서 셰릴에게 연락을 해왔다. 그녀가 아끼던 도서관을 위해 학술지를 몇 권 구입해달라는 것이었다. 셰릴은 구독료가 제법 비싼 줄 알고 있었는데 학교 측에서는 예상했던 것보다 훨씬 더 싼 가격에 제안을 해왔다. "달리 무슨 생각이 났겠어요? 도서관 한 층 전체를 식당과 화이트보드가 갖추어진 학습 센터로 바꾸고 싶은 마음이 간절해서 그런다는데 말이죠."

2011년 카턴 학습 센터가 개관했다. 모든 가구가 완벽하게 붙박이로 짜여 있는 2층 학습 센터는 열린 공간으로 컴퓨터 실습실, 영사기 스크린이 설치된 그룹 스터디 공간, 개인 학습실 등이 갖추어져 있다. "우리가 모든 비용을 다 댔어요. 난 그게 내 유산이라고 생각해요."

셰릴은 자신의 유전자 계보가 끝나는 것을 전혀 걱정하지 않는다. "전문가들은 사촌 여덟 명이면 유전자 풀을 채울 수 있다고 말해요. 우리 부모님 집안은 양쪽 다 대가족이라서 난 이미 풀을 채우고도 남을 만큼 사촌이 많답니다."

셰릴은 집안의 자산을 자녀에게 상속하는 일반적 세태에 도전하는 자신을 부끄럽게 여기지 않는다. "자기 재산을 자녀에게 물려주려는 부모들을 보면 궁금해져요. 한 아이가 아닌 더 많은 사람을 이롭게 하는 다른 방식이 세상에 존재할 수는 없는 걸까요?"

———————

얼마나 많은 재산을 자녀에게 남기느냐와 무관하게 부모들은 자녀가 자신들을 애틋하게 기억해주길 바란다고 나는 확신한다. 모든 유산 가운데 가장 신비로운 유산은 타인의 생명과 기억 속에 남는 것이다. 우리가 구체적인 뭔가를 남기지 않는다면 우리의 삶은 무슨 목적을 쫓아온 것일까? 우리는 어떤 무형 유산을 남길까?

마리 에릭슨은 사업과 가족 양쪽 모두에서 자신의 유산을 발견했다. 요가의 세계에서 매우 유명해서 사생활을 지키고 싶은 마리는 가명으로 인터뷰를 한다. 그녀는 40년 이상 요가를 수련한 여자라면 저렇겠구나 싶게 유연하고 몸놀림이 부드럽다. 일흔 살에서 딱 한 살이 모자라다는 사실이 믿기지 않을 정도다. 그녀는 25년 이상 업계에서 성공적으로 운영해오던 스튜디오를 최근 매각했다.

"직업적 유산도 있고 가족적 유산도 있어요. 요가 센터에 다니던 내 '자식들'이 내가 그 사업을 놀라울 정도로 번창시키는 것을 봤으니 그게 내 직업적 유산인 셈이죠. 그 요가 센터는 거기 오고 가는 모든 사람 자체니까요. 내가 그 사업체를 직접 소유하든 안 하든 그건 언제까지나 내 유산일 거예요.

만약 내 심장과 영혼 속에 담겨 있는 것과 이 사업을 합칠 수 없었다면 난 아마 아이를 낳았을 거예요. 하지만 난 내 사업의 엄마예요. 난 언제나 그것을 내 아기로 여겼답니다. 그래서 사람들은 내가 그 사업을 절대 놓지 못할 거라고 생각했어요. 하지만 이제 다 자란걸요. 우리는 자녀가 꽃길만 걷길, 우리를 넘어 발전하길 바라잖아요."

마리는 아이를 낳을 수 있는 상황에 놓여본 적이 정말로 한 번도 없었다고 말한다. 첫 번째 남편은 그녀가 스물한 살 때 베트남에서 죽었다. 요가를 배우는 일이 슬픔을 극복하고 치유하는 데 도움이 되었다. "남편의 상실이라는 인생 최악의 경험에서 벗어나려고 시작한 일이 일생의 천직이 되었어요."

현재의 남편과는 25년째 살고 있는데, 남편의 세 딸, 그리고 그 딸들의 아이들에게 친밀감을 깊이 느낀다. 사실 새엄마보다는 친구쪽에 더 가깝지만, 최근에 와서는 그들을 '우리 딸들'이라고 소개하기 시작했다. 손자들도 친손자처럼 여기는데, 그 애들이 다른 할머니를 전혀 모르기 때문이다. 애들은 그녀를 '할미'라고 부른다.

"내 손자들이 나를 좋은 사람으로 본다면 그것 역시 나의 유산이에요. 내 생각에는 그게 누구든 사람이 정말로 남길 수 있는 유일한 유산은 그 사람이 인생을 살아온 방식뿐인 것 같아요. 나는 마음으로 살아가려고 노력해요. 난 그런 사람이에요.

완벽해지려는 게 아녜요. 진실해지려는 거죠. 난 아이들에게 사람은 누구나 실수를 저지른다는 것을 그대로 보여줘요. 실수에서 배우면 되니까요. 실수는 우리의 스승이잖아요. '실패하고 또 실패하라, 더 낫게 실패하라.' 이 말을 새뮤얼 베케트가 했던가요? 참 멋진 말이에요.

우리 삶이 어떤 파문을 일으켜 다른 사람에게 가서 닿을지 우리는 알지 못해요. 우리가 우러러보는 사람들을 생각해보세요. 그들 모두가 자신이 우리에게 영향을 준다는 사실을 알고 있을까요? 나는 늘 첫 요가 선생님한테 편지를 쓰고 싶었어요. 선생님을 만난 일이 어떻게 나를 요가라는 열정적인 경험 속으로 몰고 갔는지 알려드리고 싶어서요. 내가 한 일은 원래부터 특별한 일은 아니었어요.

내가 사랑했기 때문에 특별해진 거죠."

———————

　시인 수전 시거푸스는 모든 상황을 이해하고 싶어서 오빠, 여동생에게 유산에 관한 걱정을 털어놓았다. 두 사람은 모두 자녀가 있다. "결국 난 이렇게 말하고 말았어요. '두 사람한테 알려주고 싶어. 내 죽음을 생각하면 날 정말로 슬프게 만드는 사실이 한 가지 있어. 내가 죽더라도 내 이야기를 하고 선반에 내 사진을 올려놓고 내 말을 인용하고 몸속에 나의 일부를 간직한 채 전진해나갈 내 자식 하나가 이 지구상에 없다는 거야.'"

　수전은 두 사람의 대답을 듣고 더 슬퍼졌다. 그들은 이렇게 말했다. "아니, 우리의 죽음이 훨씬 더 힘들걸. 죽으면 애들을 남겨놓고 떠나야 하니까." "난 말싸움에서 이기고 싶었던 게 아녜요. 그저 내가 외로움을 그런 식으로 느낀다는 걸 알려주고 싶었던 거죠.

　나와 남편은 둘 다 상속인이 없어요. 그래서 마치 한 시대의 종말처럼 느껴져요. 내게는 지도 한 장이 없어요. 지도도 없이 노화를 향해 나아가야 하는 거예요."

　그녀는 자신만의 길을 닦으려고 애쓰고 있지만, 아직 방향조차 잘 모른다. 그 부분적인 이유는 남편을 계획 과정에 참여시키기가 어렵기 때문이다. "그 사람한테 계속 말해요. 정말로 중요하게 생각하는 것을 위해 돈을 따로 떼놓는 문제를 생각 좀 해보자고요. 예컨대 이공계 학생을 위한 장학금이라든가 그런 것 말이에요. 그런 생각을 하면 난 정말 신이 나지만 그 사람은 그냥 무너져버려요. 죽음을 영영 마주하지 않으려나 봐요. 나 혼자라도 내 길을 꼭 찾아내야겠어요."

수전은 아이디어가 매우 많다. 도서관 재단에 기부를 한다든가, 작가 지망생을 후원할 기금을 조성한다든가 하는, 모두 칭찬받아 마땅한 아이디어들이다. "어떤 일을 시작할지는 아직 확실하게 결정하지 않았어요. 하지만 누군가의 창조적 삶에 도움을 주는 어떤 일에 내 이름을 붙일 수 있다면 정말 신날 것 같아요."

수전은 자신의 사후가 여전히 궁금하다. "설화 같은 이야기가 펼쳐질까요? 아니면 그냥 끝날까요? 가장 겁나는 건 사랑하는 사람으로 기억되고 싶은데 그게 가능할까 하는 점이에요. 좋은 엄마가 아닌 사람은 사랑을 어떻게 인정받는지 모르겠어요."

———————

여든네 살의 철학자 제인 젬바티에게 유산은 사후가 아니라 현생의 문제다.

"난 유산이라든가 뭐 그런 문제는 생각하지 않아요. 전혀요. 내가 대학에서 배운 것 중 하나는 삶의 의미에 관한 일반적인 질문은 모조리 무의미한 질문이란 사실이에요.

난 종교적인 사람이 아녜요. 무신론자죠. 그래서 삶을 생각할 때, 잘 살았느냐 그러지 못했느냐만 생각해요. 스스로 만족할 만한 삶인가? 타인을 돕는 데 보탬이 되는 삶인가? 친구가 있고 즐거움이 있는 삶인가?"

―――――――

나는 교실에서 사랑의 인정과 유산의 얼굴을 발견한다. 그것도 아주 사소한 것들 속에서.

뽀글거리는 까만 머리를 갈래갈래 땋은 1학년생이 교실 안에서 글자의 조합을 설명하는 선생님을 바라보면서 내게 몸을 기댄다. 아이는 교과서 'ph' 항목을 펼치고 나는 학습용 카드 묶음을 준비한다.

"글자 'p'랑 'h'가 합쳐지면 소리가 어떻게 나는지 아니?" 내가 묻는다.

아이는 입술을 일그러뜨리며 공기가 섞인 'p' 소리와 횡격막에서 흘러나오는 'h' 소리를 함께 내보려 하지만 실패다. 힌트를 달라는 듯 날 쳐다본다. 나는 앞 윗니로 아랫입술을 누르고 숨을 내뱉어 'f' 소리를 세 번 낸다. 아이는 눈썹을 찌푸린다. 꼬마 아가씨의 얼굴에 의심이 떠오른다.

"이건 일종의 속임수 글자 조합이란다. 'p'자에 'h'자가 합쳐지면 'f'자랑 비슷한 소리가 나는 거야. 'f'자 소리는 아니?"

아이는 제정신이냐는 듯 날 쳐다보더니 완벽하게 'f' 소리를 낸다.

"바로 그거야. 그럼 이 단어를 소리 내어 읽을 수 있지?" 나는 학습용 카드에서 'phone' 카드를 꺼내고는 아이가 새로운 소리의 조합을 익히는 동안 손으로 말뭉치를 짚는다. 처음에는 매우 천천히, 그러다가 점점 더 빠르게. 유레카.

"그래, 그게 바로 'phone'이야. 아주 잘하는데." 우리는 하이파이브를 나눈다. 나는 다음 카드의 그림을 손으로 가리고 그 밑에 적힌 글자를 소리 내어 읽어보라고 말한다. 이번에는 긴 단어다. 아이는 계속 시도한다.

나는 고개를 끄덕인다. "그렇게 그냥 읽으면 돼. 네 발음을 잘 들어봐."

"El-e-phant, El-e-phant, Elephant!" 이해의 불꽃이 점화되고, 내가 손을 치우자 아이의 얼굴에 환하게 승리감이 번진다. 우리는 dolphin, microphone, alphabet 등 학습용 카드 몇 장을 더 연습한다. 아이는 쉬는 시간이 되어 줄지어 나가는 급우들에게 달려가 'f'와 'ph' 이야기를 재잘거린다.

내 인생의 모든 측면에서 봐도 내가 이렇게 참을성을 많이 발휘하는 곳은 어디에도 없다. 내가 그만큼 만족감을 느끼는 일도 거의 없다. 그 짧은 시간을 함께하는 동안 꼬마 아가씨는 수없이 많은 새 단어를 읽는 법을 깨우쳤고, 막 걸음마를 뗀 그 독자는 다음 속임수 글자 조합에 도전할 수 있는 자신감을 얻었다. 그 애는 나와 함께 보낸 짧은 시간과 자신의 어휘력 성장 사이의 관련성을 영영 의식하지 못하겠지만, 나는 그 일을 영원히 잊지 못할 것이다.

그런 순간들이 모여 내 유산을 구성한다. 내가 아이들에게 쌓아준 원천이 무엇이든, 그 수많은 원천은 언젠가 어린아이들의 글자 익히기에 큰 도움이 될 것이다. 나와 우연히 만난 많은 아이 중단 한 명이라도 글 읽기를 배우는 일에서 의미와 즐거움을 찾을 수 있다면, 내 삶은 앞으로도 계속 중요한 의미가 있을 것이다.

　　나는 이제 내게 타인한테 쏟아 부을 수 있는 시간과 생명 에너지가 있는 것은 친자식이 없어서 일어난 직접적 결과라는 것을 안다. 친자식을 키웠다면 협소하기 짝이 없었을 것이 분명한 나의 보살핌과 영향력은 광범위하다. 자식의 부재가 내게 타인의 삶과 접촉할 수 있는 여유를 부여한 것이다.

―――――――

　　놀랍게도 퓨 리서치 센터가 모아놓은 시간 이용에 관한 연구 자료와 인터뷰들 덕분에 적어도 그런 여유의 일부를 수량화하는 일은 전혀 어렵지 않다. 자기 자식을 출생부터 18세까지 키우기 위해 엄마는 어림잡아도 20,970시간 동안 헌신한다. 미국인의 주당 평균 노동시간을 40시간 정도라고 볼 때, 자녀 양육은 10년 이상의 풀타임 노동에 상응하는 것이다. (매주 40시간씩 1년 52주를 곱하면 2,080시간이 나온다.) 자그마치 10년이다.

　　이 계산에는 자녀가 18세가 된 이후의 시간은 물론, 계획을 세우고 걱정하고 자녀와 대화하는 데 들어가는 시간은 포함되지도 않는다. 객관적으로 말해서 아이 없는 평균 여성은 삶의 다른 목적을 추구할 수 있는 시간이 상당히 많을 가능성이 크다. 안타깝게도 우리의 시간과 노력이 들어가고 있다는 사실을 의식하지 못한 채 그것들을 낭비하는 경우가 여전히 많기는 하지만 말이다.

자녀 양육을 시간 단위로 쪼개려고 이런 말을 하는 것이 아니다. 무수히 많은 잠재적 논맘들이 자신과 타인의 삶에 영향을 끼쳐야 한다는 점을 강조하려는 것이다. 여성은 아이 옆에 딱 붙어 있을 필요가 없을 경우 자발적으로 타인에 대한 배려와 우려, 그것을 통해 얻는 기쁨을 자신의 삶으로 끌어들인다. 여유가 있다는 생각이 의식 속에 깔려 있는 만큼, 우리는 우리가 소중히 여기는 것에 걸맞게끔 의도적으로 우리의 삶을 다듬을 수 있다.

작가 말콤 그래드웰Malcolm Gladwell은 베스트셀러 『아웃라이어 Outliers』(노정태 역, 김영사, 2009)에서 시간과 전문성의 발달 사이의 관계를 파헤쳤다. 1만 시간. 그것이 타고난 재능을 장인 수준으로 키우는 데 필요한 시간이다. 만약 2만 시간 이상의 '여유' 시간을 마음이 쓰이는 어떤 일에 쏟아붓는다면 되고 싶은 사람이 될 수 있다. 혹은 시간을 더 작은 단위로 쪼개 더 광범위한 영역에 쓸 수 있다. 자녀 없는 삶 속에는 자유, 힘, 창의성이 잠재해 있다.

'ph' 소리를 배운 그 1학년생 꼬마는 곧 10대 초반이 될 것이다. 그 애와 친구들은 사춘기에 접어들면서 그들의 어머니, 할머니, 이

모, 고모들이 들었던 것과 똑같은 이야기를 수도 없이 듣게 될 것이다. 그 소녀들은 장차 성인이 된 뒤 자신의 삶에서 아이가 어떤 부분을 차지하게 될지 상상해보려 애쓰게 될 것이다. 미래로 이어진 정문 앞에 서게 될 것이다.

소녀에서 여자가 되는 이야기를 다 듣고 난 뒤, 내가 어디에 있든, 예정에 없는 생리가 시작되면 설사 일면식도 없는 사람이라 하더라도 다른 여자들한테 도움을 받을 수 있으리라는 선생님의 장담에 매우 안도했던 일을 나는 지금도 기억한다. 임산부들도 똑같은 이야기의 변형된 버전을 아이를 낳기 전에, 그리고 아이가 커가는 동안 계속 들을 것이다.

나의 1학년 꼬맹이와 또래 소녀들이 자신의 미래가 엄마로 이어진 확정된 길이 아닌 훨씬 더 다양한 오솔길을 따라가게 되리라는 사실을, 지금껏 언제나 그랬듯 그들 역시 나이나 운명이 제각각인 여자들의 지지와 격려를 받게 되리라는 사실을 알고 안도 속에 자라나는 것이 나의 바람이다.

그런 미래를 증명해 보이는 일은 멀리 있지 않다. 아이 없는 인생을 항해하는 법을 공유할 수 있는 기회를 붙잡는다면, 우리는 엄마가 아닌 삶이라는 산 정상에 전망대와 쉼터를 설치하게 될 것이다. 우리는 여기에 제각각인 여성들이 살아온 각자의 사연은 물론, 일할 때, 놀 때, 인간관계에서 성숙한 인간으로서 만족스러운 삶을 이뤄낼 수 있는 선택지들을 함께 풀어놓는다. 젊은 나이부터 지긋한 나이까지 여러 세대 여성의 삶도 함께.

우리는 누구인가, 우리의 정의는 '엄마인 여성'의 반의어가 아니다. 우리의 선택이나 생활방식이 어떤 식으로든 엄마들을 위협하는 것도 아니다. 오히려 우리는 다른 종류의 여성이 되면 어떨까라는 주제와 관련해 상호보완적 역학을 잘 보여주는 존재들이다. 아이를 낳지 않는 이유를 막론하고 주류의 범주 밖에서 살아온 우리는 예상 밖의 삶을 일굴 수 있는 존재들이다.

당신은 아이가 있나요?

뭐가 달라지냐고요?

내 생각에 그런 질문은 할 필요도 없을 것 같은데요.

불임 치료를 받는 동안 나는 욕실에 들어가 울고는 했어요.

다행히도 상황은 변했어요.

이제는 그 경험도 내 정체성의 일부예요.

나도 알아요.

아이가 없다고 말하면 또 괴상한 질문들을 연달아 잔뜩 해대겠죠.

우리 문화가 출산을 장려한다는 사실을 보여주는 모든 지표 가운데, 분위기를 어색하게 만드는 질문들이 아무 데서나 허용되는 것은 가장 대표적인 현상이다. 어떻게 하면 차일드프리와 차일드리스의 삶이라는 현실을 사회적 담론과 더 잘 통합할 수 있을까? 보통, 종교에 관한 질문, 섹스 상대에 관한 질문은 하지 않는다. 그러나 만나자마자 다짜고짜 번식 결과에 관해 캐묻는 행위는 마땅한 사회적 친목 절차로 여겨진다. 이제는 분명히 밝혀야 한다. 그런 질문에 대답하는 것이 간단하지도 않고 유쾌하지도 않은 사람이 세상에는 무수히 많다는 사실을.

　　사교모임에서 초면인 사람을 만나면 아이에 관한 질문이 꼭 등장한다. 매일 우연히 만나는 지인, 상인, 동업자도 그런 질문을 하고 인간관계 전체를 구성하는 가족, 친구 사이에도 그런 질문이 오간다. 반면 어떤 대화들은 차일드리스와 차일드프리에 관한 오명을 벗기고 고정관념을 깨는 데 도움이 되는 관점을 포함할 위험이 있기 때문에 완벽하게 차단된다.

아이가 있느냐는 질문에 "아뇨"라고 대답하면 그 방 안에서 공기가 다 빠져나가는 것처럼 느껴진다. 그 대답 뒤로 대개 의미심장한 침묵이 따라 나오고, 그동안 모두 어찌할 바를 몰라 절절맨다. 엄마인 사람은 이렇게 생각한다. '저런, 궁금하네. 왜 없을까? 물론 그걸 대놓고 물어볼 수는 없지. 이제 어쩌지?' 논맘은 엄마인 사람의 격려, 판단, 동정심을 받아들일 채비를 한다. 그 순간 정확히 무슨 말을 해야 하는지 알고 있는 사람은 아무도 없다.

의미심장한 침묵, 그때가 대화라는 춤판이 원하는 방향으로 흘러가도록 논맘들이 주도권을 잡을 수 있는 최적의 순간이다. 그것은 반드시 등장하는 질문이고, 우리는 이미 우리의 대답을 알고 있다는 점에서 더 유리하다. 우리의 의도에 맞게, 그리고 요즘 감정 상태 그대로 대답함으로써 우리 자신에게 사려 깊게 경의를 표하고 말문이 막힌 질문자를 구해주면 어떨까? 잘 준비하고 여러 번 연습하면 우리도 대화라는 춤판에 부드럽게 섞일 수 있다.

엄마인 여성들에게도 그 의미심장한 침묵은 호기심을 표현할 수 있는 기회이지만, 그런 질문이 어떻게 받아들여질지 조금만 더 신경 써서 생각하면 그 호기심은 수그러든다. 상대방을 존중하며 대화에 참여하는 사람은 이야기의 흐름을 편안하게 만들어 진정한 소통의 장을 열 줄 안다.

논맘들끼리 서로 나누는 대화는 탐구, 지지, 인정의 강력한 원천이 되기도 한다. 개인적 상황과 반응은 다들 제각각이라는 사실을 인정하는 태도를 계속 유지하다 보면 공통점을 찾게 되고 모든 연령대의 논맘들에게서 많은 것을 배우게 된다.

문제는 그런 의미심장한 침묵의 순간에 대부분의 사람이 어떤 말이나 행동을 해야 하는지 모른다는 사실이다. 그 침묵을 채우려고 애쓰다 보면 여러 사람 앞에서 실수를 저지르기 십상이다. 물론 그 과정에서 새로운 기술들을 배우기는 하지만 말이다. 자녀의 유무와 무관하게 이 세상 속에 우리가 어떻게 존재하는지, 우리가 누구인지, 모든 여성의 정체성을 더 잘 통합하고 싶다면 다 함께 노력해야 한다.

———————

그렇다면 서로 어떤 대화를 나누어야 할까? 해야 하는 행동, 해서는 안 되는 행동과 관련된 몇 가지 생각을 여기 제시한다. 먼저 번식 상태에 관한 질문을 받았을 때 논맘이 보여야 하는 반응을, 그다음에는 엄마인 여성들이 아이 없는 여성과 대화를 나눌 때 알아야 하는 점을, 마지막으로는 논맘들끼리 만났을 때의 대화법을 살펴보기로 하자.

엄마인 여성과 대화하는 논맘들에게

아이 없는 여성은 가족 중심적 인간관계망의 경계선 속으로 녹아들기 위해 애쓸 수도 있고, 차일드리스와 차일드프리 여성만으로 구성된 공동체로 인간관계를 한정할 수도 있으며, 그 두 주체가 혼합된 관계를 구축할 수도 있다. 아마도 그중 두 주체가 혼합된 관계를 구축하는 것이야말로 모든 여성의 최대 관심사일 것이다.

나는 몇 년 동안 두려움과 혼란스러움을 함께 느끼며 아이 관련 질문에 대처해왔다. 사실대로 말할까? 그랬다가는 타인의 삶이 어떤지 전혀 모르는 무리 앞에 나 자신을 노출하게 될 텐데. 대수롭지 않은 일인 척하면 엄마들은 내가 아이를 싫어한다고 단정할 텐데. 키우는 애완동물 이야기를 꺼내면 자신의 아이들과 애완동물 사진과 이야기로 응수할지도 몰라. 나는 질문자에 대한 본능적 느낌, 그때의 기분, 혹은 타인이 내게 기대하는 것과 관련된 어떤 내면적 잣대에 따라 그때그때 다르게 반응한다. 그냥 그럭저럭 넘어가거나 우울해지거나 솔직해지는 것이다. 아이 관련 질문과 내 대답 사이의 공간을 내딛는 내 발걸음은 어색하고 괴상하다.

그리고 내 대답에는 거의 언제나 내가 좋아하지 않는 말투가 포함되어 있다.

"아뇨. 하지만 애들은 정말 좋아해요."

"가지려고 노력했어요. 하지만 성공하지 못했어요."

"아뇨. 하지만 난 사랑스러운 조카들이 많아요. 동물도 엄청 예뻐하고요."

저 말은 모두 사실이다. 그러나 너무나 방어적으로 들리는 '하지만'은 왜 언제나 들어 있을까?

예전에 함께 일한 적 있는 한 약삭빠른 변호사는 사람들한테 선을 넘는 개인적인 질문을 하는 것을 즐겼고, 사람들 대부분은 그의 질문에 대답했다. 그러면 그는 이렇게 말하고는 했다. "잊지 마세요. 모든 질문에 반드시 대답해야 하는 건 아니랍니다."

마음 약하고 방어적이고 취약한 사람이 된 듯한 기분이 느껴질지도 모른다. 상황을 설명하고 싶은 기분이 아닐 수도 있다. 뭔가, 아니 뭐든 다른 이야기를 하는 쪽이 더 나을지도 모른다. 솔직히 그 주제를 피하든 말든, 그건 오롯이 우리만의 권리다. 우리 자신 말고는 아무도 상관없는 일이니까.

물론 우리의 상황을 아는 사람들은 아이가 있느냐고 묻지 않는다. 대신 직접적으로든 우회적으로든 우리의 처지, 목적, 그래서 내린 결론 등을 꼬치꼬치 캐묻는다. 그런 일이 일어날 때 우리한테는 두 가지 선택지가 있다. 그런 대화 자체를 아예 피하거나, 질문한 사람과 열심히 대화하거나.

나는 대화를 회피할 때도, 열심히 대화할 때도 전략에 능숙해지는 것이 현명하다고 생각한다. 각각의 전략을 써야 하는 경우가, 아니, 두 가지 전략을 동시에 써야 하는 경우가 종종 발생하기 때문이다. 앞으로 반드시 일어날 일을 맞이할 대비가 끝난 선택지를 택했는지 확인하라. 앞으로도 계속, 남아 있는 평생 아이에 관한 질문을 끝없이 받게 될 테니까.

질문을 회피하는 몇 가지 요령을 살펴보자.

다른 미끼를 던져라.

그 질문을 하는 사람은 자녀가 있을 확률이 매우 높다. 진심으로 관심이 있으면 직접 물어보라. 관심이 없으면 훨씬 덜 개인적인 화제로 전환한다.

몇 가지 예를 들어보자.

"애들 키우시나 봐요. 내 말이 맞죠? 애가 몇 명이에요? 누구 닮았어요?"

"난 애 없어요. 최근에 이리로 이사 왔고요. 이 동네에 얼마나 오래 사셨어요? 동네에 자주 다니시는 곳이 어디예요? 가볼 만한 곳 있어요?"

"공통된 관심사를 찾으시는 거군요. 난 환경, 성인 교육, 요리에 아주 관심이 많아요. 당신은 어때요?"

유머를 활용하거나 화제를 전환한다.

개인적 성향이나 모임의 성격과 어울릴 경우 유머는 그런 대화를 가볍게 회피하는 데 도움이 된다.

몇 가지 예를 들어보자.

"아직 아이 아빠가 될 자격이 충분한 남자를 못 만났어요. 남편분을 어디에서 만나셨어요?"

"우린 아직 신혼이라서요. 변화가 생기면 알려드릴게요. 요즘 탁구 배우는 중인데. 혹시 치세요?"

"아주 오래전에 동생들이랑 애를 낳지 않기로 약속했거든요. 형제자매 관계가 어떻게 되세요?"

펜실베이니아 주립 대학교 크리스토퍼 클라우센Christopher Clausen 교수는 〈아메리칸 스콜라The American Scholar〉에 게재한 「장난감 나라의 차일드프리Childfree in Toyland」라는 제목의 칼럼에서 아이 관련 질문을 받을 때 자신이 써먹는 유머 기반 회피 전략을 소개했다. 그는 이렇게 말한다고 한다. "'그 집 애들 같은 자식을 틀림없이 얻을 수 있다는 보장만 있으면 나도 당장 애를 낳을 거요.' 사람들은 대부분 시늉보다는 아첨을 좋아하기 때문이다. 아, 부모님한테는 먹히지 않으니 써먹지 말 것."

이 접근법은 잘 아는 사람한테 쓰기 좋고 남의 자녀를 솔직하게 칭찬하는 내용이 담겨 있다는 점에서 마음에 든다. 내 주변에도 이런 말을 듣기 좋아하는 친구는 수도 없이 많다.

클라우센 교수는 이어서 시끄러운 친척에 대처하는 자기 아내의 비법을 소개한다. "언제나 말을 함부로 하는 우리 아버지가 한 가족 행사에서 아내를 한쪽으로 데려가더니 시험 삼아 불평을 늘어놓았다. '크리스가 너한테 애를 하나 선물했어야 하는 건데.' 그 말에 아내는 이렇게 응수했다. '그랬다면 제가 곧장 그이한테 돌려줬을 거예요.' 그 뒤로 우리 부모님은 그런 질문을 다시는 하지 않았다."

도망친다.

어떤 이유에서든 그저 될 수 있으면 대화에 끼고 싶지 않을 때가 있다. 그건 무례한 게 아니다. 그럴 때는 그냥 스스로를 돌보면 된다.

몇 가지 예를 들어보다.

"잠깐만 양해 부탁드려요. 화장실에 가야 해서요."

"미안해요. 계속 저랑 연락하려고 애써온 사람이 저기 있네요."

"음료수를 새로 가져와야겠어요. 갖다 드릴까요?"

요즘 나는 내가 앞장서서 다른 사람들을 그 화제에 동참시킨다. 대화 상대한테 자녀가 있든 말든 상관없다. 내가 먼저 묻는다. 그렇게 하면 시간 선택권이 생긴다. 사람들 대부분은 질문을 받으면 거기 대답하고 나서 나한테 되물으니까, 그다음에 일어나는 일은 내가 알아서 하면 된다. 시간을 벌면 방어적으로 굴고 있다는 기분을 덜 느끼면서, 나머지 대화에 더 효과적으로 대비할 수 있다.

나는 아이 없는 삶이 어떤 건지 이야기하는 것이 즐겁다. 우리가 그렇게 기꺼이 할 마음만 있다면 우리의 경험과 정체성을 다른 누군가와 이야기함으로써 새로운 이해와 관계로 이어진 문을 열 수 있다. 아이가 없다는 것이 어떤 경험인지 그 사람들로 하여금 더 생생하게 느끼게 해줄 수 있다. 우리는 일반적인 것과 사뭇 다른 성 역할을 보여주는 여성이라는 자리를 차지해 마땅한 사람들이다. 그러나 그런 쪽으로 대화를 끌고 가는 것은 잠재적으로 위험할 수 있으니 마음을 느긋하게 먹고 충분한 대비책을 마련해야 한다.

다른 사람들을 끌어들여 대화를 시작하는 몇 가지 요령을 살펴보자.

주제와 관련된 이야기 자체를 대화 소재로 삼는다.

무자녀라는 주제를 꺼내면서 위험성을 최소화하는 방법은 이야기를 우회적으로 하는 것이다.

예를 들어보자.

"난 애가 없어요. 지인 중에 나 말고 애 없는 사람이 또 있나요?"

그런 다음 잠깐 생각할 시간을 준다. 물론 사람들은 생각하겠지만, 아마도 그런 질문을 받아본 적은 한 번도 없을 것이다.

"이런 대화가 불편할 수 있어요. 특히 엄마인 사람과 논맘 사이에서는 더더욱. 논맘 중에는 애를 원했던 사람도 있고 그렇지 않았던 사람도 있지만, 대개는 그 경계가 분명하지 않아요. 자녀 없는 누군가와 솔직하게 대화를 나눠볼 기회가 몇 번이나 있었나요?"

아마 거의 없었을 것이다. 그럴 때 이어서 던질 수 있는 질문은 이것이다. "왜 거의 없었다고 생각하세요?"

통계자료, 혹은 개인에 국한되지 않는 사실 정보를 공유한다.
데이터와 확고부동한 사실은 그 주제의 표면을 효과적으로 긁어낼 수 있는 안전한 방식이다.

몇 가지 예를 들어보자.

"남자 한 명이 1달러를 벌 때 여자 한 명은 평균 81센트를 버는 거 알아요? 그런데 집에서 아이를 키우는 기혼여성은 76센트밖에 못 벌어요.

아이 없는 여성은 96센트를 벌고요."

"어느 세대에 속하느냐에 따라 차이는 있지만, 출산 경험이 없는 여성의 비율은 20퍼센트까지 증가할 거예요. 지금도 논맘은 많지만 다음 세대에는 그 비율이 더 오를 전망이라는 이야기를 들었어요."

"잘 아시겠지만 자선단체들은 아이 없는 사람들을 좋아해요."

다른 사람의 경험을 이야기한다.

아이 없는 삶에 대해 특히 더 유창하게 이야기하려고 애쓰는 경우에는 우리 자신보다 다른 사람의 경험을 이야기하는 것이 더 쉬울 수 있다.

몇 가지 예를 들어보자.

"최근에 차일드프리 부부에 관한 글을 읽었는데, 그 사람들은 완전히 온라인으로 일하면서 2년 동안 전 세계를 여행했대요. 그게 상상이나 할 수 있는 일인가요?"

"우리 언니는 아이가 없어요. 함께 아이를 낳고 싶은 남자를 한 번도 만나지 못했거든요. 언니는 유치원 선생님이라서 어린아이들에게 글자 읽는 법과 숫자를 가르치는 데 평생을 헌신했어요. 그 댁 아이들 선생님 중에도 자녀 없는 사람이 있나요?"

"제가 아는 나이 지긋한 어떤 여성은 노숙자 여성을 위한 장학 기금을 모으기 시작했어요. 나도 언젠가 그런 일을 계획할 수 있으면 좋겠어요. 당신은 어때요?"

자신의 경험과 관련된 이야기를 털어놓는다.

더 사적인 대화를 하고 싶다면 누군가는 먼저 나서야 한다. 자신의 내면으로 들어감으로써 대화가 흘러가는 방향을 유도하면 된다.

몇 가지 예를 들어보자.

"난 아이가 없어요. 그런데 그게 보통 사람들 생각과는 좀 달라요." (이 말에 상대방이 관심을 보이면 직접 경험한 장점과 단점을 들려주면 된다.)

"난 우리 학교 사서 선생님이 참 좋았어요. 그런데 지금 생각해보면 그분도 분명 논맘이었을 거예요. 어린 시절 부모님보다 더 중요한 롤모델이었던 사람이 다들 있지 않나요?"

"나는 '엄마 노릇'이란 말을 동사로 생각하고 싶어요. 예컨대 나는 전문직인 우리 회사에 입사한 청년 여남은 명의 멘토예요. 당신한테도 친자식보다 더 엄마 노릇을 해줘야 하는 사람이 있나요?"

반문한다.

다른 사람 쪽으로 대화의 중심을 옮기면, 그들이 그 주제에 관심이 얼마나 있는지, 정말로 그런 대화를 하고 싶은 마음이 있는지 소중한 정보를 얻을 수 있다. 호기심을 솔직하게 드러내면 대화가 재미있는 방향으로 이어지기도 한다.

몇 가지 예를 들어보자.

"그건 너무 사적인 질문 같네요. 물어보시는 이유가 있나요? 정말 궁금한데요."

"어떤 이유에서든 자녀 중 한 명이 애를 낳지 않겠다고 하면 어떤 생각이 들 것 같으세요?"

"잠깐만 당신에게 자녀가 없다고 쳐봅시다. 당신 인생의 어떤 점이 지금과 다를까요?"

어느 날 위 마지막 질문을 우리 어머니에게 해봤다. 어머니는 시선이 아득해지더니, 영문학 박사학위를 따서 대학교수가 되었을 거라고 말했다. 그러더니 겁에 질린 듯한 얼굴로 갑자기 나를 쳐다봤다.

"그렇다고 너랑 네 동생들을 원하지 않았다는 소리는 아니다."

"알아요. 난 엄마가 아직도 자신의 다른 인생을 상상할 수 있다는 사실이 좋아요. 엄마한테 세상을 달리 볼 수 있는 눈이 있는 거니까요." 내가 어머니랑 가장 진솔한 대화를 나눈 순간이었다.

가끔은 전문가의 접근법을 공부하는 것이 큰 도움이 된다.

2016년 4월 팟캐스트 〈가장 길면서도 가장 짧은 시간The Longest Shortest Time〉의 공동 제작자 힐러리 프랭크Hillary Frank는 뛰어난 인터뷰 진행자이기도 한 국영방송 라디오 〈신선한 공기Fresh Air〉 디제이 테리 그로스Terry Gross와의 인터뷰를 방송했다. 주제는 '아이 없는 삶'이었다. 인터뷰가 진행되는 동안 그로스는 여러 개의 대담한 질문들에 대답했다. "아이를 원한 적이 정말로 한 번도 없는지? (전혀 없다.) 엄마가 되었다면 어떤 엄마가 되었을 것 같은지? (영원히 알 수 없는 일이다.) 아이가 없어서 좋은 점은? (독립성과 원하는 삶을 누릴 수 있다.) 아이를 좋아하는지? (귀여운 개나 고양이가 더 좋다.) 노인이 되면 누가 돌봐줄 예정인지? (아직 거기

까지는 계획을 세우지 못했다.)" 별문제 없이 인터뷰의 4분의 3 정
도가 진행되었을 때 그로스는 자신이 질문을 해도 되겠느냐고 물었
다. 프랭크는 동의했고 그로스의 질문을 받았다. 프랭크가 나중에
'섬뜩할 정도로 사적인 질문'이라고 언급한 질문이었다.

그로스의 질문 : "아이 낳는 일을 재고해본 적이 전혀 없는
지?" (프랭크는 그런 적이 있다. (※ 여기 등장하는 여성 방송인 두 명은 모두
논맘이다. - 옮긴이))

그 질문을 기점으로 한 명은 묻고 한 명은 답하는 전통적 인
터뷰의 형식이 허물어졌다. 두 사람은 그냥 편하게 질문과 대답을
서로 주고받았다. 어떻게 그런 일이 일어났을까? 내 생각에는 프
랭크의 질문에 대답하는 동안 그로스가 사적인 정보를 여러 차례
밝히면서 스스럼없어졌고 솔직해졌기 때문인 것 같다. 그러다가
날카로운 질문을 하나 던졌을 뿐인데, 거기서 두 사람이 공통점과
차이점을 발견한 것이다. 아무리 계획된 대로 대화를 이끌어가는
데 익숙한 전문적 인터뷰 진행자라고 해도 그로스는 모험을 한 셈
이고, 그 보상은 두 사람 사이의 공간을 진정으로 탐험하게 된 것
이었다. 그녀는 대화에 균형을 부여했다.

순리에 의해서든, 진행에 의해서든, 뛰어난 편집에 의해서든
어쨌든 그로스는 마침내 인터뷰의 말미에 도달했다. 그녀는 지금
까지 나눈 대화 전체를 확고한 개인적 확신의 말로 마무리했다.
"부모가 된다는 것은 대단한 일이에요. 억지로 되는 것이 아니라
면, 사회가 강요하는 것이 아니라면, 부모가 그 일을 의무로 여기

지 않는다면 말이죠. 자녀 양육을 더이상 의무로 여기지 않으려면, 어떤 사람들은 아이를 낳지 말아야 한다고 생각해요. 원칙도 좀 수정되어야 하고요. 자, 그럼, 여러분 모두 안녕."

자녀가 있는 사람들로부터 번식 결과에 관한 질문을 받았을 때,

해야 하는 일

- 자신의 개인적 요구를 먼저 돌본다.
- 대화를 주도하려고 해본다.
- "아뇨." 뒤에 "하지만"을 붙이지 않는다.
- 자신의 영역을 존중한다.
- 자신의 삶과 타인의 삶이 다르다는 사실을 인정하고 존중한다.

해서는 안 되는 일

- 대답하고 싶지 않은 모든 질문에 대답한다.
- 자녀가 없는 것을 변명하고 합리화하며 그 빈자리를 다른 것으로 메우려 한다.
- 사과하거나 공격하거나 비난한다.

논맘과 대화하는 엄마인 여성들에게

엄마인 사람들은 엄마가 아닌 사람들을 더 잘 이해함으로써

여러 혜택을 누릴 수 있다. 논맘들은 어디에나 있고, 그 수가 계속 증가하고 있기 때문이다.

자부심 강한 엄마들은 거의 항상 사람들에게 자녀에 관해 묻는 경향이 있다. 그런데 그저 마음이 맞는 사람과 친해지려고 그러는 것일 수도 있다. 그게 과연 잘못일까? 여성 대부분은 결과적으로 엄마가 된다. 따라서 확률적으로 마음 맞는 사람을 만나는 것은 어렵지 않다. 그렇지 않을까?

누군가에게 자녀가 있느냐고 묻는 것은 겉에서 보이는 것만큼 악의 없는 행동이 아니다. 그 질문을 받는 대상이 엄마인 여성이라 하더라도, 그 질문은 너무나 다양한 상황을 초래할 수 있기 때문이다. 극단적인 예이기는 하지만, 질문을 받은 사람한테 애가 한 명 있었는데 그 애가 죽었다면 대체 어쩌려고? 성인 자녀와의 관계가 껄끄럽다면? 자녀가 어떤 만성 중독 질환을 앓고 있거나, 극악무도한 범죄로 복역 중이라면? 반대로 그 사람의 자녀가 당신의 자녀보다 명석하고 예쁘거나 훨씬 더 성공적인 삶을 살고 있다면? 그 질문 밑에는 잠재적 지뢰가 왕창 깔려 있다.

아이에 관해 묻는 의도는 무엇일까? 분위기를 편안하게 만들기 위해서라면 사적인 질문 말고 다른 대화를 할 수 있지 않을까? 다른 사람한테 자녀가 있고 그 자녀가 구구절절 설명해야 하는 상황에 놓여 있지 않다면, 묻지 않아도 그 사람이 어떤 식으로든 자녀 이야기를 꺼낼 가능성이 매우 크다. 어떤 사람한테 자녀가 없다는 사실을 나중에야 알게 된다고 하더라도 그럴 때는 적어도 그 주제에 어떤 식으로 접근할지 판단할 여유가 생긴다. 말하자면 다양한 선택지가 그대로 유지되는 셈이다.

오늘 대화 화제를 선택하는 연습을 하고 대화 기술을 연마하면 내일 그 노력을 보상받을지도 모른다. 우리 딸들이 자라나 가임기에 들어가는 미래에는 아이를 출산하는 수가 지금보다 훨씬 더 줄어들 테니까.

카산드라 컴퍼니Cassandra Company는 청년층의 마음을 사로잡는 여러 유행들을 20년이 넘는 기간 동안 추적해왔다. 컴퍼니는 2015년 〈나이와 단계Ages and Stages〉 보고서에서 다음과 같이 밝혔다. "밀레니얼 세대[31]의 3분의 1은 아이를 전혀 낳고 싶어 하지 않는다. 그 이유는 현재의 자유로움을 포기하고 싶지 않다(34퍼센트), 책임에 묶이고 싶지 않다(32퍼센트) 등이다." 이런 전망이 현실이 된다면, 현재 부모, 조부모인 사람들의 증손자, 고손자 수는 급격하게 줄어들 것이고, 결과적으로 아이를 낳지 않는 딸, 손녀를 이해해야 할 일이 훨씬 더 많아질 것이다.

그렇다면 엄마인 사람들이 논맘들에게 효율적으로 접근할 수 있는 방법은 무엇일까? 아무리 아이를 낳는 일이 가장 좋은 일이라고 생각하더라도 그 확신을 강하게 내세우면 아이를 원했지만 갖지 못한 사람들은 좌절감과 상처만 얻게 되고, 스스로 아이를 낳지 않은

---

31   밀레니얼 세대(millennials) : 1980년대 초반부터 2000년대 초반 사이에 출생한 세대.

사람들은 방어적 태도만 강해진다. 어떤 말을 해도 현실을 바꾸지는 못한다.

당연하게도 누군가의 마음속으로 들어가는 첫 과정은 차이를 인정하려는 태도다. 타인의 상황과 결정(사는 곳, 종교나 정치적 성향, 돈의 운용 방법)에 반대하려는 것은 인간의 본성이지만, 소중한 판단을 제공하면 오히려 역효과가 나서 깊은 인간관계를 맺지 못하게 될 수 있다. 아이를 낳지 않는 것도 여성의 정당한 존재 방식 중 하나라는 것을 인정하면, 논맘들도 훨씬 더 쉽게 마음을 열 것이다. 그럴 수 없다면 아이에 관한 질문을 하지 않는 것, 자녀가 없다는 말을 당사자가 직접 할 때 완곡하게 화제를 돌리는 것은 어떨까.

그러나 부모인 사람 중에는 아직도 아이 없는 누군가를 만났을 때에 대비해 한 무더기의 반응들을 준비해놓고 있는 사람들이 많은 것 같다. 사실 그런 말들은 너무 구태의연해서 오래된 게임 빙고 표를 새로 만들어도 될 정도다. 제목은 '인생의 선택을 비난하거나 묵살하는 발언'이다.

게임 방법 : 아이가 없다는 누군가의 말을 듣고 앞으로 마음이 바뀔 거라든가, 자기 자식은 다르다든가 하는 말을 하는 경우 칸을 지워 빙고를 만든다.

심지어 가끔은 숨결 밑으로 그 말을 웅얼웅얼 따라하는 논맘의 목소리를 들을 수도 있다. 궁금하면 온라인에서 '차일드프리 빙고 카드'³² 이미지를 검색해서 찾아보시길. (비아냥거리려는 의도로 '양육자 빙고'라고 부르기도 한다.)

'빙고'를 만들기에 딱 좋은 전형적인 반응 몇 가지를 들어보겠다.

"살다 보면 후회하게 될 거야."

"넌 정말 좋은 엄마가 됐을 텐데!"

"자식이 없으면 외롭지 않을까?"

"지금은 아이를 원하지 않는다고 생각하겠지만 생각이 바뀔 거야."

"친자식의 두 눈을 들여다보게 되기 전까지는 진정한 사랑의 의미를 이해하지 못해."

"어린이는 삶에 의미를 부여한다."

"할머니, 세상에 그보다 더 좋은 역할은 없다."

"아이가 없는 사람은 이기적이다."

"늙으면 누가 돌봐줄까?"

"그것은 세상에서 가장 중요한 과업이다."

"아이를 낳지 않으면 진정한 여자가 아니다."

이런 반응은 차일드프리를 위해서 하는 말이 아니다. 내가 장담하는데 아이를 원하는 사람들도 마찬가지로 이런 말을 자주 듣는다. 위 목록을 다시 읽어보고, 불임을 경험한 여성과 함께 있는

---

32   차일드프리 빙고 카드(Childfree Bingo Card) : 실제로 구글에서 검색하면 아래와 같은 빙고 표가 무수히 많이 나온다.

양육자 빙고

1	2	3	4	5
6	7	8	9	10
11	12	🙂	13	14
15	16	17	18	19
20	21	22	23	24

1. 친자식을 낳으면 다르다!

2. 아이가 자라서 암을 고칠 수도 있다!

3. 당신 같은 사람은 꼭 자식이 있어야 한다!

4. 당신도 예전에는 아기였다!

5. 대가 끊기는 건 어쩌고?

6. 나이 들면 누가 당신을 돌봐줄 건데?

7. 당신 부모가 아이를 낳지 않았으면 어쩔 뻔했어?

8. 결혼을 하는 유일한 이유는 아이를 낳기 위해서다!

9. 그것은 참으로 보람찬 일이다!

10. 생물학적 시계가 째깍째깍 돌아가고 있다!

11. 생각이 바뀔 거야!

12. 아무도 애를 낳지 않는다면 인류는 멸종할 것이다!

13. '세상으로 나아가 번성하라'라는 말은 성경에도 나온다!

14. 출산의 고통은 잊기 마련이다!

15. 아이를 원하지 않는 사람들은 이기적이다!

16. 자기 자식을 낳기 전까지는 진정한 어른이 아니다!

17. 아이는 여성의 최고 성과물이다!

18. 부모님께 손자를 안겨드리고 싶지 않은가 봐?

19. 그것은 세상에서 가장 중요한 과업이다!

20. 아이를 좋아하지 않는다니, 대체 뭐가 문제야?

21. 어린이는 우리의 미래다!

22. 네 유전자가 영원히 계속되길 바라지 않아?

23. '갓난아기' 냄새보다 좋은 것은 없다.

24. 아이가 누구를 닮았을지 직접 보고 싶지 않아?

자리에서는 저런 말들은 부디 그냥 마음속으로만 외우시길.

저런 표현들이 가혹한 이유는, (아이를 낳는) 하나의 존재 방식만이 올바른 길이요 그것이 누구나 다 해낼 수 있는 일이라는 근본적 전제가 그 밑에 깔려 있기 때문이다. 그 말은 둘 다 사실이 아니다. 그리고 어떤 사람의 처지를 압박해 초래되는 또 다른 결과는 대인관계 안에서, 심지어는 친구나 가족 구성원 사이에서 (이 경우에는 더 심하게) 일어나는 역학관계의 심각한 변화다.

다행스럽게도 사람들 대부분은 대립과 훈계질을 별로 즐기지 않는다. 생각이 열려 있는 사람들은 호기심이 많다. 다른 점을 진심으로 인정할 줄 아는 사람들은 동정심이 많고 친절하다. 관심이 있는 목소리는 부드럽다. 아이와 관련된 화제가 나오면 (그 질문을 던진 당사자가 아니더라도) 논맘이라는 주제에 관해 깊이 알아보면 어떨까 한 번쯤은 고려해주시길.

여기 몇 가지 아이디어가 있다.

다른 사람의 반응에 담긴 뜻을 이해하라.

아이가 없는 것과 관련해 그 사람이 자신을 어떻게 표현하는지 관심을 기울이는 습관을 들여라. 사람들은 종종 자신의 기분을 비언어적 수단으로 표현한다. 그 미묘한 단서들을 알아챘다면 더 사려 깊게 반응할 수 있을 것이다. 한 호흡을 가다듬은 뒤 말을 잇되 자신의 직감을 믿어라.

몇 가지 예를 들어보자.

"그건 사적인 질문이잖아요. 안 그래요? 아이 얘기 말고 우리 다른 얘기 하는 게 어때요?"

"애 키우는 걸 가장 중요한 일이라고 여기는 부모인 사람들한테 가끔씩 몰상식한 말 듣는 거 알아요. 가장 불쾌했던 일 한 가지만 우리한테 들려주겠어요?"

자신의 경험을 활용하되, 상대를 열린 마음으로 대하라.

자녀에 관한 이야기를 일부러 모조리 배제할 필요는 없다. 거의 모든 부모의 삶에서 자녀가 얼마나 큰 부분을 차지하는지는 우리도 안다. 타협점을 찾을 수 있는지 상황을 살펴라.

몇 가지 예를 들어보자.

"엄마 노릇을 하는 건 좋지만, 막상 애들이 집을 비우고 나면 뭘 해야 좋을지 모르겠어요. 요즘 어떤 일에 시간과 관심을 쏟아붓고 있는지 나한테도 좀 알려줄래요? 나도 다른 관점에서 삶을 볼 수 있도록요."

"아이를 키우는 일은 언제나 고달프지만 나한테는 가치 있는 일이에요. 당신에게 중요한 일은 무언가요?"

"내 사촌이 애 낳으라는 압박을 심하게 받고 있어요. 내가 그 애를 지지한다는 걸 알려주고 싶은데, 어떻게 하면 요령껏 그 일을 해낼 수 있을지 조언 좀 해줄래요?"

첫 발언에 유의하라.

부모가 자녀 이야기를 하는 것은 자연스러운 일이지만, 논맘이 함께 있는 자리에서 그런 화제를 꺼내면 대화가 일방적으로 흐르게 된다. 이미 아는 사이이고 마음이 가는 논맘이 있는 자리에서는, 내가 상대방에 관해 알고 있는 사실보다 상대방이 나에 관해 더 많은 사실을 알고 있는 것은 아닌지 생각해보는 게 좋다. 만약 그렇다면 상대방에 관해 더 많이 알아내려고 애써라.

몇 가지 예를 들어보자.

"나한테 당신 이야기를 더 해줘요."

"약속해요. 내가 갖고 있는 아이 사진을 몽땅 다 봐달라고는 안 할게요. 이게 내가 가장 좋아하는 사진 세 장이에요. 이거면 우리 애들이 어떻게 생겼는지 알 수 있겠죠. 이제 당신 이야기를 듣고 싶어요."

"이런 나 좀 봐. 또 손자 얘기를 하려고 하네. 당신한테 어떤 새로운 일이
있었는지 아직 못 들었잖아요. 부탁이에요. 요즘 어떻게 지냈는지 얘기
좀 해봐요."

아이 없는 여자와 서로 알아갈 때,

해야 하는 일
- 아이가 없다는 사실과 관련해 질문을 해도 되는지 물어본다.
- 질문에 상대방이 보이는 반응을 살핀다.
- 궁금증은 정중하게 표현한다.
- '오지랖'을 떨지 않도록 조심한다.

해서는 안 되는 일
- 요구하지도 않았는데 해결책, 제안, 위로의 말을 한다.
- 상대방을 동정하거나 어린애 취급하거나 위로하려고 애쓴다.
- 상대방의 상황을 마음대로 추측하고 판단한다.

논맘들끼리의 대화법
아이 없는 여성한테 붙은 오명은 털어버리기가 힘들다.
2017년 버지니아 코먼웰스 대학교 아날루치아 베이스Annalucia

Bays 교수는 여성들이 부모냐 아니냐를 근거로 어떻게 인식되는지 분석하는 연구를 실시했다. "가장 존중받는 그룹은 엄마인 여성들로 그들은 도움의 손길을 유발한다. 차일드리스 여성은 동정심을 유발하고 차일드프리 여성은 시샘, 혐오감, 심술을 유발한다."(예컨대 직장 같은 곳에서 타인에게 이런 대우를 받는다) 베이스는 연구에서 편견을 다룬 이전 학술 연구를 상당히 많이 인용한다. 연구자들은 아이 없는 여성을 묘사하는 데 어떤 형용사 표현들이 일반적으로 사용되는지 찾아냈다. '물질주의적인', '미숙한', '정서적으로 불안정한', '이기적인', '행복하고 만족스러운 삶을 살 확률이 매우 낮은' 등이었다.

같은 해 인디애나-퍼듀 대학교 인디애나폴리스 캠퍼스에서 실시된 「도덕적 의무로서의 부모 노릇: 자발적 차일드프리 남성과 여성에게 가해지는 낙인찍기와 도덕적 분노Parenthood as a Moral Imperative: Moral Outrage and the Stigmatization of Voluntarily Childfree Men and Women」라는 제목의 연구는 낙인찍기가 계속되고 있다고 결론 내렸다. 실제로 연구자 레슬리 애시배리-날도Leslie Ashbury-Nardo는 문화적 고정관념에 저항하려고 의도적으로 아이를 낳지 않기로 선택한 사람은 연구자들이 '도덕적 분노'라고 부르는 것의 주요 대상이 된다는 사실을 발견했다.

오명을 벗는다는 말은 간단히 말해서 제대로 알려지고 이해를 받게 됨을 뜻한다. 우리도 시각적으로 많이 노출되고 청각적으로 많이 회자되면 오명을 벗을 수 있다. 우선 우리끼리라도 함께 시작하면 어떨까.

　우리는 평생 우리의 모습을 그대로 보여주고 우리의 진실을 말하고 들려줄 수 있는 기회를 많이 누리게 될 것이다. 그런데 어떻게 하면 그럴 수 있을까? 살아오면서 느낀 경험을 말하지 않고 계속 침묵한다면 우리는 영속적 오명의 주인공으로 남게 될 것이다. 아이가 없는 이유가 아무리 다들 제각각이라고 해도, 결국은 말을 해야만 오명을 씻어내고 정상적 상태를 요구하는 다각화된 세상 속에서 우리한테 어울리는 자리를 찾을 수 있을 것이다.

　카렌 멀론 라이트는 2015년 제1회 낫맘 회의가 진행되는 동안 능숙하게 차일드리스와 차일드프리 사이의 틈을 메웠다. 유대감을 증폭시키려고 참가자 명찰에 선택과 우연 중 어떤 이유로 낫맘이 되었는지 알 수 있는 표시를 전혀 하지 않았기 때문에, 당사자한테 묻지 않으면 그 여성의 사연을 알 길이 없었다. 그래서 우리는 조심스러워졌다. 나랑 대화할 저 여자는 속사정이 나와 비슷할까, 아니면 전혀 다를까? 멀론 라이트는 식사 시간에든, 워크숍 중에든, 즐거운 시간에든 서로 질문해서 엄마가 아닌 존재로 산다는 게 어떤 건지 다른 사람의 경험을 탐구해보라고 우리를 격려했다. 탐구는 유대감, 이해, 통찰을 불러일으켰다.

　멀론 라이트는 열정적인 소통 전문가로 홍보회사, 마케팅, 소셜 미디어 분야에서 일한 경험이 있다. 2012년에는 웹사이트 낫맘 닷컴을 시작했다. 그녀는 말한다. "이 사이트는 아이 없는 여성 모두를 포용합니다. '어떻게, 왜' 낫맘이 되었는지 다양한 삶의 이야기도요.

여성들은 제각각 각자의 방식으로 자신을 보고 정의합니다. 나는 이 사이트가, 찾아오면 가족처럼 느껴지는 곳이 되기를 바랍니다."

그녀는 여성을 양극화하거나 서로 거리를 두게 만드는 행위를 몹시 싫어한다. 그녀가 보기에 낫맘 닷컴에 와서 자신의 모습을 발견하는 여성은 모두 하나다. "그 사이트는 말하자면 스스로를 정의하는 한 과정이에요. 종족이라는 개념에는 정말로 큰 힘이 있다고 생각해요. 자기 자신을 돌아보게 만드는 타인을, 난 혼자가 아니라는 사실을 알게 해주는 타인을, 자신을 받아주는 누군가를 발견하는 과정에는 인간적인 뭔가가 담겨 있고요."

그런데 여러 가능성 중에 낫맘을 선택한 여자들의 이야기는 달리 들리지 않을까? 거리감이 느껴지지 않을까? 멀론 라이트는 말한다. "우리한테는 차이점보다 공통점이 훨씬 더 많아요. 그 차이를 워킹맘과 전업주부 엄마 사이의 긴장감에 비교해볼까요. 그 엄마들은 모두 자신이 할 수 있는 최선을 다해요. 다 해낼 수 없을 정도로 많은 일거리에 골고루 시간을 분배하려고 애쓰면서요. 그런데도 서로를 밀어내죠.

난 흑인이니까 집 안에서 일하는 노예와 들판에서 일하는 노예 사이의 관계도 그와 똑같았을 거라고 말해도 되겠죠. 우리가 자꾸 구분을 하니까 서로 멀어지는 거예요. 나는 누가 봐도 하나의 공동체임이 분명한 사람들을 분열시키는 사소함을 혐오합니다."

다른 논맘을 만나서 들어보면 아이를 원했지만 못 낳은 사람과 낳지 않기로 선택한 사람의 비율은 반반 정도다. 아이를 원했던 사람에게서는 슬픔이, 낳지 않기로 선택한 사람에게서는 방어적 성향이 느껴진다. 그래서 그 두 사람 사이의 대화는 시작하자마자 끝나버릴 수 있다. 그러나 타인의 경험과 관점에 개방적 태도를 유지하면서 솔직하게 자신의 현실을 공유하는 과정을 통해 서로의 사정을 알고 보면 두 사람 사이에는 상당히 넓은 교집합이 존재한다.

다른 논맘들과 유대감을 형성하는 데 도움이 되는 요령 몇 가지를 살펴보자.

선택인가, 아니면 우연인가?

자신의 상황을 인정하고 문을 열어 대화 상대를 반갑게 맞이하는 것, 그것이 다른 논맘과 유대감을 형성하는 첫걸음이다. 그럼 그다음 단계의 무대는 어떻게 준비해야 할까.

몇 가지 예를 들어보자.

"난 애가 없어요. 애를 가져야겠다는 생각도 해본 적이 없고요. 나한테는 천만다행이죠. 하지만 모든 여자가 똑같이 느끼지 않는다는 거 알아요. 당신은 어떤가요?"

"노력했지만 잘 되지 않았어요. 그게 벌써 2년 전 일인데, 지금도 그 생각을 하면 마음이 아파요. 하지만 아이를 대학에 보내려고 돈을 아낄 필요가 없다는 점에 안도감을 느끼는 것도 사실이에요. 당신은 선택으로 차일드프리가 되었나요, 아니면 우연히 차일드리스가 되었나요?"

"난 다른 사람들한테 내 얘기를 털어놓기 시작한 지 얼마 안 됐어요. 물어보는 사람들한테 당신은 뭐라고 말해요? 대화가 잘 됐던 경험, 잘 안 됐던 경험 좀 얘기해줄래요?"

관심을 표현하되, 정중하게.

다양한 사교 모임 같은 곳에서 자녀 없는 누군가를 만나면 안도감을 느낄 수 있다. 그런데 그런 상황에서는 관심을 표현하는 사람도 있고, 대화를 피하는 사람도 있다.

이럴 때 쓸 수 있는 몇 가지 표현을 살펴보자.

"여기엔 나랑 말 통하는 사람이 아무도 없는 것 같았어요. 그런데 당신은 나랑 비슷해 보이네요."

"난 아직 그런 주제가 불편해요. 다른 사람 이야기를 해도 괜찮을까요?"

"아이가 없는 현실이 내 삶에 어떤 영향을 끼쳤는지 별로 생각해본 적은 없지만, 그 점 덕분에 관점이 달라진 건 사실이에요. 당신은 어때요?"

이렇게 해서 분위기가 풀리고 나면 이제 재미있는 시간이 시작된다. 다른 사람은 아이 없는 삶을 어떻게 살아왔는지, 다양한 선택들로 이루어진 그 복잡다단한 삶 속을 탐험하면 되는 것이다.

비슷한 상황에 상대방은 어떻게 대처하는지 알아내라.

아이가 없는 현실은 직장 생활, 휴가를 보내는 법, 재무 계획, 노년의 부모님을 대하는 법 등 살아가면서 만나는 거의 모든 상황에 영향을 끼친다. 그 가능성은 끝이 없다.

이럴 때 쓸 수 있는 몇 가지 표현을 살펴보자.

"내 친한 친구 한 명이 얼마 전에 둘째를 낳았어요. 아기 엄마가 된 친구와 가까운 우정을, 특히 아이를 낳아 키우는 그 몇 년 동안에도 그 관계를 계속 유지하고 싶은데 그 방법을 운 좋게 알아낸 적은 없나요?"

"가족 중 누가 부모님을 돌봐드릴 예정인가요? 내 형제들은 모두 나한테 의지해요. 내가 아이가 없고 부모님과 가장 가까이 산다는 이유로요. 난 엄마랑 정말로 잘 지낸 적이 없는데 말이죠."

"어디에서 살지 알아보는 중이에요. 혼자 살면 어디서든 살 수 있거든요. 당신은 어느 동네가 제일 좋은가요?"

아이가 없는 현실의 장단점을 공유하라.

몇 가지 장단점에 공감할 기회가 생기면 좋다. 선택적 차일드 프리냐, 아니면 우연적 차일드리스냐에 따라, 여성의 연령대, 생활 여건에 따라 차이는 있겠지만.

몇 가지 예를 들어보자.

"애들 키우는 데 필요한 물건을 살 필요가 없어서 좋아요. 그런데 다른 사람들이 자녀를 키우는 데 쓰는 시간과 자원을 당신은 어떤 식으로 쓰나요?"

"당신한테 무슨 일이 생기면 누가 훌륭한 대리인이 될지 생각해봤어요? 누군가에게 그 일을 맡기는 좋은 방법으로 어떤 게 있을까요?"

"지금껏 살면서 해온 경험 중에 만약 엄마였다면 불가능했을 경험은 무엇인가요?"

삶의 경험을 서로 대조하고 비교하라.

아이가 없으면 시간을 어디에 쓰든, 우리의 자원을 갖고 무슨 일을 하든, 삶의 선택에서 자율성을 훨씬 더 많이 누린다.

몇 가지 예를 들어보자.

"당신이 아기를 원했었다는 말을 해서 하는 질문인데, 다른 사람의 자녀와 잘 지내는 요령, 당신이 찾아낸 아이 돌보는 비법 같은 게 있는지 궁금해요. 그 결과가 어느 정도로 만족스러웠는지도요."

"세월이 흐르는 동안 아이가 없는 현실 때문에 놀란 적은 없나요? 부모인 친구나 가족이 놀랄 만한 일로 어떤 게 있을까요?"
"은퇴에 대해 어떻게 생각하세요? 내 친구 중에는 벌써 은퇴한 사람이 많아요. 그런데 나한테도 지금이 적기인지는 잘 모르겠어요."

아이 없는 다른 여성과 대화할 때,

해야 하는 일
- 두 사람 모두에게 효과가 있는 접근법을 찾는다.
- 세심함과 정중함을 유지한다.
- 듣고 배운다.
- 주제를 바꿀 준비를 한다.

해서는 안 되는 일
- 상대방이 어떤 이야기를 하고 싶어 할 거라고 마음대로 추측한다.
- 꼬치꼬치 캐묻는다. 특히나 첫 만남부터.

- 타인의 경험보다 자신의 경험을 더 강조한다.

새로운 운동 훈련을 시작하는 것과 마찬가지로 아이 없는 현실에 관해 이야기하는 것도 처음에는 힘들 수 있다. 여기 실린 제안들이 첫걸음을 뗄 기본 장비는 갖추어 주겠지만, 개인의 성향이나 성격을 존중해 자신한테 맞는 접근법을 찾아야만 최고의 결과를 거둘 수 있다.

시도의 잠재적 보상은 어마어마하다. 더 열린 마음으로 서로에게 다가간다면, 광범위한 영역의 성인들이 경험한 소중한 사연을 감상하고 배우게 될 것이다. 그 결과 더 생산적인 다양성과 색다른 인생 경험 방식을 포함하는 새로운 방법으로 친구, 형제자매, 자손, 이웃을 보게 될 것이다. 청년들은 의문에 대한 답을 얻고 자신의 결정과 상황에 도움이 되는 지지를 찾게 될 것이다. 우리 모두를 감싸고 있는 공기도 더 자유롭게 순환할 것이다.

감사의 말

해변 산책에서 시작된 일이 눈덩이처럼 커져서 수천 개의 대화가 되었다. 이 책에 실린 모든 이야기와 연관된 솔직하고 진실한 분들의 공을 인정하며 그분들께 감사를 전한다. 앞으로도 계속 이야기합시다.

내 에이전트 에이프릴 에버하르트는 수완 좋은 동업자요 굳건한 대리인이며 한결같이 날 지지해주는 친구다. 우리 두 사람을 하나로 묶어주는 일들이 끝없이 일어나다니 정말 놀랍다. 그리고 우리의 해외 권익 대변인, 품위 있는 그렉 메시나는 내가 가본 적도 없는 나라, 말할 줄도 모르는 언어를 쓰는 나라의 문을 열어줬다. 내 작업이 결실을 맺을 수 있게 열정적으로 헌신해준 두 사람에게 감사한다.

글쓰기 모임의 지지가 없었다면 이 책에 실린 글들은 분명 다른 원고들과 함께 곰팡내 나는 상자에 처박히고 말았을 것이다. 지금은 사라진 노스웨스트 문학 예술원Northwest Institute of Literary Arts

에서 논픽션을 가르쳤던 교수진에게 빚을 졌다. 나의 순수예술 석사학위 지도교수인 래리 칙은 간결하고 단순한 글쓰기의 힘을 가르쳐주었고 좋은 책을 쓰는 일을 해낼 수 있다는 확신을 내게 심어주었다. 아나 마리아 스파그나는 용기 내어 내 이야기를 해도 괜찮다고 나를 격려해주었다. 더 깊은 내용을 더 좋은 문장으로 쓸 수 있게 내게 영감을 준 명석한 독자들도 있다. 로렌 백, 제니 베이츠, 조 스캇-코, 샬럿 딕슨, 해더 더럼, 팀 플린, 레슬리 힐, 신시아 존스, 카메론 켈리, 슈 앤 린데, 캐롤라인 펄처스, 사라 셰퍼드, 애브릴 스튜어트, 닉 와그너 등이 그들이다. 모든 분께 깊이 감사한다.

포틀랜드의 아름다운 중앙도서관에 있는 '훌륭한 작가의 방 The Sterling Writer's Room'은 영감의 요람이다. 그 아름다운 작업실에 들어갈 수 있게 된 것을 진심으로 감사한다.

은퇴한 철학 교수이자 소중한 친구인 마릴린 피셔는 자신의 방대한 대학 공동체 문을 내게 활짝 열어주었다. 그 공동체는 내 생각을 자극해준 것은 물론, 글 쓰는 과정 내내 날 응원해줬다. 출판이라는 나란한 오솔길을 걷고 있는 그분들의 동료의식에 감사를 표한다.

연구 초기에, 그리고 집필이 완료될 무렵, 그렇게 두 차례나 데이턴 대학교 여성과 젠더 연구 학과가 개최한 학회에 특별 연사로 서는 영광을 누렸다. 학회 책임자 데니스 제임스와 레베카 위스넛, 그리고 학회를 준비해 대학의 교수, 직원, 학생 간 소통의 장을 마련해준 학과 직원들에게 감사한다.

카렌 멀론 라이트는 가장 적절한 때에 클리블랜드에서 첫 번째 낫맘 회의를 개최했다. 공동체를 조성하는 그녀의 작업이 앞으로도 계속되길 기원한다. 정말로 필요한 일이기 때문이다. 멀론 라이트, 로라 라부아, 그리고 낫맘 회의에 참석한 모든 분께 감사한다.

책을 쓰는 동안 너무나 많은 분이 내 건강과 행복을 다정하게 챙겨주었다. 특히 데브라 피어스-맥컬, 내 여동생들 수전 리와 엘리자베스 헤일, 절친한 친구 엘리자베스 시켈트, 수전 툴, 수전 마란트, 이안 헤이츠, 패티와 마이클 그린 부부에게 감사한다.

자신들이 가야 할지도 모르는 다양한 길들을 시각화하는 데 이 책이 결정적 역할을 하리라는 사실을 확인해준 수많은 청년에게, 그중에서도 특히 안나미에카 홉스 데이비슨, 켈리 날도, 크리스틴 겐자노에게 감사한다.

끝으로, 내가 아직 아이디어 자체를 겁내고 있을 때부터 이 프로젝트의 중요성을 인식하고 있던 나의 전략팀, 뎁 피셔, 엘사 스타브니, 에릭 바인스에게 큰 빚을 졌다. 나 혼자 생각해낼 수 있는 것보다 더 많은 것을 내게 요구해준 팀 구성원들에게 감사를 표한다.

옮긴이의 말

'무자식이 상팔자'라는 말이 있다. 그러나 그 말은 흔히 자식을 키우는 사람들이 자식이 속을 썩일 때 푸념조로 하는 말이다. 조선 시대에 자식을 낳지 못하는 것은 칠거지악의 하나로, 아이, 그중에서도 아들을 낳지 못하는 여자는 소박을 맞았다. 여자는 아들을 낳아 대를 잇기 위한 도구에 불과했던 것이다. 여성의 인권 따위는 존재하지 않았다.

시대가 변했고 세상과 가치관도 변하면서 자녀를 낳지 않는 사람들의 수가 증가하고 있다. 이는 고령화와 함께 선진국 사회 전반에 나타나는 현상이다. 그럼에도 고령화와 달리 '무자녀'라는 주제는 하나의 사회 현상으로서 본격적으로 논의된 바가 없다. 다만 다른 시각에서 '출산율 감소'라는 문제로 다루어질 뿐이다.

이 책의 저자는 자녀가 없는 70대 미국 여성으로, 20대 중반부터 90대까지 다양한 연령대의 무자녀 여성들을 인터뷰했다. 선택에 의한 차일드프리든 상황에 의한 차일드리스든, 자녀 없는 여성

사이에는 여러 공통점이 존재하기 때문에 그 둘을 구분하지는 않았다. 그리고 거기에 풍성한 연구 자료들을 함께 엮었다.

저자는 1장에서 '자녀 없는 여성'의 정체성을 논하면서, 2016년 기준 미국 여성의 14퍼센트를 차지하는 무자녀 여성을 지칭하는 제대로 된 용어 하나 없음을 한탄한다. 그렇다면 우리나라의 경우는 어떨까? 우리나라에는 용어가 없는 것은 물론, 통계청을 뒤져 봐도 무자녀 여성만을 다룬 통계나 연구 자료는 없다. 다른 자료들을 통해 미루어 짐작할 뿐이다. 여권 신장, 교육 수준 향상으로 결혼과 출산이 전반적으로 지연되고 있는 바, 20대부터 30대 초반까지의 통계는 제외하고, 35~39세 미혼율은 1995년 4.6퍼센트에서 2010년 19.1퍼센트로 급증했다. 그중 일부가 40~50대에 결혼한다고 해도 상당수는 영구 독신으로 살아간다. 또, 아내의 연령이 35~64세인 무자녀 가정은 1975년 1.7퍼센트에서 2010년 2.1퍼센트로 증가했다. 얼핏 보면 큰 변화가 아닌 것 같지만, 불임 치료 기술의 발전을 고려하면 실상은 유의미한 수치다.

나는 두 아이를 키우는 엄마지만 내 주변에도 아이가 없는 여성은 많다. 친언니도, 가장 친한 친구도 자녀가 없다. 그리고 솔직히 말하면 육아와 가사노동과 자녀 교육의 늪에서 허우적댈 필요가 없는 그들의 삶이 내심 부러웠던 적이 한두 번이 아니다. 나는 번역 의뢰를 받으면 그 책과 비슷한 국내 번역서들을 찾아 먼저 대충 훑어보는 버릇이 있다. 그런데 그 번역서들을 읽으면서는 전혀 설득되지 않았다. 자녀를 키우는 기쁨은 애완동물을 키우는 기쁨으로 대치될 수 있다든가, 육아에 매달릴 시간에 가든파티와 주말 스키 여행을 즐기는 여유로운 삶을 누릴 수 있다는 주장은 설득력이 별로 없었다. 그 책들은 출산을 장려하는 사회, 임산부를 배려하는 세상에 대한 불만으로 가득했다.

저자 자신이 말했듯 이 책에는 엄마인 여성에 관한 가치 판단이 전혀 담겨 있지 않다. 엄마인 여성과 엄마가 아닌 여성을 편 가르기 하려는 의도로 쓰인 책도 아니다. 저자는 인구학적으로 꽤 많은 비중을 차지하고 있음에도 사회적으로, 정책적으로 외면 당해온 무자녀 여성의 현실을 지적하고, 그들에게 가해지는 부당한 비난과 오명을 씻어내고자 한다. 출산 경험이 없는 여성의 경우 난소암, 유방암, 자궁암 등 여성암 발병률이 훨씬 높다는 사실과 그 대비책을 여러 사례를 통해 제공한다. 혼자 늙어가는 여성이 선택할 수 있는 다양한 거주 형태를 제시하고, 유전자 대신 더 많은 것들을 후대에 남기고 떠나는 사람들의 이야기와 그 방법을 알려준다. 한마디로 정보와 통찰로 가득하다.

나는 아이를 키우는 엄마지만 자식이 부모를 봉양하던 시대는 이미 끝났다. 책을 번역하는 동안 나 역시 어떻게, 어디서, 어떤 식으로 노후를 맞이해야 하는지 떠올려보았다. 요양 시설 외에도 생태 마을, 보금자리 공유 등, 아직까지 우리나라에서는 약간 생소할 수 있는 거주 형태들도 나오지만, 곧 우리 사회도 그런 방향으로 흘러가리라 예측할 수 있는 바, 웰 에이징 가이드로서도 손색이 없다.

자녀가 없는 것은 축복도, 재앙도, 죄악도 아니다. 그저 현실일

뿐이다. 그러나 무조건 출산을 장려하는 가족 중심주의 세상에서 자녀 없이 살아가려면 분명 불편한 점도 있으리라. 그런 점에서 현실을 인식하는 것이 문제 개선의 출발점이 되어야 한다. 이 책이 자녀가 없는 사람들에게는 다양한 선택지를, 자녀가 있는 사람들에게는 개방적인 태도로 자신과 다른 사람들을 포용할 수 있는 기회를, 자녀의 유무와 무관하게 모든 독자들에게는 현명하고 건강하게 나이를 먹을 수 있는 길을 제공하리라 믿는다.

2021년 신윤진

"세상 모든 것에 감탄하는 지혜로운 사람들의 공간"
도서출판 호밀밭

당신은 아이가 있나요?
ⓒ 2021, 케이트 카우프먼 Kate Kaufmann

지은이	케이트 카우프먼 Kate Kaufmann
옮긴이	신윤진
초판 1쇄	2021년 06월 28일
편집	박정오 책임편집, 임명선, 허태준
디자인	박규비 책임디자인, 전혜정, 최효선
일러스트	박규비
미디어	전유현, 최민영
마케팅	최문섭
종이	세종페이퍼
제작	영신사

펴낸이	장현정
펴낸곳	호밀밭
등록	2008년 11월 12일(제338-2008-6호)
주소	부산 수영구 광안해변로 294번길 24 B1F 생각하는 바다
전화, 팩스	051-751-8001, 0505-510-4675
전자우편	anri@homilbooks.com

Published in Korea by Homilbooks Publishing Co, Busan.
Registration No. 338-2008-6.
First press export edition June, 2021.

Author Kate Kaufmann   **Translator** Sin, Yunjin
ISBN 979-11-90971-53-9   03330